知识的力量,人性的光辉

A World Trimmed with Fur

帝国之裘

〔美〕谢健 著　关康 译

北京大学出版社
PEKING UNIVERSITY PRESS

法天则地,阳耀阴藏
……
形胜之选,奕世永赖。
俯临区夏,襟控中外。
——乾隆:《御制盛京赋》

我们来到了一片肥沃、开阔的草场。
人类能够想到的颜色的鲜花这里都有,
一片片蓝色的鸢尾花、鲜红的虎皮百合、
香气扑鼻的黄色萱草、橙色的大型金凤花
以及紫色的附子让人眼花缭乱。

更远处是一小片一小片花园一样的乡村,
成片的云杉和冷杉装饰着大地,短短的生
苔覆盖着土壤,数不清的深蓝色龙胆闪闪
发光。

这里的景色……真是美不胜收。
有森林、鲜花和茂密的草地。
对于热爱大自然的人而言这里绝对是天
堂。
——H. 埃文·詹姆斯:《长白山》

目 录

中文版序言 / i

致　谢 / ii

转写说明 / vi

前　言 / vii

第一章　北京的视角 / 1

　　事物的衡量尺度 / 2

　　质朴的根与帝国的宫廷 / 5

　　汉人能穿毛皮吗 / 13

　　清帝国的整合 / 17

　　新常态 / 23

　　被奢侈品连起来的世界 / 34

　　本章小结 / 37

第二章　珍珠窃贼与完美的秩序 / 39

　　作为生产区的东北 / 40

　　在满洲故乡之外：帝国机构和种类 / 45

　　乌拉、珍珠和清廷 / 51

　　蚌、人以及秩序的问题 / 57

　　人参的案例 / 62

　　重塑满洲 / 70

　　本章小结 / 72

第三章　蘑菇危机 / 73

　　第一罪：无证 / 76

　　蘑菇贸易 / 83

　　控制采菇浪潮：1818 年—1829 年 / 88

　　帝国回应的本质 / 93

　　净土与禁区 / 100

　　本章小结：纯净的环境与地域 / 105

第四章　毛皮产地的自然环境 / 107

　　全球毛皮贸易 / 108

　　东北贸易的崩溃 / 113

　　乌梁海的案例 / 118

　　净化的必要性 / 124

　　乌梁海地区的毛皮危机：一个视角 / 128

　　毛皮危机的角度——对数量的考察 / 137

　　本章小结 / 143

结　论 / 145

　　清帝国的纯净故土 / 147

　　帝国的遗产 / 151

附　录　1771年—1910年的毛皮进贡 / 156

注　释 / 159

参考文献 / 216

索　引 / 242

译后记 / 258

中文版序言

《帝国之裘》中文版的问世令我感到荣幸和激动。译者关康凭借坚持不懈的工作，不仅完成了翻译，还对书中大部分研究做了核对、勘误。这种细致的工作无疑很花时间，但他的勤奋打磨让译本更加完善。我还要感谢北京大学出版社的王立刚先生，他促成本书的出版，并凭借自己的努力让本书受人瞩目。书中尚存的不足完全由本人负责。

本书描述了18、19世纪清帝国边境地区自然资源承受的史无前例的压力，并且用档案证明清廷如何保护被"玷污"的环境免于新的、不受限制的开发。

我的论点是在研究了中国的北京、台北，以及蒙古的乌兰巴托等多个档案馆的档案之后得出的。我希望由本项研究支持的理念和论点能够对蓬勃发展的环境史对话有所裨益。

全球的环境问题日益严峻，需要学者和其他人有全新的意愿，能够以创新、严肃、善意的新方式展开合作。本着这一精神，我希望能继续求教正在书写本国环境史的中国同行，他们有的已经出版了著作，有些在最近几年也会出书。我希望英语国家的出版机构能够明智地选择翻译他们的作品。毕竟友好合作多多益善。

谢　健

2019年1月9日

于印第安纳，布鲁明顿

致　谢

当被问及为什么写这本书的时候，我也会思考这项研究为何如此生动、令我着迷，我得出的唯一结论就是：我有幸受教于多位优秀的历史学家和良师。自我投入门下以来，导师欧立德（Mark Elliott）给与我长期、严格且富于创造性的学术支持，他是我的研究最坚强的后盾。他为我设定了学术研究的标准，并且以身作则地教导我如何思考、教学并给我建议；他在本书中留下的印记最多，他曾经在一堂课上告诉我们，清史就像一件织锦：我们必须从边缘入手才能了解其结构。这个比喻被证明总是贴切的。

其他人在这个方面也为笔者提供了很多帮助。濮德培（Peter Perdue）在写作的每个阶段都为我提供了灵感、指导和深刻的批评，如果没有他的基础性研究，也就不会有我这本书。沈艾娣（Henrietta Harrison）和宋怡明（Michael Szonyi）仔细地阅读了初稿，还提出了诚恳而颇具启发性的建议。赖惠敏同样提供了指导（以及大量线索和想法）；正是她的研究最早让我注意到迷人的毛皮世界、乌梁海地区和清代的时尚。在我构思这个研究项目时，孔飞力（Philip Kuhn）提供了不可或缺的视角和帮助。

美国蒙古学研究中心、鲁斯基金会、富布赖特－海斯博士论文海外研究基金会慷慨地为我提供了奖学金，中国台湾提供的奖学金让我得以在蒙古、中国的大陆和台湾地区进行为期三年的研究。在哈佛大学，谢尔顿奖学金、戴维斯中心、肖赖尔研究所和哈佛大学总统奖学金为我在伦敦、柏林、圣彼得堡和东京的研究提供了资助。耶鲁大学东亚研究理事会的博士后奖学金也使我在纽黑文度过了一年时光以完成本书的初稿。在印第安纳，我的部分工作得到了印第安纳大学布鲁明顿分校奖助金和该校东亚研究中心的资助。

在乌兰巴托，拜噶勒玛·博格兹苏伦（Baigalmaa Begzsuren）、恩克·登克（Enkhee Denkhee）、图雅·米雅格玛尔多尔济（Tuya Myagmardorji）和布莱恩·怀特（Brian White）为我在当地的研究工作提供了支持和指导。还有德穆博勒林·奥尔吉巴特尔（Dembereliin Olziibaatar）以及一个耐心的档案学家团队使我得以在蒙古国家中央档案馆开展研究。中国社会科学院中国边疆研究所的厉声、贾建飞，历史所清史研究室的定宜庄为我提供了帮助和宝贵的意见。吴元丰和李保文指导我利用第一历史档案馆的档案进行研究。我在台北的"国立图书馆"和"中央研究院"进行研究时，汉学研究中心的 Peter Chang、廖箴和耿立群不辞辛苦地帮助我。庄吉发是我在台北"故宫博物院"利用满文档案时的绝佳指引者。在纽黑文，濮德培、芮乐伟（Valerie Hansen）和费边·德雷克斯勒（Fabian Drixler）将耶鲁大学变成研究与写作的理想之地；我不会忘记和他们共进午餐、晚餐时总能得到的灵感，精力亦觉充沛。我还要特别感谢 Hasegawa Kazumi、Paek Seunghan、阿比·纽曼（Abbey Newman）、尼古拉斯·迪桑提斯（Nicholas Disantis）以及杰西卡·Chin（Jessica Chin），他们让我在东亚学研究中心的岁月过得有趣、特别、富有成效。

在印第安纳大学，克里斯托弗·阿特伍德（Christopher Atwood）对全书草稿进行了认真的审阅和梳理，也只有他能以过人的洞察力挑出概念上的问题、蒙古文转写中的小错误。斯科特·奥布赖恩（Scott O'Bryan）的审读细致、严苛，并敦促我对环境史进行全新的思考。司徒琳（Lynn Struve）作为历史学者、教师和交流会成员，自从我来到布鲁明顿后，就对我的学术和生活提供了宝贵的建议（纵容我对猫的喜爱）。本校的其他同事也启发并支持了我，他们是鲍文德（Gardner Bovingdon）、尼克·卡拉瑟（Nick Cullather）、彼得·瓜尔迪诺（Peter Guardino）、Ke-Chin Hsia、萨拉·诺特（Sarah Knott）、贾森·李（Jason Lee）、佩德罗·马查多（Pedro Machado）、克丽丝塔·玛格莲（Krista Maglen）、迈克尔·麦吉尔（Michael McGerr）、贾森·麦格劳（Jason McGraw）、马里萨·穆尔曼

（Marissa Moorman）、罗伯塔·珀赫尔（Roberta Pergher）、迈克尔·罗宾逊（Michael Robinson）、卡雅·萨辛（Kaya Sahin）、埃里克·桑威斯（Eric Sandweiss）、丽贝卡·斯潘（Rebecca Spang）、克里斯蒂娜·辛德（Christina Synder）、王飞仙（Wang Fei-Hsien）、埃伦·吴（Ellen Wu）以及18世纪研究小组的成员。

本书中出现的很多观点曾在芝加哥的亚洲研究协会的"环境政治"研讨会上提出；我需要特别感谢迈克尔·帕斯卡尔（Michael Paschal）、南希·佩鲁索（Nancy Peluso）、迈克尔·哈撒韦（Michael Hathaway），以及其他对我提出尖锐批评的与会者。我曾经在亚洲研究协会和美国环境史学会年会，以及剑桥大学、纽约大学、加州大学伯克利分校、罗格斯大学、乔治敦大学、中国人民大学、斯坦福大学、密歇根大学、不列颠哥伦比亚大学以及澳大利亚国立大学举办的座谈会或研讨会上发表了本书的第二、三、四章。戴维·贝洛（David Bello）、佩尔·卡塞尔（Pär Cassel）、乔治·德拉普雷斯（Gregory Delaplace）、詹姆斯·德尔博尔格（James Delbourgo）、约翰·埃尔维斯科格（Johan Elverskog）、安·费边（Ann Fabian）、邢幼田、卡罗琳·汉弗莱（Caroline Humphrey）、约翰·麦克尼尔（John McNeill）、特莎·莫里斯·铃木（Tessa Morris-Suzuki）、汤姆·马拉尼（Tom Mullaney）、迈卡·穆斯科里诺（Micah Muscolino）、乌云毕力格、乌云扎尔嘎勒（Oyunjargal）、马修·萨默（Matthew Sommer）、卫周安（Joanna Waley-Cohen）、艾米莉·叶（Emily Yeh）以及叶文心都在会上提出了崭新的意见和批评。当我还在踌躇于如何确定本书最终研究方向时，贾德·金泽雷（Judd Kinzley）逐章详细阅读，并提供了重要的分析见解。其他同事也帮助我推进研究：他们是布赖恩·鲍曼（Brian Baumann）、戴维·布罗菲（David Brophy）、樱·克丽丝马斯（Sakura Christmas）、阿夫顿·克拉克·萨瑟（Afton Clarke-Sather）、梅特·海伊（Mette High）、Hoong Tak Toh、C. J. 黄（C. J. Huang）、克里斯托弗·莱顿（Christopher Leighton）、洛蕾塔·金（Loretta Kim）、本杰明·利维（Benjamin Levey）、李仁渊（Li Ren-yuan）、埃伦·麦吉尔（Ellen McGill）、马修·莫斯卡（Matthew Mosca）、萧建业（Victor Seow）、Ying Qing和劳伦斯·张（Lawrence Zhang）。

斯坦福大学出版社从来都是出版图书的理想选择。我特别感谢詹妮·加瓦克斯（Jenny Gavacs），她的意见让本书变得更清晰严谨，她还在出版的每一个环节鼓励、支持我。本书还得益于很多不知名读者的帮助，他们阅读书稿，为我提供了深刻、新颖而实用的建议。

最后，我必须衷心感谢柯娇燕（Pamela Crossley），她是我最初也是终生的导师，我还要感谢评价本书的达特茅斯研讨会与会者，特别是濮德培、莉莲·李（Lillian Li）和乔纳森·李普曼（Jonathan Lipmann）；我竭尽所能回应他们提出的问题，所以今天这本书才能够问世。柯娇燕在我事业的每个阶段都施以援手，并给予启发。没有她的魅力和诚恳的建议，我永远不可能发掘出我对清史的挚爱：她比别人更能让我深入、全面、创造性地思考我的研究。

如果说我学会了体验神奇的事物，那要归功于我的家庭：我的父母支持我的所有努力（无论我的努力看起来多么奇怪）；我一直仰慕的姐姐；还有我的祖父母，他们用故事、实际调查，有时就着烈性鸡尾酒给我提供观点。妮基·玛丽·斯基尔曼（Nikki Marie Skillman）也帮忙阅读本书，但与她的爱相比，一切都是无关紧要的；仅仅感谢是不足以报答她的。我感谢她、我的家人，以及所有指导教师、导师和同事，他们都为本书做了贡献。该书的一切错误皆由我本人负责。

转写说明

本书在转写中文词汇及人名、地名时使用汉语拼音，满文使用穆麟多夫转写法（Möllendorff system），朝鲜文使用麦丘恩·赖肖尔转写法（McCune-Reischauer system）。遗憾的是，目前还没有通用的传统蒙文转写法。为方便读者起见，除了约定俗成的拼写之外（如 *Chinggis Khan*, *Kiakhta* 等），笔者采用国会图书馆的新转写法（the new Library of Congress system）。为了进一步增强可读性，笔者改进了若干常用蒙古文术语的拼写（例如，使用 *aimag* 而非 *aiimag*）。此外，闰月用星号标示。

前　言

1886 年，H．埃文·詹姆斯（H.Evan James）[①]在满洲地区发现了原始的自然景观。他激动地向皇家地理学会（Royal Geographic Society）汇报说："这里的景色……真是美不胜收——有森林、鲜花和茂密的草地——对于热爱大自然的人而言这里绝对是天堂。"他看到的是秋天之前的景色，"（我）仿佛来到了伊甸园"。詹姆斯后来回忆攀登长白山时的情景：

> 我们来到了一片肥沃、开阔的草场。人类能够想到的颜色的鲜花这里都有，一片片蓝色的鸢尾花、鲜红的虎皮百合、香气扑鼻的黄色萱草、橙色的大型金凤花以及紫色的附子让人眼花缭乱。更远处是一小片一小片花园一样的乡村，成片的云杉和冷杉装饰着大地，短短的生苔覆盖着土壤，数不清的深蓝色龙胆闪闪发光。这里还有各种淡紫色、浅黄色耧斗草，白色和红色的兰花，以及其他诸芳百卉。[1]

满洲大地堪称大自然的恩赐。其他欧洲旅行家惊讶地发现满洲地区"完全未被开发"；看起来当地"杳无人烟"，且一直"与世隔绝"。[2]当时的一位俄国探险家说他从未见过这么多鱼："大马哈鱼、鳟鱼、鲤鱼、鲟鱼、鳇鱼[3]、鲱鱼从河里跳出来，制造着震耳的噪音；这条（黑龙）江简

[①] H.埃文·詹姆斯（1846 年—1923 年），英国人。1886 年—1887 年来华游历，后将考察长白山地区的记录编辑成书，命名为《长白山》（*The Long White Mountain*）。后担任印度信德省行政长官。——本书脚注皆为译者所加，后不再说明

直是个人工鱼塘。"[4] 大马哈鱼和鲱鱼游到这里产卵时，天上的"天鹅、鹳、鹅、鸭子和野鸭成群结队地"尾随而来。[5] 茂密的丛林从未遭破坏，如果想通过这里就得用手斧开路。古斯塔夫·雷德（Gustav Radde）①一路"砍"过兴安岭。探险大功告成后，他说："大自然以她全部的处女之力创造了如此丰富的植被，所以"穿越这一区域……费了我九牛二虎之力"。[6] A.R. 阿加西（A.R.Agassiz）宣传道："现如今在世界上绝大多数地区，狩猎活动正在迅速消失。只有在满洲地区顽强地保存下来，为冒险家提供着打猎的乐趣。"[7] 虎、熊、麋鹿、野猪、狐狸和貂遍布丛林。满洲地区只有一种秩序，那就是大自然本身。

两个世纪前的 1743 年，乾隆帝（1735 年—1795 年在位）在《御制盛京赋》中用相同的语言赞美了满洲地区的富饶。与詹姆斯一样，他也被当地多种多样的动物深深吸引住了，这里有"虎、豹、熊、罴、野马、野骡、鹿、獐、狍、麂、狼、豺、封驼、狐狸、獾、貉"。他还赞美了满洲地区丰富的植物（芦苇、茅草、水葱、红花、蓼等）以及大量的禽类（野鸡、沙鸡、鹅、鸭、鹭、鹳、鹤、鹈鹕、燕子和啄木鸟）。[8] 然而对于乾隆帝而言，满洲的生命力不仅限于动植物，她的力量同样触及人类世界："法天则地，阳耀阴藏……形胜之选，奕世永赖。俯临区夏，襟控中外。"[9]② 作为一位满洲"圣主"，乾隆帝与满洲的虎、豹、熊分享着某些共同的元素。他用满洲最珍贵的物产丰富自己：貂皮和水獭皮袍子、口蘑、镶嵌东珠的帽子。满洲的大自然具有某种力量。

满洲地区的环境和物产对乾隆帝和詹姆斯各自的世界来说都堪称独特，二人就此均有论著行世。他们都称赞满洲大地是资源的汇集地和自然生命力的源泉；这片土地本身就有自我创造力，而且完全未被人类侵扰。两位作者都认为满洲的自然是未加雕琢的璞玉；时光也没有侵蚀这片沃

---

① 古斯塔夫·雷德（1831 年—1903 年），德国自然学家、探险家。
② 译文引自中央民族大学图书馆藏：《御制盛京赋》，清刻本。

土。詹姆斯和他同时代人看到的是一片史前的大地，满眼都是远离尘嚣的风光。而乾隆帝心中的满洲地区则是一个永恒的源泉，源源不绝地为帝国提供支持和世俗力量。对于詹姆斯而言，满洲地区无非是另一个边疆而已。这里是乾隆帝的故乡；它像皇帝一样培育了文明。我们可以在有关亚洲、非洲和美洲原野的描述中找到詹姆斯所看到的景象。那么乾隆帝眼中的满洲地区是什么样的？究竟是满洲地区造就了皇帝，还是皇帝造就了满洲地区？是什么构成了清帝国原始的自然，它又是如何形成的呢？

本书利用满文、蒙古文的文献重新考察中国清代的环境史。像满洲地区这样的边疆，在环境史中的地位非常模糊：它是研究的重点，但是有关的很多文献完全无人问津。不少人将边疆视作农业和商业扩张的出口或文学想象的对象；大多数人之所以这样看问题是受占优势的汉文文献所限，而且他们力图服务于一个更宏大的中国史叙事框架。这种研究方法忽略了另一半故事：与已经公布的汉文记载相比，清朝的满蒙文档案为我们描述了边疆地区别样的图景。一个全面的视角可以为我们提供全新的历史。我们必须谨记要从两个角度考察边疆：中国历史不仅仅是关于汉人的故事。

本书的重点在于揭示1760年—1830年之间满洲、蒙古地区出现的环境变迁，当时一股史无前例的商业扩张和自然资源开发热潮彻底改变了中国内地和边疆的生态环境。这股浪潮之凶猛绝不亚于今天，它在制度、意识形态、环境方面渊源颇深，影响也相当深远。其中还有伴随而来的动荡、对环境的焦虑和危机意识。地方官的请愿书如潮水般涌进北京：森林里的貂、狐狸和松鼠消失；野生人参被采光；采菇人把蘑菇连根挖掉；淡水蚌（freshwater mussels）无法孕育珍珠。朝廷千方百计地试图让满洲大地恢复原始的状态：征召士兵、设立卡伦、绘制舆图、注册人口、惩罚盗猎盗采者、调查贪污案件、改革官僚机构。官府还夷平参田、突袭采菇人的营地、设立无人区，在那里杀害甚至"惊扰"野生动物都是违法的。皇帝下令"令蚌繁育"。他还要求"肃清"蒙古草原。

"肃清"满洲、蒙古地区的结果并非恢复大自然的原始状态；它反映的是政府的本质。清帝国并不是在保护边疆地区的自然环境，而是"创造"了它。本书即旨在阐明这一创造的历史过程，并探究其背后的环境压力和制度框架。为了说明演变的来龙去脉，本书将聚焦在档案记录最多的三种现象上：东珠的消亡、蒙古地区采摘野生蘑菇的狂潮、中俄边界地区毛皮动物数量的锐减。以上每种现象都有更广泛的历史背景，即18世纪末至19世纪初期席卷从清朝边境到东南亚和太平洋地区的商业浪潮。到1800年，从蒙古到加利福尼亚的毛皮动物猎手在同一个世界里劳作、面临同样的问题、满足同样的市场需求。不过，只有在利用多语言文献和多种档案的情况下，这部环境史才能变得清晰。

中国史中的边疆：从帝国到民族国家

大多数的中国历史教科书都把大自然设定为一种背景或者原始的状态；这里有时频繁暴发水旱灾害和瘟疫，有时又是孕育文明的黄土大地。[10] 在这样的叙述体系中，中国的边疆地区也就没有什么特殊性可言了。有时，边疆和黄土高原一样代表了中国文化的起源。这种历史研究范式将边疆纳入一个通行的叙事框架，而边疆的独特性也渐渐消失在历史的长河中。有时，边疆又是永恒的，与洪水和瘟疫类似，体现的是永恒的局限性和亘古不变的威胁。

大多数研究者将1644年之后的满洲地区等同于黄土大地：它成了汉地的一部分。现在，满洲地区已非单纯的农耕地区，而是工业重镇；自耕农很早以前就把森林变成了农田。大多数历史学家也不再使用"满洲"一词，代之以更简单的"东北"。[11] 但满洲地区是在何时、以何种方式成为中国一部分的？人们通常认为，现代国家疆域的合法性来源于历史：有些人提出东北自古以来就是汉地；另一些人认为这都是现代的事情。在研究清帝国东北边疆时，互相冲突的主张将这一研究领域分裂成互相对立的学派。[12] 汉族中心学派的学者有两种观点。首先是中央集权论：清与之前的元、明一样都是中华王朝，它的疆域是现代中国领土主张的基础。其次是民族主义者：现代中国对领土的主张来源于人民而非国家。因此，人口问题在满洲地区民族史中颇为重要。

举一个例子。这些民族史学家注意到清朝皇帝们努力将满洲地区作为帝国的一块飞地，并设立"封禁政策"以限制汉人移民。但是事实证明，这些政策没什么效果：特别是在18世纪和19世纪，渴求获得土地的农民受到内地人口膨胀和经济扩张的推动涌入边疆，摧毁了帝国设计的框架。在清朝灭亡之前的几十年中，清廷终于认识到以下的既成事实：边疆地区已经变成了汉地，需要按照汉地制度施行统治。帝国崩溃了，民族国家随之诞生。[13] 从这个意义上讲，满洲边疆和内蒙古、新疆、西藏、台湾融入现代中国的过程很相似。可以和同时期的美国西部、澳大利亚、俄国远东及其他国家的边疆融入本国的进程进行比照。[14]

某些关于中国环境史的最重要的研究就采用了这种"中国中心"范式。这种框架为重新审视全球和历史中的可比较层面创造了基础，因而让我们可以用新方法将中国内地和边疆的历史连为一体。[15] 正如历史学家彭慕兰（Kenneth Pomeranz）和濮德培所说，有些学者仅仅重视启蒙运动、英国经济或欧洲中心的资本主义在塑造全球环境过程中所起的作用，但将中国置于研究中心的做法对他们发出了挑战。举个例子，我们现在知道，在鸦片战争爆发之前，中国社会已经达到其自然环境承载力的极限。[16] 实际上，在和平、繁荣和（来自新大陆的）马铃薯种植推广三个因素的共同作用下，清帝国治下出现了史无前例的商业扩张和人口爆炸。紧随而来的是惊人的变化。中国曾用千年的时间才让人口翻了一番，而到了清代，仅仅从1700年—1850年的150年间，人口几乎达到原来的三倍。同时，随着定居者从农业核心地带迁徙至新的湿地、高原和帝国边缘地区，耕地面积也翻了一番。[17] 清政府在多大程度上配合了这种向边疆的拓展？这成为困扰很多历史学家的一个问题。欲寻求答案需要先考察清政府的本质：它是像欧洲殖民帝国一样鼓励移民先驱、并力图通过"教化使命"（civilizing mission）整合其政策？抑或是支持当地人对土地的所有权、并保护帝国内的多元性？中国是否卷入了一个比早期现代世界更广泛的"发展主义"（developmentalism）思潮？[18]

将以中国为中心的历史纳入研究框架固然是关键的一步，但这样做仍然有问题，因为我们把国家认同和自然环境混为一谈了。通常，荒野代表汉民族和汉人政权的自然边界；这也就是统治集团核心不支持将政治力量扩张至此的关键因素。[19] 所以汉化（sinicization）的缩影乃是农业，土著生活的标志则是原始森林和草原。即便在批评这种叙述时，仍然有学者把汉人直接等同于农业、发展。例如在某些蒙古民族主义学者看来，汉商和农民是外来的少数族群，蒙古人是以自己的土地和价值观为基础的多数族群；这些争论所使用的术语是一样的，但精神正好相反。这些"反发展主义学者"（antidevelopmentalist）将蒙古和少数族群的传统打造成一种历史环境主义（historical environmentalism）；学者们正在从传统中发掘解决环境危机的方法，一如某些美国环境主义者将美国土著与土地的关系理想化、战前德国环境主义者强调德意志民族（Volk）的根基一样。[20] 民族史学家继续着建构环境史的工作。

从民族到帝国：对清帝国的近距离考察

尽管"发展主义"的叙述模式在某些情景和时段内有效，但运用在中国环境史上则会带来其他棘手的问题。例如，帝国内部各边疆的地位是不同的。清政府的政策代表了帝国复杂的等级制度。像西南的土司在朝廷中仅能享有相对有限的地位和重要性，同时朝廷在该地区不断推行文明开化政策。[21] 而在满洲、蒙古地区，情况则截然相反：蒙古人和满洲旗人不需要被教化；他们保护自己的文化。他们位于帝国秩序的顶端，其传统的生活方式（游牧和狩猎）得到弘扬和保护，被汉人同化是一种禁忌。[22] 多元主义即便不是均等的,也是清帝国治下内陆亚洲的准则:汉语和传统政治机构统治汉地;蒙古语和蒙古传统机构管理蒙古;藏语和西藏传统机构统辖西藏。[23]

迁徙和对土地的所有权因此成为重要的问题,但事情并不仅限于此:所有的边疆也都是家园,每个家园都有自己的历史。就像美国的西部,当我们指责汉人定居者是造成变迁的唯一原因时,满洲人、蒙古人等边疆地区的原住民就会被抽离出去。有时,满洲人和蒙古人一起消失了。他们的土地变成了"真空",他们的环境对于迁入者而言成了荒野:"荒野处于理想状态……免于人类的侵扰",边疆"空旷而荒蛮,所以任何人都能进入这里,并宣布所有权"。[24] 然而农民从来没有向真空地带扩张,也没有哪个地方逃脱了被人类占领的命运。而且,清廷关注当地人的诉求。如果我们误解中国边疆的本质,就会不光歪曲一个地区的历史面貌,也会让我们无法从整体上看清楚帝国权力的本质及其结构。

认识清帝国统治的多元性、认真地将其视作一个帝国已经成为近期清史研究的中心任务。历史学家已经揭示清帝国如何努力地界定、划分和维持族群——例如满洲人、汉人和蒙古人——并将他们融合进帝国的意识形态和制度中。[25] 实际上,皇帝们认为保持族群和地域的区别是帝国工作的中心,两者的目的都是维持他们作为统治精英的地位并巩固既得利益。身份的问题与帝国等级的制度化密不可分:特权人群越是丧失了其独有的标志,朝廷就越是努力维持并界定其特征。从这个角度讲,清帝国和其他帝国一样:疆域大国专注于"自觉地维持它们所统治、合并的人群所具有的多样性"。[26] 然而,"中国"的情况并不尽然:民族及其文明都没有映射到满洲人统治的政治实体上,也没有同时与儒家、成吉思汗后裔、藏传佛教的意识形态一样实现合法化。[27]

满洲、蒙古地区在帝国秩序中拥有特殊的地位。其部分原因是战略上的。首先,两地有作为与俄国、朝鲜这样的邻国形成军事缓冲区的价值,同时还能为士兵训练、培养他们作为勇士和男人的技能提供看起来理想的地形。因此，皇帝们有理由保护北部"旷野"（满：bigan）：森林越茂密，防御越坚固。[28] 满洲、蒙古地区享有独特的地位，因为这里是满洲人的故乡——皇帝属于这个族群，这里的蒙古人与朝廷有独特的历史和私人关系。[29] 皇帝们以他们的满洲故里为荣。[30] 普通的满洲人也用从民间故事到诗歌的各种文学体裁赞美故土，用物质文化纪念他们的起源。这些物质文化包括用来穿戴的毛皮到独特的食物和医药，例如鹿尾和野生人参。反过来，朝廷利用隔离、禁奢令、强制性的指令和特殊的教育，塑造、强化满洲人和蒙古人的身份。它也采取行动按照自己的想象推进自然边疆的军事化，进而加以独占和保护。人们进入，甚至通过满洲、蒙古地区都会受到严密的监视和管束，两个区域最终被纳入军事机构的统辖范围：满洲地区的驻防将军和蒙古地区的蒙古盟旗系统。这反映了国家的多族群特色，帝国内部从来不是只有一种单独的统治模式。

这样，为了理解身份和意识形态两个问题，该领域的研究不仅关注汉文文献，而且更加注意利用宫廷语言——满语，以及地方语言——蒙古语撰写的材料。[31] 从20世纪80年代开始，研究清帝国北方边疆的中国学者和蒙古、日本、美国的学者一样，出版了一些利用了满蒙文档案的有价值的著作。然而大多数研究仍然以已经刊行的汉文文献，例如《清实录》、地方志以及流人的日记为基础。[32] 这种研究的成果被证明是有局限性的，它们只能提出以下论点：在满洲、蒙古地区，直到19世纪后半期，只有很少一部分档案是用汉文写成或被翻译成了汉文。以外蒙古为例，仅仅贸易登记和商人的旅行护照一直是汉文的；地方官用蒙古文，当地最高长官——乌里雅苏台将军和帝国在库伦（今乌兰巴托）的代表——与北京联络时使用满文。

考虑到清帝国的特殊构造，不利用多种语言就无法解释其统治逻辑。朝廷故意不将所有类型的边疆档案都翻译成汉文，例如机密的军事通信。[33] 满文奏折一旦被翻译出来，其与汉文之间的细微差异和口气通常会丢失。清代的写作者和翻译者将满文的某些字和词组删去，或转化其意义，这是因为满文的术语和行文风格很难与汉文统一起来。翻译是清帝国实现整合的基本工具；不同地区的统一奠基于这种翻译的选择之上。[34] 然而，只有通过研究大量非汉文材料，作为帝国历史映射的汉文材料所具有的独特视角才能被呈现出来。[35] 重新揭示这些文献，我们才能够聆听曾经被视为"鸟兽"的世界发出的声音。

本书的研究遵循这个逻辑，侧重于利用保存在乌兰巴托的蒙古国家中央档案馆（MNCA）和中国北京第一历史档案馆（FHA）、中国台北"故宫博物院"（NPM）的满蒙文奏折。乌兰巴托保存的驻库伦帝国代表（即谙班①）衙门和乌里雅苏台将军的满蒙文档案是本项研究的基础（见图0-1）。[36] 在北京，还有两种满文文献具有极高的价值：《内务府奏销档》和《军机处满文录副奏折》。[37] 经过综合考察可知，档案的记载呈现了边疆地区更全面、细致和复杂的图景；使我们可以对文本进行交叉比对；可以用传统文献中缺乏的视角挑战我们的既有观点。毫不夸张地说，没有这些档案，本书接下来要讲述的故事是不可能重构起来的。

利用这些档案的优势、多语种视角和综合多种档案的研究路径，我们是否可以让清帝国的边疆史呈现出不同的面貌？我们已经讨论过另外两个截然不同但成果丰硕的研究领域：第一个研究探究内地的商业扩张以及资源消耗问题；第二个考察的问题是清帝国如何将族群和地域差异制度化。这两个过程是并行的。那么它们又是如何连接在一起的？我们应当如何理解清帝国的经济、环境和政治地理？

---

① 谙班，满文 amban 之音译，意为大臣。因在边疆地区该词通常指中央派遣的高级官员，与当地传统宗教领袖、世俗贵族有本质区别，故原著直接使用 amban，译文亦采用音译的"谙班"。

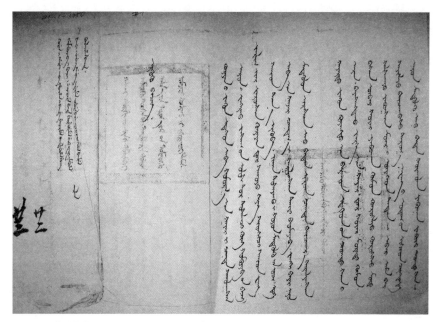

图 0-1　满蒙文档案。这是一份上呈库伦办事大臣的典型的蒙古文档案。在最左边的档案封面上有笔帖式用满文写的摘要,下面是用毛笔写的汉文数字

来源:乌兰巴托,国家中央档案馆

人与地之间:一部物品的环境史

我们的研究以在清代诗文、游记和帝国档案中无处不在的物品和商品开始:在清帝国的世界中,想了解边疆或任何地方,就得去认识那里的物产。而这些商品遍及各处。18 世纪,中国惊人的商业扩张和政权巩固为消费者带来的商品数量和种类都是前所未见的。[38] 即便对于从来没旅行过的人而言,一个消费品的世界也近在眼前:学者在各种指南书、地方志、本草(material medica)和私人记录中展开研究;普通消费者在市场上亲自验货。在早期现代中国,物质是重要的:人们比以往更多地思考、记录和关注商品。[39]

反过来，市场也有助于界定地域。18世纪末，从内陆亚洲到太平洋的商人以中国内地为目的地。在帝国的核心区域，粮食和大件物品统治着商业。而在更遥远的地方，高端奢侈品则是贸易的主体：燕窝、婆罗洲的黄金、大洋洲的海参、苏拉威西岛的玳瑁、加利福尼亚的海獭皮、夏威夷的檀木、新疆和缅甸的玉石、俄国和中国北方的毛皮、蒙古的蘑菇、满洲地区的人参和珍珠。面对空前的繁荣，学者、消费者、店铺掌柜发现自己正在为那些来自异域的新商品命名；过去的词汇已经不足以满足眼前所需了。

清帝国的档案不仅仅关注人和土地，同样注意到了物品。特别是在农业核心区之外，高端商品受到帝国的密切关注。从满洲地区到新疆、云南，政府财政、司法判例以及官方对犯罪的焦虑总是集中在高端商品上，例如人参、珍珠、毛皮、鹿角、玉和铜。有时，朝廷通过"朝贡"制度宣示对特定商品的垄断权。有时，商品又为清帝国的统治提供了逻辑依据，使其控制范围能够超越辖区和人群的界限。实际上，将商品作为研究的切入点时，我们就会发现很难将地区与帝国臣民轻易地归入任何传统的族群分类或地域之中。

商品的经营者不仅有蒙古人、满洲人和汉人，还有乌梁海人、乌拉、索伦和达斡尔人。后面的几个族群被传统史书忽视了；他们可以很轻易地被纳入任何通行的清史研究框架中。清代的作者发现他们是非常复杂的，所以将他们归为蒙古或满洲人。我们不应该继续这样做。一如美国的边疆不是由"白人"和"印第安人"组成的，而是一个由不同群体、政治组织拼凑起来的混合体。清帝国亦然。

在我们追寻商品的历史时，非传统的地理也会浮现出来。[40] 有些商品，例如毛皮，在全球范围流通：乌梁海和鄂伦春的生产者被卷入从北京到库苏古尔泊、黑龙江三角洲、库页岛、西伯利亚、北海道、阿拉斯加甚至下加利福尼亚的贸易网络中。其他人，像采菇人、刨夫则服务于本地和局部地区的市场。然而不管贸易规模是全球化的还是本地化的，高端商品贸易和生产都被证明居于日常生活和帝国工作的中心:清帝国与外部世界的密切联系越来越以采菇人、毛皮商、扫荡参田的兵丁的面目出现。

从欧文·拉铁摩尔(Owen Lattimore)以来,研究长城地界的学者已经强调了其军事层面的意义;拉铁摩尔提到,边疆是经济专门化的结果;这里不仅是蒙汉人民相遇之处,更是农耕世界与草原交汇之所。[41] 威廉·克罗农(William Cronon)对美国边疆的研究也得出了类似的结论,他提出美国边疆也代表了市场动力的空间投影。[42] 无论在北京还是芝加哥,一个人住得离城市中心越远,就越愿意生产运输成本低、价值高的产品。这样,在理想的情况下,运输成本的限制塑造了一个以主要城市为中心的同心圆:最里面一圈属于农业,这是因为农作物不易运输,外面一圈是畜牧业和游牧业,最外一圈是质量轻、最易运输的高价商品,例如野生草药和毛皮。[43] 如此,从捕猎、放牧、耕种到城市商贸之间形成了清晰可见的层次。这个次序更多表示的是对商业成长的同步回应,而不仅仅是发展的目的。

这种对内陆亚洲商业的研究方法会夸大草原对汉地的依赖性,这是因为内陆亚洲的政治和商业生活比汉文文献所展示的更独立、更复杂。[44] 然而对物质交换的关注使我们可以观察到环境问题是如何与商品政治重合的。它也提示我们市场的扩张在即便最遥远的地域都能产生独特的后果,包括从海洋出产的鲸油和鳕鱼,到山中的麝香和野生草药。[45] 商业的影响无远弗届。

关于自然

伴随着高端消费品市场的蓬勃发展,自然和帝国的权力结构决定了人们将如何做出回应。清代的观察者对发生在眼前的物质变化忧心忡忡:贝床被采挖一空,草药被连根拔起,动物被猎杀濒于灭绝。对于清廷而言,世界似乎并没有被毁掉,而是被扭曲了:奸商把松鼠皮伪造得像貂皮一样；秧参取代了野生人参；蒙古人、满洲人与汉人"杂居"。这些改变似乎都是不自然的；全都背离了当地的原始状态。然而，重新塑造理想化的臣民、领土和自然景观是件难事——而这又通常不在清政府的能力范围之内。一方面，要想达到这个目的就需要控制物质环境：划定禁猎区、暂停资源开发或夷平秧参田地。加强纪律也是必不可少的一环：审判并革退官员、惩罚盗采盗猎者、将无证人等遣返原籍。清廷针对环境和人民展开工作，我们也由此发现，在清帝国存在一个日渐清晰、有组织的和被政治力量管理的"自然"世界。

英语中的 nature（自然）一词是不能直接对应清代任何术语的，笔者也无意于此。这个词具有多层含义。它可以指万物的本质——从创世以来就已经存在、也将永远不变——退一步说，它可以指地方和背景的状态：自然的食物，荒野之地，不受控制的心灵。一如雷蒙德·威廉斯（Raymond Williams）的著名论断，nature"或许是英语里含义最复杂的一个词"。然而，至少从 16 世纪开始，西方的哲学和历史学论述体系就试图将典型的"西方"的自然观念和中国的划清界限。[46] 根据这个观点，nature 是西方独有的概念；它是启蒙运动、资本主义、科学和浪漫主义的产物。[47] 反过来，在亚洲学研究中，很多人认为在 19 世纪末中国人从欧洲和日本吸收这个概念之前，现代人或西方人对 nature 的理解在中国并不存在。尽管中国思想史与西方思想史之间有很多令人痴迷的差异，但自然本身没有激发人们的思想；像"天""气""风水"等多种多样的情境化概念统治着中国人的大脑。[48]

通过仔细爬梳清代档案，本书将检验以上论点，并且展示在 19 世纪的巨变中，清廷如何想象出了一个原始的自然。清代对"自然"的发明不仅仅在形而上和语言方面，更多的还是在叙事和意识形态层面。自然通常暗示着一个故事：想知道一件东西是否是自然的，需要了解其原本的状态及其后来的历史。它是如何被创造出来的？它来自何方？它是否幸免于人类的改造？如果我们断言自然风光是原始的，或把土地描述成荒原，我们就会说过往的世代和我们的力量已经创造了一个新的自然。[49] 有清一代，这种关于物品的来源及其是否被人类改造的问题关系重大：它们是道德、审美、政治和商业价值的判断依据。[50] 在清代的中国，没有哪个词可对应 nature；然而当时存在关于我们是谁、来自何方、物质世界如何改变我们生活的叙述。繁荣时期的环境危机让有关本质和来源的问题变得棘手，并赋予其新的意义。多族群帝国的需要构成了解决方案：呼吁帝国采取强力回应的行为促使人们形成一种观念，即满洲、蒙古故地曾经是未被破坏的原始之地，应当促使其恢复原有的自然状态；外来的盗采者、本地的勾结者和贪官不遵守帝国的政策。在档案中，我们可以目睹帝国对原始自然的创造过程。

18 世纪末，英语的 nature 一词出现了家园的意义，此与清代的"自然"观念有所重合，即我们现在用来描述一个未被破坏的环境。[51] 这个自然与威廉·克罗农提出的"错误自然"吻合：一个关于与人类历史脱节的无瑕世界的理想，这是一种在美国拥有悠久历史，而且内容生动的思想。[52] 实际上，受克罗农等历史学家引领，我们开始认识到这个"自然"本身就是人为创造的；通过近距离观察可知，没有哪里的环境与人类历史无关，人类生活的任何层面都不能与物质和生物分离。自然世界告诉我们：在这个意义上，我们都是"混合体"。[53]

环境史为我们提供了挑战并超越人与自然二分法的途径：它可以体现从前人类对自然施加的深远影响；能揭示我们如何像其他受造物一样处于一个广阔的生态系统中；或探究塑造我们对非人类世界观念的意识形态。通过这种研究，环境史让我们可以质疑长久以来存在的某些前提：人类逐渐征服自然，有些人比其他人更接近自然，有些地区则更原始。在伊懋可（Mark Elvin）这样的学者的带领下，"中国中心"历史学取得的重大成果之一就是阐明了中国人对自然世界的观念，挑战了东方学，并为跨文化比较提供了基础。[54] 如大卫·贝洛（David Bello）等学者最新的作品已经开始将中国的"发展主义"置于清帝国的更广阔的环境实践模式中。[55] 最终，如果我们想超越根深蒂固的中西文化差别，并建立一个更严密的框架以便理解中国环境史，就必须全面阐释中国历史当中竞争、多元、多变的层面。本书将选取一个更宽广、复杂的世界：不是汉地，而是整个清帝国。

本章小结

本书共有四章。第一章考察消费者对边疆资源需求日益增加的时代及理念层面的背景。第二、三、四章探讨18世纪末、19世纪初被资源开发狂潮改变的生产区。在满洲地区，河流不再孕育珍珠；在蒙古，采菇人颠覆了草原上的游牧生活；在中俄边界，毛皮贸易摧毁了毛皮动物种群。在每一个案例中，清代的档案都揭示，以上三个地区如何都成为各族群的故乡、帝国的行政辖区和环境"纯净"之地。这三章皆分析了支持资源开发热潮的网络，人们如何看待商业带来的环境危机，以及朝廷在受影响的领地重建原始自然的努力。

在我们考察贝床、采菇地和毛皮动物产区之前，为了理解它们的共通之处、并开始评估它们的环境被彻底破坏的风险，我们需要从北京展开研究。如果我们能够首先像皇帝或诗人一样，以最亲密的方式接近大自然，我们就可以欣赏清帝国所发明的自然：穿在身上的毛皮、盘中的蘑菇，以及冬帽上的珠宝。

第一章 北京的视角

"呜呼！神州之陆沉百有余年，而衣冠之制犹存，仿佛于俳优戏剧之间，天若有意于斯焉。"[1]① 1780年来到中国的朝鲜饱学之士兼讽刺作家朴趾源（1737年—1805年）吃惊地发现，在中国只有两种人身穿文明人的衣服：朝鲜人和伶人。其他的中国人都像野蛮人一样身穿毛皮。他参加从朝鲜王京到北京向清朝的乾隆帝（1736年—1795年在位）进贡的使团。皇帝本人的衣着似乎就是野蛮人统治的一部分：他不仅自己穿毛皮，还下令其他朝臣一体照办。实际上，当使团结束任务时，乾隆帝将代表大清慷慨好施的礼物貂皮赏给了朴趾源。作为满洲人就得穿毛皮，而到18世纪后期，不仅满洲精英，就连汉人精英也不能免俗。

朴趾源知道，世道已今非昔比：早在清朝入关之前，满洲人和汉人截然有别。他们外表迥异：汉人蓄发；满洲人留辫子。[2] 汉人妇女缠足；满洲妇女天足。他们的服饰也不一样：满洲精英穿毛皮；汉人穿丝绸。满洲人穿马靴和有马蹄袖的马褂；汉人精英对这种与骑马有关的时尚不感兴趣。[3] 到一百多年后的18世纪，两个族群的外在区别开始消失：从外表已经不容易区分满洲人和汉人了。[4] 从某种程度上讲，这种物质文明的变迁说明满洲人已逐渐融入了北京的生活；同时也说明对于汉人而言，毛皮不再是满洲意识的标记，而是辽阔帝国的象征。

其实，剧变产生于18世纪：像毛皮这种边疆地区的物产终于成为汉人精英的时尚标志。到1800年，外地游客对北京这座城市能够提供的商品感到惊奇：蒙古地区的扫雪皮（marten，一种白鼬的皮）和银鼠皮马褂、

---

① 译文引自朴趾源著：《热河日记》，上海书店出版社，1997年，第81页。

口蘑（steppe mushrooms）、满洲地区的东珠。街上还有贩卖野味的商人，男男女女穿着有马蹄袖的衣服，有时候还能看到活的大象、虎和熊。在明代（1368 年—1644 年）的汉语中还没有"扫雪""银鼠"这些词。而到了清朝，这个空白就被鉴赏家、当铺掌柜和朝廷填补上了：对市场的真正了解不光需要新词汇，还得有关于这些商品的意义和产地的故事。假毛皮、秧参和冒牌口蘑充斥街头巷尾，可是消费者想买到真货——来自原始边疆的未被污染的纯天然产品。

本章接下来会说明，从 18 世纪中期开始，上述思想意识和消费观念的变迁促使帝国边疆实现转变。然而想了解这一过程，我们就得从帝国的中心区域开始。关键的是，人们对边疆物产的描述与他们互相之间讲述的故事吻合：大清的臣民理解自己在帝国中的地位、应该接受谁的统辖、他们的历史和未被侵扰过的自然。

事物的衡量尺度

我们理所当然地将日常生活中的物品视为时代变迁的标志。技术和设计，当然还有时尚和物质都是时代的象征。不仅物件的外在标示着年代，就连它们的种类和质量也有同样的功能。然而回顾过去，我们也只能得出以下结论：即便排除了最新的技术和时尚，即便缺乏物质财富，我们的生活也不能算是返璞归真。实际上，人类的物质遗产既不是简单的也并非单向的，这一点与我们的书面遗产相比毫不逊色。差异和不均才是常态。

然而从年代的角度看，大体上从 16 世纪开始，我们生活中物品的数量才有了增加。尤其是在中国这样的商业和生产核心区域。从 15 世纪末开始，明朝已臻繁盛。彼时消费激增、市场成长、土地紧张，工农业扩展到新的边疆地区。当时中国人生产、消费的物品和同时期西欧人一样多，甚至尤有过之。[5] 而和之前的汉族王朝相比，晚明时期的中国人在消费方面有更多的选择，也拥有更多的财富。奢侈品买家能够从整个明帝国和更广阔的范围内获取产品：蒙古草原的羊毛、毡子，西藏的麝香，台湾的鹿皮，日本的白银和朝鲜的人参。1571年之后，明朝与统治今天内蒙古的俺答汗之间建立了和平关系，明与亚洲内陆的贸易节奏因而加快。同一年，随着西班牙殖民马尼拉，这个贸易链还囊括了美洲的产品：墨西哥的白银和波托西（Potosi）银币①成为现金和税收的新基础；吸烟如同病毒一般泛滥；农夫开始种植马铃薯、玉米和红辣椒。全球化时代就此拉开帷幕。[6]

消费增长的同时，原先代表个人身份的标志越来越不重要了。想仅仅是对他或她看上一眼就判断出其地位已经不容易了："近来……使女穿着丝绸，歌姬不以丝锦绣服为贵。"[7]② 精英为了保持自己的特色只得求助于鉴赏家。像《长物志》这种教导人们如何过文雅生活的书成为畅销读物。它们告诉读者，一位绅士应当购买或者收藏什么东西；还证明一个人消费什么东西可以使他看起来更文雅。正如卜正民（Timothy Brook）所揭示的那样，仅仅购买明朝的花瓶尚不足以维持一个人的高等身份，还要把它正确地摆放在来自日本的桌子上，还得插数量适宜的花（仅仅多出两枝，就会使房间看起来像酒馆一样俗气）。[8]③

1644年，明朝崩溃，满洲人列队开进北京城，他们看上去似乎属于另一个世界。他们和关内的人一点都不像；他们的穿着像野蛮人（汉语所谓胡人）而非汉人精英。其他方面的差异也很显著。他们说的、写的是另一种语言。男人剃光前额，把脑后的头发留长扎成辫子。妇女保留天足、拒绝缠足。满洲贵族骑马，赞美武士文化，穿毛皮、戴东珠。基于以上原因，来到清朝宫廷的欧洲观察者形容满洲人是容易接近且率真之人："他

---

① 波托西，玻利维亚地名，盛产白银。西班牙殖民当局曾在此设立造币厂。
② 此句译自英文。
③ 此句出自文震亨《长物志》卷10《置瓶》："随瓶制置大小倭几之上……花宜瘦巧，不宜烦杂，若插一枝，须择枝柯奇古，二枝须高下合插，亦止可一二种，过多便如酒肆，惟秋花插小瓶中不论。"文震亨：《长物志》，浙江人民美术出版社，2011年，第137页。

们喜欢接见陌生人；不像汉人那样冷酷和酸腐，所以他们刚刚登上历史舞台时显得更有人情味。"[9] 满洲人的出现在明朝遗民中产生了截然相反的回应。有些人宁为玉碎不为瓦全：1645 年，清朝占领苏州之后，《长物志》的作者文震亨绝食而死。[10]

　　满洲人故意让自己看上去与众不同。清廷在一开始力图尽可能多地争取支持者，也沿用了明朝的很多官方用语、统治机构和宫廷服饰。然而他们同时又努力保持满洲特色。尽管清廷全面接受了汉人王朝的政治传统，但同时又发扬某些满洲习俗。满洲人变成汉人乃是禁忌：朝廷组织狩猎活动以鼓励某些特定的满洲价值观和军事激情，皇帝申斥那些射箭、马术、满语能力不佳的旗人。随着满洲人开始被汉人同化，乾隆帝在执政时期要求满洲人编纂、呈交家谱，以确定其世系。朝廷原本期望通过这些手段可以让满洲人维持其独特的"满洲之道"（Manchu way）。那些最能体现"满洲之道"的旗人必然最能抵制奢侈堕落的城市商业化生活："满洲之道"和天足一样，是朴素、纯真和淳朴的（满：gulu 或 nomhon）。[11]

　　当然，满洲人能够崛起并战胜他们的汉人对手，说明他们并不是这么简单的。彼时满洲地区和汉地一样进入了全球化时代：16 世纪末、17 世纪初，满洲地区的居民和他们的汉人邻居一样拥有前所未见的消费选择权。他们也吸烟、用白银交易、使用加农炮。满洲地区也开始了出口经济。从这个角度讲，它和当时受"白银链"推动的、从蒙古到台湾的明朝领土并无二致。[12] 早在 15 世纪，长途毛皮贸易已经成长起来，满洲地区南部的边界成为商人和中间商的基地，这些商人将明朝和朝鲜的消费者与西伯利亚、库页岛和外满洲（Outer Manchuria）① 的猎人连为一体。[13] 人参比毛皮更有利可图。狄宇宙（Nicola Di Cosmo）估计仅人参贸易一项，

---

① 外满洲，指沙俄通过《瑷珲条约》《北京条约》等不平等条约从中国东北掠取的黑龙江以北、乌苏里江以东地区。该区域今为俄罗斯联邦滨海边疆区、哈巴罗夫斯克边疆区南部、犹太自治州和阿穆尔州。

可能就让从日本和新大陆进口的白银总量的 1/4 流入满洲地区和刚建立的清朝。[14] 反过来，高端商品贸易为农业发展提供了财政支持，后者于 16 世纪达到顶峰。一如某位历史学家所言，满洲南部地区已经"没有荒地"了。同时，该地区经历了地方市场的成长，在 1599 年出现了最早的冶铁业。[15] 满洲人既不单纯也不格外淳朴：他们身兼农夫、商人、猎手、工匠和士兵多种身份。

清帝国皇室的祖先努尔哈赤（1559 年—1626 年）就利用这一经济和文化的多样性获取权力。当时的"满洲地区"具有令人瞩目的多元性：那里有无数女真部落民，他们成为后来满洲人的主体；还有蒙古人、汉人、朝鲜人。1599 年—1613 年间，努尔哈赤成功地将那些现在已经差不多被遗忘的部落统合在一起：松花江流域的乌拉、哈达、辉发和喀尔喀①；居住在更东方、被称为"虎尔哈"和"瓦尔喀"的部落。1616 年，通过军事行动、联姻和小心谨慎的外交，努尔哈赤巩固了对明朝和朝鲜之间地区的统治。这一年，他宣布建立后金国，以向中古时代的女真人王朝——金朝（1115 年—1234 年）致敬。他还自称是金朝的后裔。1635 年，努尔哈赤之子皇太极（1592 年—1643 年）宣布所有女真人从此以后都要自称"满洲"，1636 年又改国号为大清，这个名字来自汉语。皇太极驾崩次年，明朝皇帝自尽，清军越过长城开始统治汉地。当然，他们还要奋战差不多四十年才能巩固统治。[16]

质朴的根与帝国的宫廷

我们可以想象两种满洲人。第一种受朝廷和满洲人独特身份的影响，服膺满洲独特性的理念，强调恢复单一和永恒的"满洲之道"。第二种经过后代历史学家重构，强调满洲人在更广阔的早期现代世界中的地位，他

---

① 据上下文推断，此处应为"叶赫"。

们与东北亚的世界性联系,及其适应性、活力和可变性。清廷本身就反映了以上两种形象,一个是自然的,一个是历史的。皇帝们是生活在不断增长的财富中的消费者,他们挥金如土,住在世界上最大城市的中心,身边是让人眼花缭乱的建筑、丝绸、天文仪器、钟表和用满、汉、藏、蒙古文写成的书籍。坐拥富足的财产,他们还扮演淳朴和自然生活的化身。[17]

为了纪念自己的满洲根源,清朝皇帝参与狩猎。康熙帝(1662年—1722年在位)独自射杀了数不清的鹿、135只虎、20头熊、25只豹、20只猞猁狲、96匹狼和132头野猪;有清一代的文人学者不断引用并再版记录这些数据的书,所以我们可以知道康熙帝在狩猎时有多么勇武。[18]康熙帝之孙乾隆帝在11岁时(据估计)勇敢地站在被其祖父用火枪打伤、迎面扑来的熊面前,因而获得了勇者的声誉。[19]朝廷在北京的北面设立了木兰围场,每年夏天在这里的森林中避暑。他们在围场里骑马,领导漫长的、有数千人参加的围猎,睡在帐篷里,欣赏壮丽景色。他们知道狩猎是有助于战争和统治的操练,也认可其对身心健康的益处。野外永远是最好的。一如康熙帝所谓:"春夏两季,孩子们应该在外面花园里玩玩,无需阻拦他们,不要老是把他们困在阳台上。"[20]①

这样,努尔哈赤端坐在用鹿角制成、饰以虎皮和鹿皮的宝座上,被漆器和丝绸以及其他象征财富的物品围绕着。[21]皇帝们也在菜单中专门给野味留了位置。朝廷消费着从帝国各个地区送来的美味,皇帝们把满洲野味和汉地城市化的、复杂的烹饪,蒙古酒,中亚的瓜果糅合在一起。不过,野味是最好的。占领北京之前,宫廷厨师就把虎、熊、狍、麋、山羊、野猪、野鸭和野鸡作为食材;食谱记载了宫廷服务人员如何清洗肉类,并切成大块,然后用海盐、酱油、大葱、姜、四川辣椒和八角炖煮。[22]研究宫廷饮食和满洲食品的学者吴正格解释道:"这种食法虽然原始一些,但也

---

① 译文引自史景迁著,吴根友译:《中国皇帝——康熙自画像》,上海远东出版社,2005年,第169页。

表现了满族人粗犷、豪爽和实惠的食风。"[23]

它也反映出满洲人的健康观。康熙帝在这方面是最坚定的:"北方人强悍,他们不必模仿那些体质脆弱的南方人的饮食嗜好。生活在不同环境下的人们有不同的口味和肠胃。"他以满洲长者的身份推荐"鲜牛奶、醃泡过的鹿舌和鹿尾巴、苹果干和干酪饼"。[24] ①

每年,皇帝都会把自己猎获的鹿肉分给皇后、妃嫔和宠臣。[25] 只要皇帝杀掉一头鹿,内务府就把它切成六份:尾、胸肉(满:kersen)、臀肉(满:kargama)、排骨、肉条、肉块(满:farsi)。尽管满汉大臣都会得此赏赐,但任何人都不会忽视这种食物的族群文化背景:汉语完全无法翻译"胸肉""臀肉"和"肉条"这些概念,汉文档案只能采用音译:克尔森、喀尔哈玛、法尔什。[26] 似乎野味仅仅属于满洲人。在皇家菜单中,野禽肉也享有类似的地位;它们同样体现着"满洲之道"。[27] 每只被猎杀的野鸡背后都有一个故事:朝廷记录了是谁、如何弋获的,包括有没有使用猎鹰。内务府通常会把鹿肉和野鸡肉绑在一起制成礼物。[28] 宫中妇女会定期收到上述每种肉类,包括一份由皇帝赏赐的 2 斤鹿肉、野鸡肉和鱼肉组成的年例。[29] 避暑山庄同样拥有一个豢养着野鸡和鹿的动物园可供消遣。

某些野生植物和真菌也具有同样的魅力。因此宫廷厨师总是把口蘑和野味一起烹调(汉语的"口蘑"指来自[长城]关口外的蘑菇):它会增加菜肴的野性滋味。乾隆帝在巡幸满洲故乡盛京时尽情享受鹿筋烧口蘑和口蘑盐煎肉。[30] 其子嘉庆帝(1796年—1820年在位)也在狩猎的时候吃口蘑。[31] 实际上,口蘑在宫廷从未过时。1911 年,在辛亥革命前夕,皇位仅剩一个月的 4 岁皇帝溥仪吃了 4 次口蘑。[32] 当然,御膳不可能是粗制滥造的;尽管其精神是粗犷的,但制作过程还需要厨师的本事和手艺。丰盛的"鹿筋烧口蘑"的配方颇为多元:

---

① 译文引自史景迁著,吴根友译:《中国皇帝——康熙自画像》,第 169 页。

图 1-1 乾隆皇帝朝服像,1735 年。郎世宁(Giuseppe Castiglione)绘制。图中乾隆皇帝穿着典型的清代龙袍:注意龙袍的貂皮镶边和貂皮围帽上的东珠
来源:wikicommons. https://.en. wikipedia.org/wiki/Qianlong_Emperor#/media/File:portrait_of_the _Qianlong_Emperor_in_Court_Dress.jpg

配料：水发鹿筋150克，水发口蘑150克，酱油40克，精盐1克，熟豆油75克，白糖10克，绍酒15克，味精4克，肉汤150克，葱末3克，姜末2克，水淀粉40克。

制法：炒勺置火上烧热，放入熟豆油，趁热用葱末、姜末炝锅，再放入酱油、绍酒、肉汤、精盐、白糖。沸后，放入经沸水焯过的鹿筋和口蘑，移小火煨约10分钟后，调入佐料，再移回大火上，用水淀粉勾芡，淋入香油润匀，盛在盘中即成。[33]

正是这些野生原料让菜肴变得与众不同；鹿筋和"口蘑"对满洲人及其统治有更深远的意义：二者暗示着皇帝与其本源的联系。这样一来，鹿肉、野鸡肉、口蘑仅是与满洲身份有关商品中的一部分；其他物品同样是猎手传说的具体化，清廷都将其视作"捕获之物"（满：*butha jaka*）。[34]

毛皮时尚也印证了这种意识的存在。入关前，满洲统治者下令给从明廷缴获的丝制龙袍镶上貂皮——从明朝人的角度看这是野蛮人的做法；入关后，他们继续穿明式龙袍，但在领子、袖口缝上毛皮，还穿着貂皮裙。[35] 清初宫廷通过正式的舞蹈赞美毛皮的满洲特色，一群一群的侍从穿戴上豹皮袍子和貂皮帽子，高唱开国之歌。[36] 史家谈迁（1594年—1658年）目睹了这一场景，并在日记里详细描述了这种"满洲舞"："凡二三十人北面立。衣文豹者持彩箕一……衣貂锦朱顶金带者四人，结队而舞，低昂进退有度。"[37] 冬天，皇帝们戴黑貂皮帽子，到了每年阴历的最后两个月，再换黑狐皮帽子。帽子顶部是镶嵌着东珠的三重帽顶。此时还要配上冬装马褂：皇帝在初冬时节穿黑貂皮，新年前两个月穿黑狐皮。在冬季的其他月份，皇帝穿镶着海獭皮的龙袍（见图1-1）。夏季，这些毛皮衣服就被收纳入库，但东珠仍然在全套衣装中扮演举足轻重的角色，包括帽子上的装饰品和由108粒珍珠串成的美丽念珠。[38] 亲王的穿着也有类似的元素：貂皮、海獭皮和东珠。[39]

清廷早期的赏赐行为揭示了这些物品所具有的亲密性。在整个18世纪初，皇帝把毛皮赠与那些和满洲统治集团有紧密关系的人：内廷成员、八旗精英、蒙古盟友以及杰出的军人。尤其是满洲贵族和皇室成员,他们能够获得与其身份相符的礼物:貂皮、东珠、马和雕鞍。[40] 皇室孙辈成员的新娘同样获得黑貂皮(适宜做衣服或帽子)、狐皮(制作坐垫)和海獭皮(给衣服镶边)。新婚福晋的父亲也能获得狐皮朝衣一袭、黑貂帽一顶、狐肷袍一袭,以及制衾褥海獭皮。[41] 这些都是赏赐给内廷成员的典型礼物。1665 年,两位年轻女性陪伴皇帝狩猎,即康熙帝的乳母和另一个仆婢。皇帝下令制造两件入关前的"黑貂皮袍"。[42] 这种衣服适合"去野外"时穿着。皇太后对康熙皇帝大方的举动提出建议,认为"今非穿貂之时"。结果这位仆婢获得了一件羊毛镶边的绸缎长袍和黑貂皮镶边黑缎外套,乳母获得了一件黑貂皮脖套、一袭羊皮袍,以及"上好黑貂外套一袭"。皇帝在这次私人宴会上又赏赐另外两名年轻妇女规格更低的黑貂皮帽和外套。[43]

类似的赏赐也惠及蒙古。皇室的始祖努尔哈赤以共同的服饰为基础证明女真和蒙古联盟的合法性:"我蒙古、女真两国语言虽异,衣服生计俱同也。"[44] 相反,汉人和朝鲜人的服饰和生活方式就不同。根据这种人为建构的伙伴关系,清廷邀请蒙古贵族来北京参加一年一度的元宵节"野味"(满:gurgu)宴会。这项庆典的一个环节是由朝廷提供野味、点心、发酵马奶(即"忽迷思"),[45] 全体蒙古宾客领取本次旅行使用的貂皮外套和粗羊毛织物。[46] 朝廷还通过赏赐其他具有类似意义的礼物以强化毛皮礼物淳朴和天然的属性:小刀、金绶带和"臀皮"靴。[47] 康熙时期,蒙古最高级的贵族获得名贵的"女真式黑貂镶边皮袍"。[48] 从另一角度讲,蒙古贵族向清廷进贡猎鹰和其他猛禽作为报答,所以这种赏赐没有什么特殊的。[49]

实际上,朝廷收到的某些最受重视的礼物也是最具野性的。皇帝们特意寻找这些别具风情的物品。因此,1760 年,一位从三姓(Ilan Hala,今依兰)出发的官员到库页岛北部为乾隆帝购买活驯鹿。1819 年,另一位官员去距离黑龙江入海口上游 100 英里的奎满(Koiman)村买了 18 只玄狐和北极狐。[50] 越是野性、凶猛的兽类肯定越会受青睐。嘉庆帝在这方面尤其典型。1804年，他收到吉林将军进贡的两只成年东北虎。他喜出望外；他认为吉林的满洲人应当"谙熟技艺"以捕获这种野兽。他说："朕素知狩猎不易。此番不但捕获虎崽、熊崽，又生擒大虎二只，足见俱系兵丁技艺娴熟、平日操练打围所致也。甚堪嘉许。"对这种英雄行为应当颁赏，不过嘉庆帝需要更多细节：猎手是谁，他们如何完成这一壮举？[51] 老虎的价值和猎手的传奇密不可分：狩猎的勇士、森林背景，以及这种英勇胜利背后的技巧与力量。

因为嘉庆帝迫切需要更多信息，吉林将军秀林将有关的细节写成奏折。他说到了冬天，吉林地区的降雪量非常惊人。有一天，猎手们沿着幼兽在雪地上留下的足迹展开追踪。他们知道"若有大虎，则非人力可以成擒"，于是他们设计诱捕。一旦时机正确，他们就制作木笼，扔进去一只小猪，挂起陷阱门。老虎步入笼子为虎仔取食，猎手们猛地关门把它困住，随即得手。"技优奋勇"和对森林的知识促成了行动的成功。[52] 三年之后的1807年，秀林又进贡了虎和熊，皇帝这次还想听狩猎的故事；不过秀林承认，参与狩猎的猎户姓名"并未记录明白"，但是他已经展开了调查。[53] 一个月之后，军机处满班（满：*coohai nashūn bai manju baita icihiyara ba*）收到公文，另一只虎崽正在被送往京城。当时，皇家参场巡查员什钦保（Šicimboo）正在"封禁山区"巡逻，他发现了虎崽小小的脚印。[54] 这次嘉庆帝又非常高兴：活虎代表了满洲故里的理想生活、最优秀满洲旗人的技艺与勇气。

野物于是就暗示了一种情感：一种人与自然的互动方式，它是坚韧的、亲密的、诚实的，充满了男子气概而且淳朴；从表面上看，它们代表了一个人与其原始本性的联系。同样，这些东西的价值与他们的来源地和背后的故事密不可分。"口蘑"采摘自长城以北。获得鹿肉需要打猎，捕捉老虎要用陷阱，而在合适时节旅行才能品尝口蘑、大嚼野味、观赏野生动物；这样才能接触到一个未被玷污和改变的原始满洲。它们引发了一种对与满洲之道和清朝统治相关物品的持续性热情：男性的技艺（满：*haha erdemu*）、尚武精神、淳朴（满：*gulu*）和忠厚（满：*nomhon*）。以上诸多价值体现着人们对历史的某种憧憬；穿戴东珠和毛皮暗示着满洲的本源与一个旧时代。[55]

当然，满洲人的起源并不是这么简单，其生活方式也从来不是淳朴的。努尔哈赤的朝廷主要依靠贸易而非捕猎毛皮动物。[56] 1644年，一艘日本船在满洲地区东部的太平洋沿岸搁浅，一位水手在著作中描述了毛皮帽子在满洲人中的使用情况，但他注意到普通人戴的是羊毛帽子，只有贵族才能用上在日本看不到的上好毛皮。[57] 高质量的毛皮系征服的产物，属于统治精英，与普通满洲人无缘。这一点并不值得大惊小怪。他们穿戴的毛皮来自邻近的南部和北部族群，例如虎尔哈、瓦尔喀和乌拉。

清廷的这些物产象征着帝国的等级制度。虽然很多人穿毛皮，但是颜色、种类、裁剪方式体现着一个人在帝国中的位置。在努尔哈赤的时代，最高级的精英穿戴东珠、黑貂皮、猞猁狲皮，地位稍低的贵族穿松鼠皮和鼬鼠皮。[58] 在高级贵族中还存在差异：顶级贵族穿嵌毛貂皮袍、黑貂皮袍、"汉人"式貂皮端罩（满：*nikan elbihe dahū*）、猞猁狲皮端罩；次一等的穿纯貂皮袍或黑貂皮镶边的衣服；第三等穿黑貂皮镶边"女真式"袍子。[59] 巩固了在东北地区的统治后，早期满洲宫廷还通过立法禁止奢侈行为，以便将社会阶层和政治等级制度化。1637年，朝廷下令所有满洲贵族男女佩戴饰以东珠的帽子和发钗；等级越高，戴的东珠就越大、越多。[60] 1644年之后，清廷再次颁布禁奢令，从此亲王在头上佩戴10颗东珠，郡王8颗，贝勒7颗，以此类推，最末一级贵族戴1颗。[61]

即便到了统治汉地之后，朝廷仍然继续推行将满洲人服饰标准化的工作。清初，在北京还有一些从东北森林（满：*weji*）来的官员以鱼皮服为官服；帝国命令这些人在朝堂上得穿正式的朝服以取代鱼皮服。[62] 不过，在把毛皮贴上"满洲"时尚标签时要小心。它也是勃勃雄心的一种映射，理想化的满洲之道的形象,尤其对于东北地区的人而言——是一种同质化的投影。毛皮、丝绸与朝廷若合符节,而鱼皮不行。

汉人能穿毛皮吗

在清帝国,服饰、物质文化与个人的身份密不可分;不能把人和毛皮分开。[63] 服饰和肤色、脸上的痘瘢一样能够代表整个人;缉拿逃奴、逃妻、逃兵时使用的标准"年貌单"通缉令综合了对人的生理和服饰的描述,仿佛一个人的外貌永远不变一样。[64] 根据法律,要"据体貌服饰缉捕"逃亡者。[65] 在斗殴中,不得打掉他人的帽子(或揪掉流苏)。[66] 如果一个外地人死在蒙古地区,他的尸体和衣服都会被送回原籍。[67]

这是因为服饰能够代表人的身份,而毛皮尤其象征了满洲人的身份,推而广之,它还象征着边疆地区,所以这种时尚激起了人们强烈的反应。即便今天,穿毛皮也是一种阔绰的行为:它是文明的还是野蛮的?在我们自己的世界中,我们从启蒙自由主义的角度争论毛皮的意义:毛皮的价值取决于权力以及权力滥用的程度。而在中华帝国,毛皮是文化争议的爆发点;和罗马、拜占庭以及倭马亚帝国一样,在中国,毛皮代表着野蛮,而与毛皮有关的政策折射着帝国对外国和边疆的策略。[68] 这暗示毛皮或者其他物质材料的价值并不是与生俱来的:价值不是由功能决定的;毛皮的作用不仅仅在于为人保暖、防雨。[69] 当边疆被简化为战场和流放地时,毛皮就象征着困苦、孤寂以及野蛮,其价值就被一笔勾销了;毛皮因而沦为"皮子"或"兽皮"。

中国古典文学作品将很多隐喻赋予穿着毛皮的野蛮人。一如安东篱(Antonia Finnane)证明的那样,在整个帝国时代,穿着毛皮的野蛮人的形象在边疆文学中反复出现。[70] 从把匈奴描述成"衣其皮革,被旃裘"的司马迁(前145?—前86年),到用诗纪念唐朝与突厥战争的著名边塞诗人,内陆亚洲边疆与其物质文化密不可分。唐代诗人刘商(8世纪)在他的《胡笳十八拍》中捕捉到了这种隐喻的精髓。这首诗叙述了汉代贵族女性文姬被迫远嫁匈奴的悲惨命运。作者借文姬之口哭诉道：[71]①

> 羊脂沐发长不梳，羔子皮裘领仍左。
> 狐襟貉袖腥复膻，昼披行兮夜披卧。

自建立金朝的女真人控制中国北方之后，南宋（1127年—1279年）的文人同样把毛皮和他们的对手女真人及后者的残暴行为联系到了一起。徐梦莘（1126年—1207年）绘制了一幅典型而生动的——同时也是荒谬的——女真人生活图景；用他的话说，"虽得一鼠亦褫皮藏之"。[72]蒙古人灭金和南宋之后，文人们又把前者与毛皮联系到一起。匈奴、契丹、女真、蒙古、满洲都差不多：他们都买卖这种毛皮商品。

确实，汉人精英也穿毛皮，历史学家能够撰写一部与内陆亚洲平行的汉地毛皮风尚史。例如，在战国时期（前475年—前221年），有两种官帽包含了貂皮元素：一种是貂蝉，一种是珥貂，这两种帽子都以悬挂貂尾为特色。传统文学告诉我们，貂蝉是赵武灵王（前325年—前298年在位）发明的，这是他建设团队精神的一个环节："胡服骑射"是那个时代的口号。[73]貂蝉一直流行到唐帝国（618年—907年）；薛爱华（Edward Schafer）注意到这种帽子"是仗剑出塞，或者是返回故土放鹰走狗的任侠少年的特殊标志"。[74]②

同样，从汉朝开始，历代史家都忠实地记录来自东北的贡品，以展示毛皮如何象征汉人帝国的权力。大众对毛皮也有特殊需求，特别是蒙古人统治汉地之后。明初，蒙古文化对汉人的时尚颇有影响。例如比甲（一种

---

① 译文引自《全唐诗》卷303，《文渊阁四库全书》第1426册，上海古籍出版社，2003年，第67页。
② 译文引自薛爱华著，吴玉贵译：《撒马尔罕的金桃——唐代舶来品研究》，社会科学文献出版社，2016年，第284页。

长款背心)、质孙(单色朝服,来自蒙古语的 jisün),以及所谓胡帽,即胡人的帽子。[75] 1430 年,朝鲜王廷注意到"土豹貂皮,中国之人以为至宝";朝鲜宫廷本身也很快要求最高级贵族戴貂皮护耳帽,其他人用松鼠皮。[76] 时尚和物质文化超越了政治和族群边界;穿得像野蛮人并不一定就会变成野蛮人。

15 世纪末、16 世纪初,毛皮流行于明朝和朝鲜。当时有一张延伸至西伯利亚和库页岛的贸易网。大量毛皮通过蒙古人、女真人的朝贡和贸易流入以上两个宫廷和东北亚的精英手中。[77] 毛皮逐渐成为东北地区的专属物产;例如从 15 世纪 60 年代开始,《明实录》不再记录明朝与女真人交易马匹和其他"土产"(例如珍珠),转而记载貂皮。[78]

消费者对毛皮的了解逐渐增加。李时珍(1518 年—1593 年)在对貂皮进行了一番研究之后,在《本草纲目》中描述道:"用皮为裘、帽、风领,寒月服之,得风更暖,着水不濡,得雪即消,拂面如焰。"[79] 李时珍以医生的身份建议大家用貂裘的袖子擦去眼睛上的尘土。[80] 他的书里还列举了其他毛皮动物,如海獭。作者注意到:"今人以其皮为风领,云亚于貂焉。"[81] 毛皮在京师实在太风行了,以至于朝廷于 1506 年发布了一道禁奢令,禁止奴仆、妓女和底层人穿貂裘。[82] 一个世纪之后,某些战略家向朝廷发出警告:毛皮贸易是努尔哈赤和皇太极崛起的基础。[83]

对于其他思想家而言,毛皮最大的危害是它贬抑了汉文化。在 1491 年 3 月 6 日的一份令人吃惊的档案中,某位御史警告朝廷,京城男女"胡服胡语"、汉人像"胡"一样穿着貂皮狐皮。他要求"复华夏之淳风",还敦促朝廷"扫胡元之陋俗"并实现"习俗纯正"。[84] 汉人穿毛皮,但穿毛皮并不是汉人的习俗。为了肃清外部文化影响并恢复传统风俗,一切异族服饰,特别是毛皮必须被摒弃。所以,如果满洲的毛皮时尚是一项政治计划,那么汉人的反弹就与此同理。二者都从自己的角度建构出了一种永恒、原始的淳朴风俗。[85]

因此,清朝统治全国之后,毛皮仍然是一个争议点。谈迁在《国榷》

中记载,他于满洲人定鼎十年之后抵达北京,发现自己处于一个全新的、恐怖的世界。在1654年3月15日——顺治帝的万寿节——的一条记录中,他记载礼部官员如何花费一周的时间穿着貂皮或狐皮举行庆典。对于谈迁而言,这种衣服足够让一个贫寒官员破产:"闻上御玄狐裘,直三千金。诸臣玄裘最下者千金。"[86]但是大家对这种浪费束手无策:穿毛皮是新规矩。

尽管谈迁批评穿毛皮是一种浪费行为,但其他人强调的是汉人的族群和文化自豪感正在面临危机。耶稣会神父奥利恩(Pierre Joseph D'Orléans,1641年—1698年)注意到汉人需要"剃发,并且接受鞑靼人的服饰"。[87]依然遵守明朝服饰制度的朝鲜燕行使对毛皮在中国的流行大加嘲讽。朝鲜使节金昌业(1658年—1721年)曾经溜进皇宫,偷窥元旦庆典。最让他震惊的是清朝官员下跪叩头时用的小毯子:"座席有头爪虎皮为贵,其次无头爪虎皮,其次狼,其次獾,其次貉,其次野羊,其次狍,其次白毡为下。"[88]① 他装扮成仆人但露出了马脚:"(余服色与奴辈无别,而以着)豹裘,且有从者。胡人多目之",他后来在日记中还写道"遂脱豹裘,却从者混下辈"。[89]②

燕行使在游记中记录了汉人的某些出格言论。例如一位在礼部供职的官员潘德舆提到康熙帝对"鞑靼人"的偏袒时,用"獭"代替"鞑"。他批评皇帝嘴上提倡节俭,实际行为根本不是那么回事,他嘲笑朝廷往"宁古塔边外"蒙古"鞑子"身上花了太多钱,目的仅仅是要买他们的毛皮和人参。[90]③ 满洲人坚守自己的习惯;因为双关语和误解,金昌业发现自己很难区分"獭"和"鞑":

---

① 译文引自金昌业:《燕行日记·二》,林基中主编:《燕行录》31册,东国大学校出版部,2001年,第445页。

② 同上。

③ 同上书,第454页。

问:"皇帝每于元朝往邓将军庙。邓将军是何人耶?"通官曰:"邓将军之云是讹传。以老刺赤(即努尔哈赤——译者注)父之所着帽藏此庙,皇帝元朝先往焚香。其帽亦岂希贵哉?不过是山獭皮而尽蠹矣。"仍笑之。[91]①

像金昌业这样的燕行使很容易通过服饰对满洲人进行判断,一如后来的朝鲜使臣通常聚焦于中国人的穿着上。[92]使臣洪大荣(1731年—1783年)对生活在北京的不同族群和国籍之人的描述就包括每个人的长袍和帽子的颜色、服装的裁剪方式和布料。琉球使臣穿的长款光缎袍子让他赏心悦目。而满洲人、蒙古人的衣服就让他心生厌恶。他们显得恐怖而"凶暴"。[93]

清帝国的整合

很难设想这种满洲时尚对于汉人、朝鲜人和其他浸淫于传统汉文化的人群而言是多么怪异、陌生和野蛮;他们无法用语言形容满洲毛皮文化的某些细节。因此他们创造了一些新词汇。就像那些有关某些野味的新词汇的出现一样,汉文也增加了描述毛皮以及其他来自极北地区物品的新词。例如,汉文原本没有"猞猁狲"一词,它是1644年之后汉人根据蒙古语的 silügüsün 发明的。[94]此例同样适用于满洲的淡水珍珠(满:tana),汉文将其译为"东珠"。"草原蘑菇",即口蘑也是清朝出现的新词;17世纪末之前,汉文文献中没有这些词。

名词的翻译一向是个问题,在清朝建立之后的一个世代,文人学士努力在满语和汉语之间搭建一个桥梁并且把专业术语规范化。沈启亮(1645年—1693年)在第一部满汉文字典《大清全书》(1683年)中用最直接的

---

① 金昌业:《燕行日记·二》,第478页。

方法解决这个问题。[95] 他是出于实用目的才编纂这部字典的；统治精英说满语、写满文，而他们的大多数臣民在日常生活中使用的是汉语或蒙古语。这些语言在词汇方面的差异极大。沈启亮的这部字典收录了大约300个无法译成汉文的满文词；他只能在字典里开天窗。当时没有汉译的词汇大多与极北地区常见的动物、植物有关，如沙狐（满：*kirsa*）、扫雪（满：*harsa*，白鼬）、灰条菜（满：*ule*）。涉及动物解剖和行为的词汇同样晦涩暧昧。汉语无法形容"貂鼠下颌的毛"（满：*bultaha*）①或"鹿交配期内用角蹭树"（满：*gūyambi*）②。其他未翻译的词汇包括满洲家庭常见的物品，例如"针线笸箩"（满：*kaipi*）、碾子（满：*niyeleku*）和雪橇（满：*huncu*）。[96]

满汉语言在描述自然或人造环境时不能逐字对译的现象也见于其他早期文献。图理琛在他的满文版《异域录》（满：*lakcaha jecen de takūraha babe ejehe bithe*，1723年）中记载他出使俄国时见到的事物比汉文版更详细、清晰；他把某些满文词汇音译成了汉语；其他一些词翻译得前后不一致甚至干脆略过不提。在穿越满洲最北部时，图理琛用满文记录了7种不同的鱼类：鳟鱼（满：*jelu*）、白鱼（满：*niomošon*）、鲫鱼（满：*onggošon*）、黄鱼（满：*mušurhu*）、胖头鱼（满：*takū*）、龙肝鱼（满：*can nimaha*）和鲟鱼（满：*kirfu nimaha*）。但汉文版仅罗列了5种，而且与满文版有别：鲈鱼、鲤鱼、鲫鱼、鳝鱼和扬子鲟。[97] 对植物的描述也有同样的问题：满文版中的落叶松（满：*isi*）到了汉文版就成了杉松。[98] 其他异域物种都被图理琛从满文直译为汉语，例如者鲁鱼（满：*jelu*）、禅鱼③、

---

① 应为 baltaha。该词在《御制五体清文鉴》译为"貂鼠下颌"。见《御制五体清文鉴》卷24，《衣饰部·皮革类》，民族出版社，1957年，第3305页。

② 该词在《御制五体清文鉴》译为"兽蹭树"。见《御制五体清文鉴》卷31，《兽部·走兽东息类九》，第4290页。

③ 满文为 *can nimaha*。

俄伦（满：*oron buhū*）[99] 以及堪达韩（满：*kandahan*）。[100]

与此相反，一部同时代的满蒙合璧字书——《御制满蒙文鉴》（满：*han i araha manju monggo gisun i buleku bithe*；蒙：*Qaġan-u bicigsen Manju Mongġol ügen-ü toil bicig*，1717年刊行）——给《大清全书》等字典未收录的名词加上了一句话或一个词组长度的定义。[101] 例如该书将沙狐（满：*kirsa*；蒙：*kirsa*）定义为"略似狐，色微白"。① 还给"扫雪"（满：*harsa*；蒙：*suusar*）的词条加上了可以比较的细节："似貂而长。嗅恶。尾黑而以尾蘸蜜而食。"② 像麋鹿（满：*kandahan*；蒙：*qandaġai*）等在《大清全书》等书中没有满汉文词条的其他词汇也得到了界定。例如麋鹿的定义是："属鹿类，身大，背有驼峰。颈下有皮若缇胸。颈短，角扁而宽。牝者谓之 eniyen。"该书进而给成年麋鹿（满：*toho*；蒙：*toqi*）、小麋鹿（满：*niyarhoca*；蒙：*qotul*）和体型特别大的麋鹿（满：*anami*；蒙：*manji*）分别下了定义。

满洲人和汉人仿佛生活在两个世界里，周围都是不同的动物和物品：满洲人了解麋鹿和扫雪；汉人对它们一无所知。从根本上讲，正是在帝国内的相遇让这两个世界发生了更多的交集，也让人们创造新名词。毛皮和其他野生之物已经成为帝国更广阔的、共享的物质文明的一部分。

我们可以通过禁奢令和朝廷的颁赏行为追踪帝国的整合过程。早期的清帝国在如何将国家的不同部分整合为一体这一问题上面临着巨大的挑战；大约四百年后的今天，人们很容易将明清易代造成的崩溃、暴力和痛苦抛诸脑后。然而想了解看似无关紧要的毛皮政治就不免碰触那些历史中的阴暗面。回首过去，当时的武士所承担的风险不比同时期西方宗教和殖

---

① 满文释义为：*dobi de adalikan, boco šahūkan*。见《御制满蒙文鉴》卷19，《兽部》，故宫博物院编：《故宫珍本丛刊》第721册，海南出版社，2001年，第475页。

② 满文释义为：*seke de adali bime golmin, wa ehe, uncehen yacin bime luku, uncehen i hibsu be ulgame gaifi jembi*。同上书，第476页。

民战争中的士兵少。对于那些为之战斗过的人来说,受到威胁的是文明本身。从 20 世纪回顾历史,不少学者把明清战争理解为满洲人与汉人之间的民族冲突。很多人的观点过度简化:17 世纪危机与任何民族群体都毫不重合。不同地区经历了不同的创伤,也受到不同政治力量的推动;在到底为何而战这个问题上,精英和穷人给出的答案也不总是一致的。幸存者通常明确地从更个人化而非民族化的角度描述自身经历;一个人在忠诚与自私,是与非之间做出抉择,而不仅仅考虑满与汉的族群身份。

满洲身份对于统治精英至关重要,清朝甫一建立,很多人内心深处仍然把满洲人当成"野蛮人"(胡人)。[102]像著名的学者王夫之(1619 年—1692 年)就论证了以下原则:满洲人从一出生就是野蛮人,并且永远根植于非汉人的土地和风俗中。[103]而其他人和满洲人的矛盾源自特定的政策和经历:有些人目睹了迁安、永平和扬州的屠杀;有些"满洲种族隔离"(Manchu apartheid)的受害者在清廷将北京、杭州这样的大城市变成满人之城的过程中被强制迁移。还有些人宁死也要抵制 1645 年清廷颁布的剃发令。[104]正是最后这项政策——剃发令引起市民最强烈的抵抗。特别是在江南地区,该法令引发文人和农民一同起来反对清朝的统治。[105]有一位文人回忆道:"我们年轻人珍视自己的头发,那些已经剃发了的人根本不是人。"[106]实际上,物质文化聚焦于一个问题:"我是谁?"而非其他;辫发代表对人身体的侵犯,同时也是野蛮的终极象征。当然,清廷花费如此大的力气推行剃发易服政策并非偶然:其中的一个目的是根除汉人的抵抗动力。

1644 年,也就是清廷颁布剃发令的前一年,清廷针对大臣在朝堂上的穿着出台了新法令,要求所有贵族依据等级佩戴东珠、穿毛皮。[107] 1651 年,清廷进一步命令所有在冬季晋谒之人使用毛皮坐褥。毛皮可以象征等级:一等王公用貂皮,二等用镶貂皮的猞猁狲皮,三等用素猞猁狲皮,最低等觐见者只能坐在羊皮或鹿皮垫子上(详见表 1–1)。[108]这项规定一直得到遵行,直到 1765 年乾隆皇帝做了微调,他要求亲王用镶貂皮的猞猁狲皮，世子用镶猞猁狲皮的貂皮。[109]

表 1-1　1651 年颁布的有关朝堂使用毛皮垫子的法令

等级	使用毛皮种类
和硕亲王	整貂
多罗郡王	猞猁狲镶貂
多罗贝勒	猞猁狲
固山贝子	雪豹皮
镇国公	红豹皮
辅国公	豹皮，去头尾
异姓三等公及和硕额驸、侯、伯	虎皮，有头尾
一品官	狼皮
二品官	獾皮
三品官	貂皮
四品官	山羊皮
五品以下	鹿皮

与此同时，清廷开始把毛皮、袍子和马褂作为礼物赏赐给受宠的汉人大臣，特别是那些立有军功者。最早得到赏赐的是明朝的叛军降将。1637 年皇太极生日当天，入关前最重要的汉人"封臣"——孔有德（1602 年—1652 年）、耿仲明（1604 年—1649 年）和尚可喜（1604 年—1676 年）——每人得到了二十张貂皮；1638 年和 1642 年，他们每人又分别得到了十张和八十张皮子。[110] 1654 年，也就是清朝攻取汉地的最后阶段，尚可喜和耿继茂得到了染貂帽和狐腋裘、貂皮边袍子。[111]① 根据同样的精神，康熙

---

① 二人获得的是蟒缎貂裘各一件、貂皮短褂各一件、黑狐帽各一顶。染貂帽和狐腋裘等服装发给尚、耿，赏给标下官员。见《清世祖实录》卷 81，顺治十一年二月辛巳条。

帝在1704年出巡时开始把貂皮赏给表现卓异的兵丁。雍正帝（1722年—1735年在位）和乾隆帝分别在1728年、1739年模仿了这种做法。[112] 实际上，一直到清末，大多数有功军人都获得过类似的赏赐。从18世纪的平定准噶尔战争和对外战争，到19世纪的内战和平乱战争，很多被表彰的军人都得到了珍贵的毛皮：水獭皮氅袍、黑狐皮帽、貂氅以及坐褥。[113]

同时，获得毛皮赏赐的平民的数量与范围也扩大了。雍正帝创立了一项新传统，即将毛皮赏赐给与军队或内廷无关的臣民。[114] 1724年，他又颁布了新命令，将貂皮赏给孔子的在世后人。毛皮再也不与马匹或铠甲捆绑在一起了，相反，它与文人喜好的名茶和墨汁相伴。[115] 宫廷的元旦庆典在物质文化方面同样变得混杂和兼容并蓄。1726年，雍正帝召集地位最高的满汉大臣，赏赐所有出席者貂皮、丝绸和康熙版《资治通鉴纲目》。[116] 乾隆帝模仿其父，于1738年的元旦大典再次将貂皮、丝绸和图书赏给瞻礼的大臣。[117] 1754年（乾隆十九年），他进一步命令，每年从十一月初一至正月十六日，即元旦前后两个半月，所有参与宫廷祭祀活动的人都要穿貂皮镶边的朝服。[118] 同年，他还赏给宋朝学者范仲淹后人貂皮。[119]

在宫廷里，貂皮继续与满洲人和军服紧密相关的同时，也逐渐扩大成帝国特权的象征。从雍正朝开始，朝廷赏赐貂皮给满洲人和汉人、将军和平民、男人和女人。台北"故宫博物院"保存了雍正时期的56份奏折，都是地方官为了感谢皇帝赏赐貂皮而递上的谢恩折。其中，皇帝赏给在北方效力的大臣17张，南方大臣39张；其中14张分给云南、贵州官员，8张给了广东官员，6张给了福建或台湾，4张给了广西。这56名上折子的大臣中，22名效力行伍；其余差不多都是地方督抚或驻防将军。[120] 毛皮时尚再也不局限于北部边疆、内廷或军队；它超越了陈旧的二分法，属于所有帝国精英。

后来，毛皮还成为一种尊老的象征，进而颇受推崇。雍正帝在一位女性百岁大寿时赐给她4张貂皮，从而建立了一个新典范。[121] 后来，乾隆帝热心地从事这项活动，同样赏貂皮给重要女性：一位总督的母亲收到4

张，另一位 91 岁高龄的女性获赐 10 张，还有很多人在百岁生日庆典时得到貂皮。[122] 这种赏赐行为突破了传统的族群界限：1781 年，一位 108 岁的新疆穆斯林女性得到了貂皮和缎子；1787 年，一位 106 岁的布鲁特妇女也得到了同样的赏赐。[123] 那些令人尊敬的母亲成为这项制度最大的获益者，同时，从 1751 年开始，偶尔也会有高龄父亲收到一份清廷包装好的礼物，其中就有貂皮和缎子。[124]

因此，貂皮成为皇帝仁慈、权力和慷慨大方的象征。一如来北京进贡的使者应该携带土特产品（老挝的犀角、哈萨克的马匹等），清廷通过回赐礼物塑造自己的形象：既有貂皮也有丝绸。每年农历新年、万寿节、皇帝大婚以及其他节日和特殊场合，朝鲜贡使都能收到毛皮。[125] 1743 年，乾隆帝在东巡盛京（今沈阳）之时召见了朝鲜使者，一仍旧例，特赏赐貂皮 100 张，以及弓箭、鞍马。[126] ① 到了 18、19 世纪，参与朝贡之人都能够携带着貂皮踏上归途，朝鲜、南掌（今老挝）、琉球、安南（今越南）的贡使也能得到貂皮或狐皮。[127]

新常态

至 18 世纪末，满洲人与汉人之间在物质方面的壁垒已经土崩瓦解；大体上讲，从外观上已经很难区分两个族群了（见图 1-2）。[128] 满洲人仍然以自己建构的历史和身份为荣；领取旗人的俸饷；说、读、写满文；留辫子、穿毛皮。而到了 18 世纪末的北京，所有男人都留辫子；几乎都说官话；大家利用过去的异域之物标榜自己高贵的地位，例如毛皮、东珠和口蘑。只要价格合适，消费者可以轻易地买到所有被帝国建构出来、象征荒野的物品：乌梁海的黑貂皮；满洲的野生人参；蒙古的口蘑。如果没

---

① 据《清高宗实录》此次颁赏的原因是"朝鲜世笃忠诚，谨遵轨物。今朕恭谒祖陵，因至盛京，特遣陪臣进表贡献，具见悃忱"。《清高宗实录》卷 201，乾隆八年九月乙巳条。

图 1-2 贾全绘《二十七老》局部,乾隆朝。乾隆时期仅仅通过外表无法断定谁是满洲人,因为当时人人都穿毛皮

来源:冯明珠:《乾隆皇帝的文化大业》,第 93 页,台北"故宫博物院"藏品

钱,至少能拥有和真品差不多的染色品或冒牌货。

毛皮的风尚从朝廷流向市井。耶稣会士杜赫德(Jean-Baptiste Du Halde)描述清帝国的毛皮财富以撩拨 18 世纪中期的欧洲读者,"(中国)有很多与多种毛皮有关的风俗,这些皮包括狐皮、白鼬皮或紫貂皮(zibeline)。有时皇帝会拿这些毛皮赏给奴仆们"。在皇宫之外他同样看到"大量顶级毛皮"。[129] 意大利神父马国贤(Matteo Ripa)在描述 1711 年—1723 年的北京城时同样提到京城精英们如何过冬:"换上貂皮、黑貂皮和狐皮等同一等级的衣服。隆冬季节,除了狐皮的袍子和外套外,他们还穿羊皮的小

袍和夹层的松褂子。下雪的时候，他们还套一件海豹皮的长斗篷。"[130] ①
他还惊讶于北京市场上丰富的野味：

> 寒冷期，即十月到三月，北方鞑靼地区给首都送来大量的猎物，主要有牡鹿、野兔、野猪、野鸡和鹧鸪。南方鞑靼地区则提供大量优质的鲟和其他鱼，都是冷冻的，可以在整个冬季里容易地保存。旧年结束，新年开始的时候，大量的猎物和鱼在街市上出售，出售的价格便宜得令人吃惊。七八两银子，相当于四个先令，就能买到一只牡鹿，很少的钱就能买野猪，二个半便士就能买一只野鸡，其他东西也就是这个价钱。[131] ②

当地居民也享受着北京野味市场的胜景。一个大概生活在18世纪中期的11岁儿童偶然地在一本满文课本中记录道："今年从盛京送来京城的土产很多，有獐、狍、四岁公野猪、鹿、野鸡、兔、鹅、鸭"，最让他印象深刻的是"但是看的人多买的人少。这里没有我喜欢的，我喜欢鲤鱼和鹤"。[132] 野味都是唾手可得的，不管你想不想要。

北京城尤其以毛皮市场出名。19世纪初，在前门外，即内城南侧满城汉城交界之处形成了规模最大的市场。[133] 最繁荣的是珍珠市场，这里不光卖珍珠，还有毛皮和野生人参。一本旅游者手册《都门纪略》（刊刻于1845年）为新来的游客和寄居者详细记录了各主要市场的位置。该书为刚到北京的游客解释道："京都富贵大包罗，到底功名是甲科。貂挂朝珠常佩服，翰林体面胜人多。"[134] 这本旅游手册还向读者保证，他们能在珍珠市场看到非常繁荣的景象："行人拥挤笑肩摩，处处招呼卖甚么。休笑不

---

① 译文引自马国贤著、李天纲译：《清廷十三年——马国贤在华回忆录》，上海古籍出版社，2004年，第44页。

② 同上。

堪珠宝市，廊房三巷更偏多。"[135]专营毛皮帽子和围脖的名店坐落在附近；人参专卖店亦然。[136]

遍布全国的当铺凭借繁荣的二手毛皮市场得以成长。[137]北京贸易的变化具有周期性：春季，旗人将毛皮衣帽典当出去；到了冬天再赎回来。后来，典当毛皮成为老旗兵的暗喻；作家老舍（1899年—1966年）在他的故事《也是三角》里讽刺一位抽鸦片成瘾的知事，这位卧床不起的人虚弱得无法将一件破旧的羊皮袍送去典当，还请求掌柜："省得叫我拿羊皮皮袄满街去丢人；现在没人穿羊皮，连狐腿都没人屑于穿！"[138]（老舍本人曾经在冬天"含着眼泪"把自己的毛皮衣卖掉，为母亲换食物和衣服。[139]）

18世纪后期审美的变化体现在禁奢令的文字和精神中：朝廷不再担心汉人官员模仿满洲精英的穿着，而普通人也用毛皮打扮自己。从此以后，外界对清廷奢侈的批评让后者非常敏感。康熙和雍正帝对自己的节俭尤其感到自豪；毛皮属于帝王，但其使用是有节制的。1664年，康熙帝下令原本经常发给内廷宠臣的新灰狐皮帽，嗣后只能给予确有所需之人："完好则已。若已穿坏即以新帽代之。"[140]"三藩之乱"时期（1673年—1681年），康熙帝同样停止赏给宠臣年例貂皮，因为貂皮的减少"预示云南的动乱"。直到胜利在望的1680年，没有哪位勇武的将军或大臣得到貂皮。[141]超过节俭的限度是容易的。在一个事例中，康熙帝在廷议之后对一个穿着奢华的大臣小群体表示不满：[142]①

> 又尔等衣帽虽系小节，有关生计。尔等好用貂缎贵物，不知一貂帽、一缎衣，其价值狐皮帽、羊皮袍数件。尔等何用此贵物？

尽管有这些禁令，但仍有很多满洲人将其视为具文，穿着逾制。对于雍正帝而言，这是旗人肆意挥霍的信号：购买毛皮的花销已经超出了普

---

① 《清圣祖实录》卷165，康熙三十三年九月甲辰条。

通满洲人的承受能力,过度消费会让他们堕落。从皇帝与大臣在朝堂上的讨论,我们知道毛皮时尚在多大程度上超出了朝廷规定的限度。雍正帝说:[143]①

> 法令者,必其能禁而后禁之。明知法不能胜而禁之,则法必不行。从前屡禁而不能,岂可复禁乎?

他又说:"转令大臣官员得以贱价购而服之,是乃富室获其利也。"相反,普通兵丁没有钱可以挥霍。为了维护八旗生计,皇帝提出朝廷有道德义务劝诫"服用僭越之人",加以晓谕训导,这样后者就能"渐至醒悟"。他认识到要达到这一目的需要几代人的努力:"数年之后,自然悛改,一遵俭朴矣。"[144]他于1725年颁布针对旗人的禁奢令,不允许后者穿缎子、貂皮和猞猁狲皮袍。

然而控制挥霍浪费是不可能成功的。毛皮新风尚的一个标志是其在流行文学中不断提高的地位。貂皮成为仅见于清代文学中的讽刺、滑稽象征,这种现象在其他朝代的文学作品中很难看到。李绿园的小说《歧路灯》(1777年刊行)里有一个人物,完全是一个会说话走路的貂裘。[145]与朝廷有关的文学形象的特色就是他们都穿貂皮,这一点完全不值得惊讶。《醒世姻缘传》是一部通常被认为出自西周生之手的小说。该书开篇提到了一位穿貂皮打猎的公子,进而讨论志在进取的官员对他们需要穿的优质毛皮忧心忡忡。[146]在这样的环境里想穿着得体可不容易:小说提供了一个令人惊讶的数字,一顶貂皮帽子售价55两银子。[147]

毛皮在曹雪芹的《红楼梦》中——该书比《醒世姻缘传》出版晚了差不多一个世纪——出现次数更多。[148]小说中的人物在白天穿着貂皮招待宾客,晚上用来御寒。他们把毛皮送给亲友,讨论毛皮的质量、保暖性和

---

① 据《清世宗实录》卷35,雍正三年八月丁亥条。

保养马褂、袍子的方法。小说对毛皮的种类和款式记载颇多：王熙凤有貂皮外套、松鼠皮马褂和白鼬皮裙；宝玉穿过一件狐皮镶边的箭袖和玄狐皮袍。[149]利用服饰改变身份的情况也是存在的：在某一回里，宝玉怂恿芳官试着改换发型，戴貂皮帽子——然后异想天开地想象她是一位边民，名叫耶律雄奴：契丹匈奴。[150]在全盛时期，宝玉的家族拥有一个装满了金、银、玉石、象牙和九串东珠的箱子。他们还拥有令人眼花缭乱的毛皮收藏：[151]

> 黑狐皮十八张、青狐六张、貂皮三十六张、黄狐三十张、猞猁狲皮十二张、麻叶皮三张、洋灰皮六十张、灰狐腿皮四十张、酱色羊皮二十张、猸狸皮二张、黄狐腿二把、小白狐皮二十块、洋呢三十度……香鼠筒子十件、豆鼠皮四方……梅鹿皮一方、云狐筒子二件、貉崽皮一卷……灰鼠一百六十张、獾子皮八张、虎皮六张、海豹三张、海龙十六张……元狐帽沿十副、倭刀帽沿十二副、貂帽沿二副、小狐皮十六张、江貉皮二张、獭子皮二张、猫皮三十五张。

假货大行其道也是毛皮流行和市场化的标志。[152]西周生《醒世姻缘传》中塑造了一个叫骆佳才的人物，他就靠着做假毛皮发家致富：[153]

> 他是个做貂鼠的匠人。连年貂鼠甚贵，他凡做帽套，拣那貂鼠的脊梁至美的所在，偷大指阔的一条。积的多了，拼成帽套，用玄纻吊了里，人只看外面毛深色紫，谁知里边是千补万纳的碎皮，成二三十两的卖银，渐渐的也成了家事。

在下一章我们会看到假人参、假口蘑也泛滥成灾。一部19世纪末期的北京地方志记载，当时所有人都知道真正的口蘑"口外牛羊骨生"，但是"今本土产者，土人通称为口蘑"。[154]如果消费者知道这些所谓"口蘑"

的真正产地,其价格肯定会暴跌。原产地是哪里可是至关重要的。

　　荒蛮边疆的物产曾经因为其产地遭到蔑视,而现在它们又因为同样的缘故备受追捧;其价值仍然来自有关原产地和变化的传说。它们从何而来?怎么创造的、又是怎么变化的?鉴定毛皮需要对毛皮的性质有非常丰富的知识;对市场一窍不通的人很容易上当受骗。造假的问题非常严重,所以当时新出现了一种书:给当铺老板编写的毛皮鉴定手册。毛皮是典当行业的重头,所以这种帮助当铺老板定价的指南层出不穷。一部名为《论皮衣粗细毛法》的手册专门介绍了毛皮定价方法,该书出版不晚于1843年。[155] 该书罗列了几十种毛皮,根据动物种类(旱獭皮、狐皮、草原狐皮、索伦灰松鼠皮、进口松鼠皮等)和毛皮种类(整皮、下腹毛、腿毛)进行划分,然后告诉读者制作一件袍子、皮套、马褂、裘或外套需要多少材料。我们可以从这些文本中看到当时风尚和工艺的生动细节。可知大多数动物毛皮专门用于制作袍、皮套、马褂,但是像"西洋"狐皮(western fox)、草原狼皮和黑狐皮通常做马褂和外套。此外,皮套和外套往往比较贵:所需的毛皮通常是马褂的两倍。制作整袍(见图1-2)还要再加30%的用料。结果可能是相当奢侈的:做一件袍子需要180张狐首皮、180张索伦松鼠皮或160张豹皮。[156]

　　所以,体量更大的动物的毛皮应该比松鼠等小动物毛皮的价值高。不过,其材质特性仅仅是毛皮的价值的一部分。尺寸和其他物理特性例如防水性、重量和耐磨性同样重要:毛皮是冬天穿的,需要让主人温暖干燥,像海獭等动物毛发浓密,具有更强的防水性和观赏性。[157] 但是,价格更多时候反映的是围绕产地形成的传说;在清代,故事和消费者对毛皮的欣赏决定了毛皮的价值。例如根据《论皮衣粗细毛法》,"顶级"毛皮一定得出自满洲地区的"关东"。最好的貂皮产自"索伦"地区,而最差的来自朝鲜(高丽)。最上等的松鼠皮也来自索伦地区,最昂贵的水獭皮和猞猁狲皮也是如此。俄罗斯的水獭皮、猞猁狲皮也比较值钱。最好的草原狐皮出自"边外";黑狐皮、黑狼皮、火狐皮、穿窝皮、深色狐(dark fox)皮、骚鼠皮、貛皮、银鼠皮、狼皮、水獭皮和旱獭皮也是 "关东货"最值钱。在一份收录了50种动物毛皮的目录中，仅仅有两种上等货出自汉地：湖北、湖南的黄狐皮以及陕西、甘肃的飞鼠皮。[158]

如果货品的原产地和历史背景模糊不清，或没有显赫的来历，学者和鉴赏家就干脆编造一个。有些人就对毛皮的产地有详尽的第一手知识。例如曾经担任刑部右侍郎的阮葵生（1727年—1789年）在《茶余客话》中写了一个条目"貂鼠"。[159]阮葵生曾参与编纂《四库全书》和《平定准噶尔方略》，所以能够以独有的权威撰写有关毛皮的记录。他本身就是一个富有的消费者，也了解奢侈品市场。所以在介绍扫雪——一种在《大清全书》里找不到译名的小动物——时，阮葵生很简单地写道："扫雪大于貂，绒白毫长，光逊之，价亦减。"而介绍貂时，他从更具有学术性的文献中找到了灵感，包括晋代（266年—420年）郭义恭的百科全书《广志》和康熙时期官修的盛京地区地方志《钦定盛京通志》。前者将貂和古代的扶余（当时中国东北地区的一个王国）联系在一起。他引用了以上两种文献，同时加上了自己所知的信息：[160]

> 又别一种云貂鼠，喜食松子，在深山松林内。一名松狗，有黄黑二种。紫黑色者蔚而不耀，尤为难得。其窟或土穴，或树孔。捕者先设网穴口，后以烟熏之。貂畏烟出奔，即入网中。又有捕貂之犬，嗅其踪迹所在，守而不去，伺其出啖之。亦有用弓骉者。《盛京志》："貂鼠一名栗狗，好食松栗皮。故名。乌喇诸山多有之。其皮轻暖，为裘为帽。"按《广志》，貂鼠出扶余。

阮葵生并不是唯一一个在当时的动物与中国深厚的文学传统之间建立关系的人：当时清廷正在编纂有关满洲人起源的史书。①这部书将满洲人

---

① 即《满洲源流考》。

和古代的扶余联系在一起，而学者们正在汉代的历史中寻找新平定的新疆地区的影子。[161] 本着这种精神，学者们在故纸堆中寻找对清代的异域物品的记载，很多人在契丹、女真和蒙古人建立的辽（907年—1125年）、金（1115年—1234年）、元（1271年—1368年）三个王朝中找到了先例。随着人们对这三个古代王朝兴趣增加，书商把有关辽金元三朝宫廷举行狩猎、穿戴毛皮和下榻奢华蒙古包的诗重新付梓。[162] 后人编纂的元朝诗选集——《元诗选》（1798年）中有关蒙古帝国时期人们穿貂裘的诗尤其多。[163] 此时，毛皮仍然与边疆、宫廷和北方有着不可割裂的关系——但现在它们反而因此被歌颂。

随着学者们把注意力转向古典文献，像满洲东珠和口蘑等其他边疆特产开始和毛皮享有同等待遇。例如在清朝入关之前，人们对东珠（满：tana）非常陌生，学者和消费者无法在之前的文献中找到只言片语的记载；汉语的"东珠"实际上是17世纪才出现的名词。不过，学者们在古籍中发现了"北珠"。这种珍珠不同于宋朝文人所知的与契丹的辽朝、女真人的金朝有关的"真珠"。"北珠"具有"真珠"不具备的异域风情。[164] 宋朝的文献记载12世纪初期辽末宫廷"漫用奢侈，宫禁竞尚北珠"。[165] 人们对于这种珍珠的好奇始终与其产地相伴，一如一份文献记载的：[166]

> 北珠者，皆北中来榷场相贸易……北珠美者，大如弹子，而小者若桐子，皆出辽东海汊中。每八月望，月色如昼，则必大熟，乃以十月方采取珠蚌。而北方沍寒，九十月则坚冰厚已盈尺矣。凿冰没水而捕之，人以病焉。又有天鹅能食蚌，则珠藏其嗉。又有俊鹘号"海东青"者，能击天鹅。人既以俊鹘而得天鹅，则于其嗉得珠焉。

有关口蘑的描述充斥着中世纪的影子和类似让人着迷的故事，因为后者也是有来历的。和"东珠"一样，"口蘑"在清代也是一种专有名词，学者们没能在早先的文献中找到蛛丝马迹。但是古人将一种蘑菇称为"沙菌",到了 18 世纪 80 年代,学者、诗人和美食家开始将二者混为一谈。介绍包括围场在内的热河辖区的地方志《钦定热河志》是最早详细界定和介绍口蘑的文献。该书完成于 1781 年,编纂者是与年迈君主关系最亲密的两位朝臣——大学士梁国治(1723 年—1786 年)与和珅(1750 年—1799 年)。和其他地方志一样,该书描述了包括口蘑在内的当地动植物。有关的词条需要一点解释。口蘑是什么?这是一种类似"猴头"(拉丁:*hericium erinaceus*)的"菌"。该书介绍道:"中土绝重之,呼曰口蘑。"文中进一步宣称一座军营之外堆积的大量粪肥培育了"尤鲜美"的口蘑,因此它还有一个俗称叫"营盘蘑菇"。该书还解释口蘑也被当作沙菌。[167]

这是一种重要的说法:沙菌与辽代在上京郊外的夏宫、蒙元的上都——即《马可·波罗游记》记载的"上都"(Xanadu)——有非常密切的关系。《钦定热河志》还引用了两首赞美"沙菌"的诗,二者都与元朝皇帝的休养之地、也就是后来清代的热河有关。第一首诗的作者周伯琦(1298 年—1369 年)是元代翰林院的编修。他通过《上京杂诗》颂扬上都在文学中的前身:辽代的避暑之地上京。诗中有一句是"菌出沙中美"。第二首被引用的诗出自许有壬(1287 年—1364 年)之手,他是元代枢密院副使,也是著名的蒙古书法家和音乐家赵鸾(Zhao Luan,音译)之夫。和周伯琦一样,他通过《上京十咏》追忆辽代避暑胜地。他的诗题目是《沙菌》:[168]

> 牛羊膏润足,物产借英华。
> 帐脚骈遮地,钉头怒戴沙。
> 斋厨供玉食,毳索出毡车。
> 莫作垂涎想,家园有莫邪。

在他自己写的注释里,许有壬解释蹄印和马匹的隐喻:在帐篷周围被马踩踏过的地方长着一行行的蘑菇。

清代的学者搜集到更多有关沙菌的诗句。《钦定热河志》的增补版《承德府志》（出版于 1826 年）增加了两句元人诗。其一是学官柳贯（1270 年—1342 年）的《后滦水秋风诗》，这是第三首赞美避暑地的诗。另一首是元代诗人杨允孚（14 世纪）的作品。他在《滦京杂咏》中对蘑菇赞不绝口。[169]《承德府志》收录了清初诗人、满洲大学士明珠家庭教师查慎行（1650 年—1727 年，1703 年考取进士）一首诗的最后一句。

这些文学作品的注释有助于将清朝原本缺乏明确传承的"口蘑"与中国历史、内陆亚洲宫廷和从辽上京到元上都再到清承德的皇家猎场结合到一起。借着他们对边疆、牲畜和军事生活的想象，蘑菇和草原、野外这些更广阔的世界联系起来。我们永远不会知道乾隆帝和忽必烈品尝的是否是同一种野味；我们甚至会怀疑"口蘑"本身是否是一个特定的品种。唯一可以确定的是清代的作者认为历史中的蘑菇和现实中的是一回事，并且建构了一个文本谱系，把帝国和内陆亚洲历史中的蘑菇与当时的口蘑联系起来。

这部方志对后世有一个影响：在整个 18 世纪，它使用的语言和塑造的形象在从诗词到笔记、菜谱等各种著作中产生了共鸣。文人对新发明的传统展开详细论述，强调其内陆亚洲特色、在帝国中悠久的历史，以及蘑菇在粪堆和被踏平的草地中的起源。杭州诗人吴锡麒（1746 年—1818 年，1775 年考取进士）在他的《热河杂诗》（1808 年）中赞美口蘑"新鲫无鳞蘑钉地"，该诗有一个非常典型的注释，引用了周伯琦的"菌出沙中美"，并将口蘑和沙菌、营盘蘑菇等而视之。[170] 有在盛京和热河做官经历的满洲人斌良（1771 年—1847 年）写过一首寄托对蒙古上都思乡之情的诗。他在诗中的一条注释里详细地阐述："土人云，马牛乳滴于草间，为暑雨雾露蒸湿，所化凡曾经插帐所茁，尤甘肥，名曰营盘口蘑。"[171]

尽管被和边疆联系起来，到 18 世纪末，口蘑已经成为帝国境内，尤其是北方最著名、最令人垂涎欲滴的美味之一。对于斌良而言，口蘑和其他美味一样可口；他说与牡蛎、荸荠、笋尖相比，口蘑是美食之冠。[172] 1800年，其他热心美食的人提出口蘑"名最噪"。[173] 到清末民初，口蘑依然是中国北方和东北优良物产的代表，所有的地方志都将本地蘑菇与之进行比较。[174] 尽管被与中国的内陆亚洲历史联系起来，这些蘑菇品种成为所有人，而不仅仅是满洲人、蒙古人渴求的商品。

被奢侈品连起来的世界

如果说，清朝的消费者重构了边疆特产的来源和悠久历史，那么今天我们就不应该这么做了：没有证据表明中世纪的"沙菌"或"北珠"和清代的"口蘑"或"东珠"是一回事。至少，它们在清代市场的普及性显示其价值在18世纪和之前时代存在区别。当然，即便在清朝，这些东西也一直都属于奢侈品，只有一小部分人享受得起。然而，就算当时人对它们的讨论多于消费，18世纪末的市场需求也达到了相当强烈的地步，以致出现了遍及整个帝国的前所未有的连锁效应，甚至扩展至世界范围。唐纳德·沃斯特（Donald Worster）曾经雄辩地论证环境史的第一循环应当是食物的历史：人类与土地的关系与我们生产日常食物的工作相比不一定更有意义。[175] 可以肯定的是，日用品的历史最重要。然而还是有人在对稀有物品的追求中寻找意义，甚至为此送命。蘑菇和毛皮或许就是奢侈品，它们在物质文化中的存在为历史学家提供了一种强大的标准：它们可以成为时代的尺度。最终，它们又为地方、清帝国和全球史提供了重要的物质联系。

1700年—1850年间，清帝国对自然资源的需求催生了新的贸易网络，后者改变了整个帝国，以及中国与看似迥异的世界之间的关系。贸易日益紧密，帝国的人口大约是过去的三倍，被开垦土地的面积也增加了一倍。[176] 农业扩张至林地；有时通过围堤筑坝的形式发展到湖泊、河流和海岸；遥远的边疆地区也出现了农耕，例如帝国的西南、台湾西部、满洲地区南部的盛京平原（始于 17 世纪）以及新疆和内蒙古的部分地区（始于 18 世纪中期）。农地面积以一种相对稳定的速度持续增加：大约 1650 年—1850 年的 200 年间，清帝国内部被开垦的土地从 1 亿英亩增加到 2 亿英亩，并以每年 50 万英亩的速度增长。与之相比，现代农业的扩张速度更快：仅仅 1893 年—1957 年的 64 年间，中国农地总面积增长至 2.8 亿亩，年增长 120 万亩，增长率达到 250%。[177] 在包括外蒙古和黑龙江、吉林在内的某些地区，直到 19 世纪末、20 世纪初，农地仍然不多，或根本无人定居。

很多地区出现了追求毛皮、蘑菇等奢侈商品的热潮，以致当地经济命脉都被控制住了。18 世纪的最后 25 年之后尤其如此。[178] 世界各国与清朝的贸易也在这一时期蓬勃发展。例如位于中俄边境的恰克图在差不多整个 18 世纪的最初 10 年没有贸易活动。部分原因在于两国发生了争端，清朝分别于 1764 年—1768 年、1779 年—1780 年和 1785 年—1792 年三次暂停对俄贸易。1792 年之后，恰克图贸易重开，贸易额以指数方式增长；仅仅 1775 年—1805 年，利润就是过去的四倍。[179] 清朝与缅甸的陆上贸易发展过程与此类似。和北方一样，清廷西南地区与南掌王朝之间的一系列冲突导致 1765 年—1769 年的中缅战争，于是清朝同样暂停了边贸，结果贸易额暴跌。[180] 当清廷于 1790 年最终取消禁运，玉石、燕窝、犀角、鹿角和鱼翅进口迅速增长。清朝和琅勃拉邦（今老挝）的陆上贸易同样在这一时期增速。这主要是由清朝对类似产品的需求促成的：象牙、孔雀翎、犀角和鹿角。[181] 在海上，中国人利用中式帆船与苏禄王国即今菲律宾展开贸易，贸易额于 1760 年—1814 年翻了一番。1750 年—1820 年，与交趾支那（越南南部）的海上贸易增长四倍。[182] 在这些繁荣的贸易中，港口城市广州见证了美洲和不列颠商船数量的显著增加。其部分原因在于太平洋海獭和夏威夷檀香贸易的高速增长。[183]

居于新贸易中心地位的是毛皮、矿物、海产和森林产品等自然资源。这种贸易的崛起恰好是 18 世纪战争结束的成果。追求新疆软玉的"玉石潮"于 1776 年和 1821 年臻于顶点。[184] 中国和缅甸的玉石贸易也有类似的时间线:"爆发期"从 1760 年延续到 1812 年,缅甸玉价格"暴涨"。[185] 在新疆和蒙古方面,从 18 世纪 70 年代到 80 年代,当局竭力控制淘金汉人营地的增加势头。[186] 西南边疆的采铜业开始得相当早,可追溯至 18 世纪的最初 25 年。然而其黄金时期从 1760 年开始,当时产量达到前所未有的高峰;当地铜矿的高产差不多维持到 1820 年。[187] 中国人经营的矿井在这时期越界进入越南北部,到 19 世纪初,越南高地的经济命脉就被中国矿主控制住了。[188] 同时,在东南亚的海上,中国新开挖的金矿和锡矿星罗棋布地分布在婆罗洲、普吉岛、吉兰丹、霹雳州、雪兰莪州和邦加岛的大地上。[189]

人们对珍珠、玳瑁、海参(也被称作 trepang 或 beche-de-mer)的追求同样是这个时代的标志。图们江和鸭绿江上的中国商人很早之前就在中朝边境的商业城镇庆源和会宁购买海参,而在整个 18 世纪,朝鲜商人把人参当作贡品带到北京。[190] 然而在太平洋沿岸的中国东北地区,盗采海参的行为仅仅在 1785 年—1818 年间才成为一个问题,当时刚开始有人在海边定居。[191] 在南海,从 18 世纪 60 年代开始,苏禄王国的海参收获量增加,苏拉威西和荷属东印度的丰收则始于 18 世纪 80 年代。19 世纪初,该项贸易在两个地区达到顶峰:20 年代,海参与胡椒竞争荷属东印度最有价值出口商品的地位。[192] 就在这些年,针对中国市场的海参生产扩大到澳大利亚北部,到 19 世纪二三十年代,海参捕捞业已经蔓延到遥远的斐济和大洋洲的其他岛屿。[193]

东南亚的大部分地区和整个太平洋都经历了资源开发的狂潮。1760年—1835 年间,苏禄地区向中国出口珍珠母(mother of pearl,即产珠贝类之贝壳)的数量是从前的六倍,从每年的 2000 担增至 12000 担。虽然荷兰政府多次试图限制、控制苏拉威西的玳瑁贸易,不过这项贸易同样在18 世纪 80 年代激增。[194] 与中国的燕窝贸易也在增长,婆罗洲东海岸地区尤其如此,因为当地栖息着数量惊人的鸟。直到最后当地燕子种群被贸易摧毁。[195] 随着欧美商人加入，广为人知的檀香贸易从 18 世纪 90 年代开始沿着类似的路径发展。檀香采伐最初出现在马腊巴（Malabar）和帝汶岛，19 世纪初扩展到斐济，19 世纪最初一二十年先后蔓延至马克萨斯群岛和夏威夷群岛。卡美哈梅哈一世①对檀香施行皇家垄断经营，在他的领导下，截至 19 世纪 20 年代后期，夏威夷王国 3/4 的人口参与了檀香贸易。[196]

进入现代之后，尽管某些上述贸易仍然以缩小的形式保留下来，但过度开发使绝大多数繁荣一时的商业在 1840 年衰退甚至崩溃。燕子被"肆意掠夺"，终于在婆罗洲灭绝；苏禄的珍珠贝床被采掘一空；夏威夷檀香树被砍伐殆尽。[197] 实际上，一如我们所知，在同样的时代，淡水珍珠贝、野生人参、海獭以及貂都经历了相似的命运。有些被捕猎，有些被挖掘，有些被砍伐。有些货物是欧美水手运来的，有的来自中国商人。或来自内陆亚洲，或东南亚、大洋洲或美洲。然而，雷同的发展模式和挑战从这些商品的增长与衰落中浮现。当然，18 世纪末之前，其他国家很难触碰中国经济的外壳。不过这一时期消费热潮的"生态后果"是前所未见的。[198] 1700 年，还没有大规模的海参贸易；没有太平洋毛皮贸易；没有东南亚之外的檀香交易；新疆和缅甸的大型玉矿，马来半岛的锡矿，蒙古、伊犁和婆罗洲的重要金矿尚未发现；中国铜矿也还没有主宰越南北部的经济。婆罗洲海岸以及菲律宾群岛有丰富的珍珠母贝；东南亚海域海龟和海参大量繁殖。受 18 世纪末、19 世纪初清朝对自然资源需求的影响，内陆亚洲、东南亚以及泛太平洋地区开始面对相似的挑战。[199]

本章小结

这个更广泛区域的历史超出了本书的考察范围。本书下一章将转而关

---

① 卡美哈梅哈一世（Kamehameha I，1758 年？—1819 年），夏威夷王国缔造者。

注该时段的毛皮、东珠和蘑菇贸易。与其他商品不同：这三者都与宫廷有关，而后者对前者的生产活动一直保持着特殊的控制。它们的价值主要来自与皇室的关系。消费者更热衷于其来源：大自然和清帝国的边疆地区。一如非常重视猎户如何生擒老虎的嘉庆帝，或根据来源给毛皮定价的当铺掌柜，消费者通过生产者和产地了解商品。将产品与人、地联系在一起的纽带并没有消失，例如1735年，杜赫德在写于北京的文章中就告诉欧洲读者："（满洲人）最近刚刚从森林中走出来。"[200] 对于杜赫德而言，满洲人对毛皮的热爱完全出于本性。然而满洲人的历史及其财富远非如此简单。像毛皮、珍珠和蘑菇的广泛流行证明了一个单纯的现实：它们是被一起（en masse）生产出来的。

我们把早期现代想象成一个自然与文化截然区分的时代：科学、治国或理性化本身就创造了一种文明。现代人到处抽干沼泽、砍倒树林、开垦土地。城市拔地而起，荒野后退，人类首次幻想一个遥远而未被打扰的大自然的存在。然而自然的元素比以往更多地成为我们生活的一部分：我们脖子上围着貂皮；街上有马和骆驼；还有鲟鱼、鹿肉、蘑菇和珍珠。这个时代不仅仅见证了自然被浪漫化，也目睹了其商业化：野物手手相传，从帝国边疆运输到帝国中心。居于统治地位的既不是自然也不是文化：这是个用貂皮镶边的世界。

第二章 珍珠窃贼与完美的秩序

在 1785 年—1810 年间，满洲地区出现了一种奇怪的现象：珍贵的东珠消失了。或许更令人诧异的是清帝国动用其权限内的一切手段保护珍珠：设立关卡和税关、施行注册登记制度、统计珍珠数量、惩罚盗采盗窃者、惩治贪污、授权驻防军队进行管理。此时出现了对自然环境的焦虑。道光帝要求"令蚌繁育"；应该让蚌在东北繁衍生息。[1] 当时究竟发生了什么，朝廷又能做些什么？

我们通常把早期现代中国的环境史视作边疆史，商业成长推动中国社会摆脱手工业帝国的束缚。我们可以在文献中看到，特别是在东北地区，汉人定居者把荒野变成粮仓，这预示着民族革命的成功和帝国的终结。这个故事简单、明了，而且具有进步意义：皇帝徒劳地维持原状；汉人移民则开创了全新的局面。[2]

本章从满文档案入手探寻这个故事的另一个版本。把蚌纳入这个进步叙事并不太容易，因其并非中国历史的主角。然而如果蚌在历史叙事中变得沉默与无力，那么历史也就不再属于有声者与强者。[3] 蚌支撑起了河流生态系统，并通过其所产出的珍珠构建了一个贸易网络，后者将满洲地区和更广阔的世界连接在一起。此外，尤其显著的一点是那些收获珍珠的人既不全是满洲人也不全是汉人：他们有自己独立的管理体系；他们有穿过传统边界进入河床的特殊通道，至少直到 18 世纪中期，他们仍然独立于地方管理机构。因此，截至那时，有关蚌及其捕捞者的记载更多见于档案：直到蚌消失的时候，帝国的"东三省"（满：*dergi ilan golo*），也就是满洲，才终于成了一个族群用语。

本章考察档案记载的历史：从清朝在东北地区建立东珠采捕制度开

始,到蚌的数量锐减,再阐述朝廷为了所谓"令蚌繁育"的目的所付出的努力。清廷管理人参的过程与此相仿:朝廷尽力保护蚌的同时,也保护野生人参并试图阻止人参的种殖化进程。在这两个方面,清廷将人和自然物产的界限划分得越来越清晰,并把自己置于大自然保护者的位置,还命令地方政府维护自己对东北大地的想象。笔者将证明以上所有变迁与满洲地区从最初的满洲故里向东三省转变的话语体系的兴起过程吻合。满洲的地域与自然的界限实际上是一体两面的:二者的界限来源于一个共同的动力。

作为生产区的东北

清朝的宫廷里有一系列代表着清廷及其东北根源的物品,来自满洲地区的珍珠就是其中之一;它和野味、毛皮一样代表着满洲人、他们的生活方式和故乡。也许当时没有哪部文献比1743年颁布的《御制盛京赋》(满:*mukden i fujurun bithe*)更能展示朝廷对其满洲根源的颂扬了。[4] 结束谒陵之旅的乾隆帝在今沈阳郊外被仙境一般的美景迷住了。这首赋罗列了乾隆帝脑海中故乡拥有的一切动物:虎、豹、熊、野驴等等。

18世纪中期是清廷的艰难时期,所以从某种程度讲,这篇赋是清廷对当时处境的回应。彼时商业萎缩,人口激增,以至于主政者担心农地或许不能喂饱所有人。为了推动农耕,清廷免去了新垦地亩的税收。1741年,清廷颁布了一项旨在将北京的闲散旗人安置到满洲地区、让他们耕地自养的计划。18世纪50年代,乾隆帝提出收复新疆的部分目的也在于此:这是保护闲散旗人农地的手段。[5] 闲散旗人尤其令清廷操心。从意识形态角度讲,旗人是帝国的"根本"(满:*da*)。但是在京城和各驻防,满洲人似乎丢掉了他们的"旧俗"(满:*fe doro*)。他们正在被汉人同化:他们的孩子说汉语,热衷汉人的时尚和娱乐;他们在城市里生活,对马匹、狩猎或战争一无所知。[6] 所以乾隆帝对满洲胜景的赞美,也是一项政治计划。在这种背景之下，他视满洲地区与汉地完全不同也就没什么值得惊奇的了。即便满洲人在汉地城市定居之后已经丧失了"旧俗"，他们的老家依然如故。如果汉地正在腐化，那么盛京仍然保持着纯洁。如此一来，满洲故乡和帝国的其他任何边疆都是不同的：它是独特的、永恒的、不变的。

满洲地区远离帝国的政治、商业中心，所以具有一定程度的独立性。仅仅抵达那里就需要与前工业化时代的旅行方式不断做斗争：旅行者要在漫长旅途中穿过山区、泥沼和水流暴涨的小河；这里有强盗，致病的动物、昆虫。重量是一切困难之首：在机械化旅行出现之前，陆上旅行时每走1英里，每包粮食的价格就会上涨3%；以此类推，行进25英里之后，这包粮食的价格就翻一番。[7] 所以在长途贸易中，商人只能负担得起那些价值高、重量轻的物品。在华南的水道和海面可以运输更沉重和庞大的商品，所以瓷器和檀木能够有市场。而极北地区的长途贸易则被毛皮、珍珠、人参、蘑菇和茶叶统治着。

在清政府的控制下，满洲地区在很大程度上符合经济地理学所说的以市场为导向的外围地区模式（market-oriented peripheries）。南方沿海地区的船只把粮食运输到内地市场，反之，北方边疆地区专门输出昂贵而轻便的自然资源，例如毛皮、珍珠、人参和鹿茸。今天，农田从辽东湾新月形的海岸向东北方大约延伸600英里直达中俄边界，然后沿着山脉和雨影区塑造的地理轮廓向西转一个圈，再向南弯曲；我们可以把这个农业带的形状大致想象成海盗的手钩。东边是海拔超过500米的山脉，不适宜农业耕作；干旱的西侧地区，年均降雨量低于500毫米，事实证明在这里发展长期耕作也是不可能的。[8]

从1800年差不多直到1900年，该地区耕地的分布仍然局限在盛京的新月形海岸地区；这个核心区域之外，西北广袤的草原和东北的稀树山区中间点缀着属于小农场的零星土地。想象一下，如果我们在1800年的夏天坐着热气球俯瞰，就会发现这一地区的样子远不是今天的钩状。那么我们会看到什么呢？与今日一样，在1800年，气候受季风影响。每年冬

貂皮是来自东北地区最昂贵的毛皮。Daniel Cadieux 摄

天，干冷的风从西伯利亚袭来，到了夏天，潮湿的风又从海上刮来。如果我们随着夏季风向北飞行，就会和今天一样，看到沿着辽东半岛南部平原分布的农田：一条淡绿色的直角农耕带，偶尔被每隔半英里一座的灰色小村庄、5—10英里一座的大村庄、三四十英里一座的小镇打断。[9]尽管有的时候沿海地区变成了牧场，然而某些类型农业的历史贯穿了整个有文字记载的历史时期，甚至可上溯至新石器时代。[10]这里曾遭受过明清易代的破坏，然而清朝鼓励移民前往当地参与重建，使农业在17世纪末、18世纪初得以迅速恢复。在朝廷政策的支持下，1681年—1734年人口增长了57%，注册耕地面积是原来的8倍，从1681年的大约31.3万亩（约80平方英里）增至1734年的266.2万亩（约680平方英里）。在这种增长形势下，96%的人口和95%的新注册耕地位于沿海地区；仅有5%的新土地——总数为11.3万亩（30平方英里）——位于沈阳（满：mukden）的以北。[11]

一直到1800年，沿海平原之外地区的农业仍然是分散的，规模亦不大，大多数农庄都分布在大河流沿线的驻防附近：松花江流域的吉林、牡丹江流域的宁古塔、嫩江流域的伯都讷和墨尔根、黑龙江流域的黑龙江城（扫261页二维码，见示意图1）。[12]那里农民的身份非常混杂：有经营旗地以供给驻防之需的旗人；有被从黑龙江安置到嫩江流域种地的达斡尔蒙古人；有按照1741年朝廷的命令被送到伯都讷农庄的北京闲散旗人；而承种大量旗地的汉人移民是从18世纪中期以后以小规模定居者身份来到这里的，他们的到来导致清廷于1762年公布法令禁止他们进入吉林，1776年黑龙江也成为禁区。[13]在驻防之外的黑龙江中下游、乌苏里江沿岸、太平洋海岸，轻型农业（一种与渔猎经济混合的农业）支撑起河谷地带很多村庄。1800年之后，今长春和双城之间地区的定居速度加快，从19世纪开始整个地区都加快进度，但是我们仍然不能把之前的满洲地区幻想成一个粮仓；在肥沃的沿海地区之外，农耕依旧不能主宰土地和大多数居民的日常生活。

如果热气球带着我们向西北方的内陆飞行，我们见到的就不是南方平原的那种像缝合在一起的农田,取而代之的是棕绿色的草原。大草原自大兴安岭山脉以东 150 英里处展开,大兴安岭将这个地区与蒙古高原分开。倘若热气球向东飞向太平洋海岸,农田就会让位给覆盖着绿毯的山脉,无数小溪与河流贯穿其中。这些水道汇入世界上最大的水系之一——大黑龙江流域 (the greater Amur watershed)。后者汇聚了南方的松花江、牡丹江,以及朝鲜半岛北部广阔低地的乌苏里江,最终倾流入库页岛附近的太平洋。就像哈德逊河口与纽约城的关系一样,黑龙江江口是河岸、海岸和岛上贸易的连接点。以上所有河流都生长着淡水蚌。[14]

早在清朝统治之前,东北就已经算是物产丰富之地了。珍珠成为重要贸易物资的历史不晚于辽代 (907 年—1125 年)。有关进贡毛皮的最早记录出现在汉代 (公元前 206 年—公元 220 年)。在明朝和朝鲜对毛皮和人参需求的刺激下,从 15 世纪开始,记录贸易信息的卷宗开始增多。晚明时期,这些贸易把远自黑龙江流域的商品、人和位于明朝边界开原城的大市场连接到一起。在哈达部的领导下,扈伦四部联盟 (明代文献将其称为"海西"女真) 利用明朝颁发的贸易敕书垄断了 16 世纪初的贸易,这一点就像 16 世纪末、17 世纪初,努尔哈赤想尽办法掌握该贸易一样。[15] 东北地区没有统一的语言、政治制度、族群身份或地形环境。在这个时期,能够把所有人统一成一体的唯一力量就是贸易。

长途贸易对于满洲地区的经济尤其重要。清帝国、朝鲜和德川幕府治下的消费者推动贸易,汉、满、俄、达斡尔、鄂温克、阿依努商人起了促进作用,而其基础是那些分布在黑龙江流域森林高地的猎户、矿工、采珠人。17 世纪,汉商在这个地区日益活跃,但他们并不孤单:达斡尔人、鄂温克人与喀尔喀蒙古的贸易商队和整个大兴安岭的毛皮猎手保持联络,他们还利用"安达"(满:anda)关系促进嫩江流域商业的发展。有清一代,鄂温克人也在边界与俄国人展开贸易,虽然很久之前签订的《尼布楚条约》禁止这种行为。[16] 松浦茂利用档案证明,其他以黑龙江三角洲和库页岛为中心的族群首领通过与清朝宫廷保持特殊的婚姻关系,获得女婿(满语:

hojihon）的身份，进而参与朝贡以建立自己的毛皮贸易网。[17]在很多人的印象中，19世纪末、20世纪的"满洲"沦为殖民地外围地区。但我们不应被满洲地区的现代命运蒙蔽双眼：在18世纪、19世纪初，这个区域是有自主权的商业中心，它和周围的西伯利亚、汉地、北海道和朝鲜一样可以对外部市场做出回应。[18]

历史上所有的满洲地方政权都仰赖这种商业活动，但是它对清朝崛起的帮助最大。对入关前满洲地区出口高端商品价值的估算令人瞠目：17世纪初期，仅仅因为购买人参，明朝就把进口白银总量的1/4拱手送往满洲地区。[19]女真人或满洲人并不是来自森林的原始游牧民；相反，受16世纪贸易发展的推动，像努尔哈赤这样的女真酋长是以"商业资本家"而非简单的猎人身份发家的。白银居于努尔哈赤政权日常生活的中心，这一点和其他同时期的政权没有区别：南海的"海盗"郑氏、在呼和浩特兼营农牧业的俺答汗政权、与努尔哈赤竞争东北支配权的明朝将领毛文龙的雇佣兵集团莫不如此。清政权诞生于环绕着晚明帝国的"白银链"；它是早期现代世界的产物。[20]

在满洲故乡之外：帝国机构和种类

尽管满洲人长期以来一直把"满洲地区"作为故乡，但这里不仅仅是他们老家。在17世纪最初的几十年中，清朝的前身——1616年—1636年的所谓金国（满：aisin）——扩张到乌苏里江流域、黑龙江上游以及太平洋西岸。[21]一代人之后，到了17世纪50年代和80年代，帝国又向北、东调兵以抵御沙皇俄国军队的进犯，其高潮是1689年签署《尼布楚条约》。此后，随着准噶尔战争（17世纪90年代至18世纪30年代）爆发，清朝的战略重心西移到嫩江流域。最早一波军事化措施是建立八旗以及朝贡制度；第二波是设立将军和驻防系统；第三波是编设新旗，将朝贡网络扩展至黑龙江下游和库页岛。

驻防甫经设立即成为当地行政和商业中心。1683年之后，东北地区的所有驻防旗人都被纳入三个将军（满：jiyanggiyūn）的统管之下：三个将军各管东北的一个地区：盛京（汉文又称奉天）、吉林（1676年之前被称为宁古塔）和黑龙江（满：sahaliyan ula）。[22] 三将军之下是副都统（满：meiren i janggin），他们管理驻防附近较小的区域。早在康熙朝，出现在驻防的汉人数量就已相当庞大，其中有汉军旗人、遣犯和持有执照的商人。商人在驻防之外（通常是南门外）开设"商业区"（满：puseli giya，当时称买卖街）；在18世纪，这些群体持续壮大。[23] 不过，管理当地的行政机构与内地的不同：尽管我们现在把东北归为中国的"省"，但直到帝国最后的几十年，朝廷还将其作为满洲地区管理，不是省而是领地（满：golo）。[24] ①

但是从来都没有某种单一的统治逻辑足以将这个地区统一起来。例如，这片广袤的区域并没有都被当做满洲故地。清廷在初期将三个地区和故乡做了明确区分。他们的故乡被称作"盛京"，这个概念包括盛京和吉林的一部分地区，两者组成了"大盛京"（Great Mukden）。[25] 朝廷根据不同的规则统治盛京，并使用崇高的词汇。例如，这个地区在汉语中被称为"繁荣的都城"（汉：盛京）或"奉天之命"（汉：奉天）。而黑龙江和吉林就不是这样了。这两个地区位于中俄边界，对于朝廷而言具有很高的战略价值，所以被辟为特殊的军事区。然而，这两个地区并没有被视作满洲皇室的发源地，也没有得到特殊的名号。康熙帝的看法在这个问题上很典型，他认为黑龙江和宁古塔之所以重要是因为与皇室真正的故乡盛京"邻近"，然而它们并不属于后者。[26] 后来在乾隆时期，朝廷开始在更大地理范围内推行合一化：1736年，清廷停止向东北发遣汉人罪犯；1740年，全面禁止汉人移民；1751年，皇帝下令东北地区的高官必须是满洲人。[27]

---

① 满语的 golo 一词也有行省之意，并非专指边疆地区。

作为一个整体，这三个地区算不上满洲人的故乡，一如西伯利亚之于俄国人、美国之于英国人；总的来说，满洲地区和汉地一样，是一个轻度军事化的地区。而实际上在这里，满洲人及其他八旗成员并不占人口的多数。[28]例如根据1806年的估算，在黑龙江，旗人仅占当地总人口的1/10。[29]朝廷在当地的统治也不以满洲人为主体族群。与普遍推行州县制的汉地不同，东北的行政体制并不统一：有些人归八旗管理；有些人处于这个体制之外；也有些人属于东北地区特有的八旗体系。而且，清廷对每个群体都有特别的治理方式：有些人被限制在固定区域内；有些人可以去很多地方。在地方层面，没有一种单一的行政体系把朝廷和当地人群统合在一起。

尽管当地行政系统非常复杂，但考察像毛皮、珍珠这样的商品有助于我们理解这种混杂的管理模式。例如朝廷宣称对东珠拥有特殊的所有权，除了朝贡以外的珍珠贸易都是非法的。一般来讲，贡品（满：*jafara jaka* 或 *alban*；蒙：*alban*）代表地方对朝廷的一种特殊义务。尽管朝贡没有统一的模式、仪式或管理机构；但朝贡行为根据上述的贡品、地域和人群各有不同。[30]然而，至少在东北地区通常只有一种法则有效：一个人只要加入八旗满洲，就可以免除进贡的义务。虽然有例外的情况，但是朝廷很少要求旗人进贡毛皮、珍珠或人参（始于1730年）。

在地方，毛皮进贡者与旗人的区别和这个政权的历史一样悠久。最早的毛皮进贡记录可追溯至1599年，当时一批由100人组成的"虎尔哈"家族向努尔哈赤献上狐皮、貂皮。[31]1607年，努尔哈赤强迫生活在太平洋沿岸牡丹江和乌苏里江流域的"瓦尔喀"上缴额外的贡赋。[32]就这一点而言，1641年投降清廷的大约500名瓦尔喀人（在汉文文献中被称作"库雅喇"）群体的经历非常典型。"虎尔哈"和"瓦尔喀"是两个含义宽泛的名词，指各种捕猎毛皮动物的人群；也适用于大约300—3000名生活在村落（满：*gašan*）中的部落民。[33]17世纪初，一个太平洋沿岸村落的居民因为恐惧努尔哈赤的军事扩张，集体逃入勒福群岛（Lefu Islands），即今波西耶特湾（摩阔崴）的阿斯克尔德岛（Askold Island, in Posyet Bay），并从此定居下来。然而事实证明，他们自治的历史非常短暂。1641 年，清廷派遣一队装备了火炮的士兵，强令他们立即投降。村民后来被安置到位于图们江江口的珲春的一个村子，他们每年必须进贡海獭皮。[34] 1714 年，清廷设立珲春驻防，将这些居民纳入八旗。入旗之后，他们马上被免去进贡的义务。[35] 类似的模式在整个地区都适用。到 18 世纪 30 年代，生活在黑龙江中游的村民也被编入八旗，成为"新满洲"或"库雅喇"旗人，他们被勒令进入驻防生活，并且开始像农民一样劳作：官方为他们提供土地、农具，在某些情况下还赏给奴仆，朝廷命令他们通过农业供养整个群体。[36]

倘若我们追寻毛皮、珍珠等商品在黑龙江和吉林的源头，就会发现它们和满洲人没有关系；相反，我们会找到一个游离于八旗制度之外的人群：黑龙江三角洲和库页岛中的自治村民、盗猎者和黑市商贩、东北独有行政机构的成员，例如所谓"布特哈"（满：*butha*）八旗。我们会在第四章看到，那些生活在遥远的库页岛上的人仅仅与朝廷保持名义上的隶属关系。其他人，像"布特哈"旗人和朝廷具有特殊的紧密关系。历史证明他们是帝国最忠诚的臣民之一。

人数最多的"布特哈"旗人群体是生活在黑龙江西部的嫩江河谷与黑龙江上游的布特哈八旗。他们的名称隐去了两个虚构的信息：他们既不是单纯的"猎户"也不是一般的正身旗人。[37] 正身旗人每月从政府领取俸饷，但是布特哈旗人直到 1760 年才开始享受这项待遇，并且仅有半俸。布特哈旗人本身也有明显的区别，由各具特色的群体组成，其中有来自东北的索伦、达斡尔、鄂伦春、陈巴尔虎和毕拉尔，以及在准噶尔战争期间从西北迁来的特楞古特、克尔萨喀勒、乌梁海等。[38] 相反，八旗的主体被更简单地区分为满洲、汉军和蒙古。此外，八旗成员没有任何进贡义务，而每个身高达到 5 英尺的布特哈八旗成年男子每年都得进贡一张貂皮。[39] 清廷每年在齐齐哈尔组织"会盟"（满：*culgan*）以方便征收贡品，这是东北地区独有的正式行政机构。

不过，虽然布特哈旗人有进贡毛皮的义务，他们的职业都不是"猎户"。达斡尔人（又被称为萨瓦尔察）大多是种植粟、荞麦和大麦的农夫；很多人还是活跃于商队贸易的买卖人。达斡尔人与索伦人（也被认为是鄂温克）保持着密切关系，后者主要经营畜牧业，但也种地、渔猎。其他布特哈旗人还包括陈巴尔虎蒙古人，他们在被清朝控制之前就已经臣服于达斡尔—鄂温克"索伦"联盟，当然还有其他蒙古人，例如原本居住在漠西蒙古地区、在准噶尔战争中投降清朝的厄鲁特人，他们被安置在呼伦贝尔。[40] 只有鄂伦春在清代档案中被称为"墨凌阿鄂伦春"和"雅发罕鄂伦春"，① 分别担任猎手和诱捕野兽的猎人。[41] "布特哈"这个名称表示一个人在进贡体系中扮演着毛皮者提供的角色，而不是一种生活方式。

其他负责进贡的人处于八旗体系之外，这些人大部分生活在黑龙江流域、太平洋沿岸、库页岛。松浦茂是最早大量使用东北地区满文档案的学者，他近期对作为毛皮生产中心的上述地区进行了前所未有的详细考察。[42] 他发现，在17世纪末，零散分布于东北主要河流附近的村庄属于一个令人目眩的大熔炉，其中大部分族群已经被人遗忘：黑龙江中游的墨尔哲勒（Merjele）、托科罗（Tokoro）以及赫叶（Heye）；松花江下游的吴扎拉（Ujala）、巴雅喇（Bayara）；黑龙江中游和松花江之间的努叶勒（Nuyele）、格伊克勒（Geikere）和扈什喀礼（Husikari）；以及在清初被汉人遣犯和耶稣会旅行者称为"鱼皮鞑子"或"费雅喀"的人群：他们是主要居住在黑龙江和乌苏里江交汇处的齐雅喀喇（Kiyakara）、乌尔庚克勒（Urgengkere）、霍尔佛科（Horfoko）、纳穆都鲁（Namdulu）、穆礼雅连（Muliyaliyan）、古法廷（Gufatin）和锡努尔扈（Sinulhū）。每个群体都和朝廷保持特殊关系；他们也不都把自己视作清朝理所当然的合作者。像墨尔哲勒、托科罗、赫

---

① 墨凌阿鄂伦春，满文 moringga oroncon，意为骑马的鄂伦春；雅发罕鄂伦春，满文 yafahan oroncon，意为步行的鄂伦春。二者俱归布特哈总管衙门统辖，有贡貂义务。但前者属于布特哈八旗，服兵役、领俸饷；后者不服役、无俸饷。

叶、吴扎拉于1674年被编入"新满洲",并安置到位于宁古塔的军事据点。其他族群则发起了抵制,离开当地并且避免被编旗。[43] 有些游离于八旗之外的群体要去宁古塔缴纳毛皮年贡,1779年之后,有些去更偏北的三姓(满:*ilan hala*),朝廷希望在这两个地方吸引他们并且控制毛皮贸易。朝廷也从以上两座城市向黑龙江下游派遣官员征收太平洋沿岸和库页岛居民手中的毛皮。因为在这种地方的统治力有限,所以清朝通过当地世袭的"姓长"(满:*hala i da*)、"乡长"(满:*gašan i da*)、"子弟"(满:*deote juse*)、"乡民"(满:*ba i niyalma*)而非八旗实行管理。[44]

与被朝廷认定的家族和村庄并行的是特殊的"女婿"(满:*hojihon*)和他们的妻子(满:*sargan jui*),这是另一个朝贡体系。"女婿"来自黑龙江三角洲,但他们不去宁古塔或三姓,而是亲自前往北京的朝廷进贡。反过来,他们可以获得朝廷颁发的特殊礼品(满:*ulin*),还能加入由官方组织的与北京满洲旗下妇女的婚配。[45] 他们的赴京旅程以漫长而艰苦著称,他们不仅要克服后勤上的缺陷,还要战胜疾病。不少人死于天花。然而,在18世纪很多"女婿"多次勇敢地奔赴北京。根据记录,有一个人一生6次赴京。完成旅行的报酬相当优厚。和其他人一样,这些"女婿"并不需要亲自捕猎毛皮动物。他们的毛皮都是从黑龙江以北遥远的森林或库页岛的山区买来的。实际上,"女婿"经常冒险亲自登上库页岛购买最罕见、最珍贵的毛皮,包括黑狐皮和北极狐皮。利用与朝廷的关系作为杠杆,他们控制了自太平洋海岸延伸至库页岛、直至北海道的贸易网。他们的政治中心就是他们自己。[46]

不过,要注意的是,我们究竟是如何想象清朝东北地区的。现在,大多数历史学家认为满洲地区是清廷利用封禁政策保护起来的一块特殊边疆,汉人被禁止进入这块与世隔绝的满洲。从这个角度出发,我们会把本不存在的功能赋予满洲的历史:对汉地开放。然而如果把东北地区称为"满洲"或想象其在族群上是一元的,我们就不光抹杀了当地历史的复杂性,也忽略了人群和族群分类在清朝的意义。一如我们将看到的,"满洲地区"作为一个地理分类是有意义的。然而满洲地区的历史并不仅仅是一部满洲人与汉人的历史；如果不认真考察其他人群，例如索伦、"女婿"和"布特哈"，它的环境史就是模糊不清的。

从这个抽象的角度看，乾隆帝对盛京的理解是正确的：满洲故里在帝国、消费者的想象中和自然资源方面"曾经"与汉地不同。然而盛京和东三省还不是一回事，即便在帝国的建构中，前者也仅仅是一部分。实际上，这里不是单一的满洲人的空间，而是一块在统治机构和族群两方面具有多样性的大地。有些地区由将军通过八旗驻防网络统治，南部沿海地区有属于自己乡村系统的汉人农民，以及生活在蒙古盟旗之下的草原牧民。黑龙江和库页岛上的村民通常每年要进贡，但又享有自治权。此外还有专属于东北地区的特别机构，例如布特哈八旗，其管辖的旗人虽然生活在"八旗"体系中，但和标准的旗人有别，而且要以指定的"猎户"身份每年进贡毛皮。于是，一个重大的反讽就摆在我们眼前：那些为朝廷提供满洲物产的"猎户"和其他人群根本不是满洲人。

乌拉、珍珠和清廷

生活在乌苏里江上游的另一个"打牲"群体为朝廷提供东珠：打牲乌拉（满：*butha ula*）。和布特哈八旗类似，打牲乌拉也和标准的旗人有别，其本身具有多种来源、因长期参与朝贡体系而得名。然而与嫩江流域的布特哈旗人不一样，打牲乌拉不需要缴纳毛皮：他们的主要责任是尽可能多地采集东珠。通过乌拉，清廷垄断了从朝鲜边境的图们江流域到汇入黑龙江各条河流中生长的所有东珠。[47]对珍珠的管制超越了地理边界：任何人在任何时候都不能买卖、运输。东珠只能作为"贡品"由乌拉献给在北京的皇帝。

乌拉在明代的史料中被称为"江夷"，他们在 16 世纪和 17 世纪初开始处于东珠贸易的优势地位。随着努尔哈赤政权崛起，乌拉成为最早参与反抗的部落之一。[48]一系列的婚姻联盟以失败告终——努尔哈赤曾将一个女儿嫁给乌拉首领布占泰,而布占泰"又以骲箭射太祖侄女娥恩哲",① 因此这个婚姻联盟于1603年瓦解——努尔哈赤于1613年亲自率军征服了乌拉。[49] 从此,乌拉成为皇帝和满洲贵族的包衣。后来,乌拉包衣开始有义务每年为朝廷提供人参、蜂蜜和东珠。[50] 在18世纪初的军事行动中,更多的投降者被编入乌拉旗,包括分别于1742年和1792年入旗的索伦和达斡尔布特哈。[51] 从此,有些乌拉旗人成为包衣旗人,而其他人则属于八旗。将二者联系在一起、成为乌拉旗人的因素是他们的进贡义务和在帝国中的独特地位。在吉林驻防城以北的地区,乌拉旗人保持着自己独有的管理机构——衙门。但是从行政角度讲,他们又处于吉林将军的管辖之外。乌拉的最高长官总管(满:*uheri da*)直到1748年都要向内务府的分支机构都虞司(见图2-1)汇报公务。[52] ②

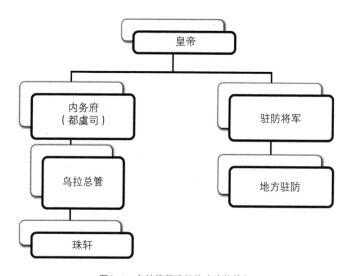

图2-1 乌拉旗行政机构(改革前)

来源:《大清会典事例》卷12,第1081页上

---

① 译文引自《满洲实录》卷3,中华书局,1985年,第148页。
② 本段中,作者将扈伦四部的乌拉部和打牲乌拉混淆。

尽管乌拉处于八旗制度之外，但是朝廷仍以军纪约束之。所有采珠人被归入"珠轩"（满：tana butara meyen），接受总管翼长（满：galai da）、骁骑校（满：funde bošokū）和领催（满：bošokū）的管理；平均每 20 名采珠人设置一位长官。[53] 这里官员的工作具有季节性。前往某些贝床需要走上大约 1000 英里，每到采珠季节跋涉 3 个月也不是稀罕事。[54] 如果走水路，他们就乘坐 3 人独木舟；在陆地上，长官骑马，其他人步行。在这个过程中的每一个环节，总管都会对珠轩做记录：官员的姓名和品级、珠轩成员的名字、分配口粮以及供给每个小组的马匹、火枪和独木舟的数量。每季，总管都会亲自去某个选定的地区，考察贝床产珠的情况。[55]

贝床广泛地分布在黑龙江流域，包括松花江和乌苏里江水系，以及汇入中朝边界图们江的众多河流。我们很难明确他们当时要找的究竟是哪个特定的品种：在这个地区至少有 10 个属、14 个种的淡水蚌能够产珍珠，包括背角无齿蚌（英：Chinese pond mussel；拉丁：*Sinanodonta woodiana*）、褶纹冠蚌（英：cockscomb pearl mussel；拉丁：*Cristaria plicata*）、薄壳淡水蚌（英：thick shelled river mussel；拉丁：*Unio crassus*）以及另外两种淡水蚌：米氏珍珠蚌（拉丁：*Margaritifera middendorffi*）和珍母珍珠蚌（拉丁：*Margaritifera dahurica*）。[56] 尽管最后一种珍母珍珠蚌最有可能就是为清朝提供东珠的那个品种，但我们仍然难下定论。今天，我们对淡水蚌种类的了解不比清朝人更多。20 世纪研究当地蚌类生物的自然历史学家发现，很难将淡水蚌的现有分类与基于遗传学的研究统一起来。[57]

倘若我们试图将清朝和今天的珍珠蚌分类一一对应，问题就会变得更复杂。满语和汉语区分"东珠"（满：tana）和"珍珠"（满：nicuhe），但对"蚌"（满：tahūra）则未进行区别。[58] 清帝国于 18 世纪初编纂的盛京地方志《钦定盛京通志》对各种长条形的"蚌"和圆形的"蛤"及其淡水、咸水种类做了区分。该书还提到细长的淡水蚌会孕育最有光泽的珍珠。[59] 这之后问世的地方志《黑龙江志稿》说东珠是由松花江蚌孕育的，后者丛生于深水河床，贝壳有自卫能力，会给试图打开蚌的采珠人带来危险。不过，找到蚌的采珠人会得到丰厚的回报："珠，淡青色，大可半寸，小者如菽豆。"[60]

实际上，我们对采珠过程的了解远多于对蚌的认识。采珠工作需要耐心、经验和技巧；找个"大者"可不容易。一旦一队珠轩找到了贝床的位置，桨手就用杆子扎住蚌，再捞上来。他们在岸上用明火烘烤蚌，直到贝壳张开，露出里面的包容物。也许只有千分之一的蚌里有珍珠。当然，能够孕育贡珠的蚌更罕见。朝廷出台了一个重量分级系统，最低标准是半分（大约 0.2 克）。朝廷还将每颗贡珠的重量记录在案，所以我们可以知道即便在贡珠中，小珠子也远远多于大珠子。以 1797 年的收获情况为例，当时产出了 935 颗珍珠，但只有 3 颗的重量超过了 10 分（3.8 克或 19 克拉）；而 91% 的珍珠重 4 分（1.5 克）甚至更轻；41% 的重量不足 1 分（0.38 克）。1798 年的情况也差不多。[61]

多个衙门对采珠人每一阶段的工作进行记录。他们出发后每个月，总管都会向北京发送花名册和简报。每队珠轩回来后数日内，总管统计所有送来珍珠的种类、尺寸，随即进贡给皇帝。[62] 总管进而记录东珠（满：tana）、珍珠（满：nicuhe）的总数，并将前者划分为五个等级：珍珠、微光东珠、单面东珠、两面东珠、上好东珠，只有最后一种可以献给皇帝。[63] 然后他把珍珠包装起来、放进箱子，由武装护卫解送到北京的内务府。在北京，户部和都虞司在把珍珠交给内务府之前再次检查和称重。

为了鼓励生产、强化纪律，朝廷不仅付给采珠人月饷，还奖励超额完成任务之人、惩罚落后者。1701 年，康熙帝制定的标准是每队珠轩需要上缴一、二等东珠 16 颗。[64] 每多采 1 颗珍珠，骁骑校就能得到 2 匹毛青布。多 30 颗，朝廷就会再增加 2 匹毛青布，还可另外获得 1 匹缎子。总管获得丝绸，领催也可根据其珠轩的收获量获得奖励。如果他们能多进贡 1000 颗，骁骑校就可以加一级。然而，少收获 1 颗，骁骑校鞭十；少 10 颗，骁骑校罚俸一个月，领催鞭责；少 20 颗，骁骑校罚俸一年、降一级，领催鞭一百。[65] 朝廷对产量的预期是很高的。

为了既满足需求又减轻采珠人的负担，朝廷逐渐提高薪酬，并且增加加入这个系统的人群数量以减少个人的定量。在 18 世纪，珠轩的数量达到原来的三倍，1701 年有 33 个，1733 年 76 个，1799 年 94 个。为了促进增产，朝廷免除了乌拉的其他进贡义务，例如采集蜂蜜。随着越来越多人加入珠轩，人均贡珠量相应减少。1754 年，人均需要缴纳 0.67 颗；1767 年之后，这个定量降至人均 0.5 颗。这一年，尽管定量减少了，但每个人都得到了奖励。[66]

从某种角度讲，朝廷降低定额、提高奖励是因为采珠的负担过重。1796 年，乌拉总管吉禄为自己的手下请求宽大，其原因在于贝床之间的距离"宽广"（满：onco leli），"相距数百里至二三千里不等"，采珠人需要跋涉 1000 英里才能抵达高产贝床。山洪让河流无法通行，暴雨之后到处变成泽国。在某些情况下，因为珠轩需要花费数月才能找到贝床，所以采珠人在开工的时候已经筋疲力尽了。[67] 有些人因为劳动辛苦和采珠地点偏僻而逃走。1798 年，一位 36 岁男子——通缉令描述他面黑、有麻子，穿蓝色裤子、戴毡帽、脚踏羊皮靴——于启程 4 天后失踪，官方随即展开全省通缉。[68]

这项工作也会引发人命事故。1809 年发生了一场灾难，在瑷辉附近的阿尔沁河（Arcin River）有人因独木舟倾覆溺毙。同年，领催巴彦保（Bayamboo）带领的一队珠轩成功地采到了 6 颗 0.8 分到 2 分大小不等的东珠（0.3—0.76 克，1.5—3.8 克拉）以及 2 颗标准尺寸的珍珠。他们把珠子包装好之后就沿着瞻河（Jan River）而上，但当时巴彦保的独木舟撞上了一块岩石：巴彦保、3 名采珠人、装着贡品的盒子——以及所有食物和装备——都沉入水中。1 人溺死，珍珠全部遗失了。因为巴彦保没能避免事故，朝廷毫不留情地做了处分："东珠系进贡之物，巴彦保采获东珠之时即应慎之又慎。"殉职的旗人家族获得了 12 两银的抚恤金。[69]

最近整理出版的珲春驻防档案为我们提供了打牲活动特别具体的画面。乌拉珠轩在每年阴历三月从珲春地区过境。大多数珠轩来自与珲春驻防距离不远的地方,他们向西前往布尔哈图(Burhatu)、噶哈哩(Gahari)和海兰河(Hailan Rivers)——后者流入图们江——或向东北前往汇入黑龙江湾和太平洋的绥芬河(俄:Razdalnaya)及其支流地区。其他珠轩有时去宁古塔地区,在牡丹江、富尔加哈江等更东北的河流上劳作。[70]

在嘉庆朝(1796年—1820年),珲春驻防衙门对所有进入该地区进行采珠活动的珠轩进行记录。由档案可知,通常每名采珠人会得到0.6石(满:hule)谷子和1匹驮马。珠轩一般都有武装,多数情况下会有两杆火枪,配备弹丸以及火药。[71] 此外尤其显著的一点是,档案显示这一时期在珲春地区工作的采珠人数量减少,从1798年的112人减至1818年的85人。

然而最令人吃惊的是珲春档案告诉我们:从1786年开始,珍珠产量骤减。档案还显示整个系统在何种程度上被打破。减产在1786年—1790年的5年之间尤其显著:在布尔哈图江,东珠产量从每年87颗锐减至18颗;在噶哈哩河,产量从78颗降至17颗;在海兰江,从75颗减至0。在19世纪初期,以上三条江的东珠产量都出现了短暂而微弱的恢复,但之后又出现减产,并长期停滞。1786年,珲春地区出产了240颗贡珠;1819年仅有36颗,是原来产量的15%。[72]

表2-1　1795年—1815年吉林地区珍珠收获统计

年份	珍珠总量
1795	2890
1796	2753
1797	2042
1798	1975
1801	369
1813	1158
1814	642
1815	895

实际上，保存在北京的满文档案对吉林地区的记载与此相似：在18世纪最后几年，珍珠迅速减产，19世纪初经历过短暂恢复，但之后又出现了滑坡（见表 2-1）。[73]在 1795 年—1815 年之间，该地区珍珠减产至原来的 1/3，从产量最高的 1750 年的 2890 颗降到不足 1000 颗。这样，我们需要思考的也是当时皇帝们越来越关注的问题：满洲地区发生了什么？哪里出了问题，怎么才能解决呢？

蚌、人以及秩序的问题

淡水蚌的数量可不是那么容易减少的。蚌的适应性强，因此能够从上古繁衍至今。[74]它们的繁衍策略相当复杂：已经受孕的雌蚌将幼虫射出、粘在鱼的腮上，这样幼虫就能在富氧环境中生长，还能被带往新的溪流、江河。等长得足够成熟，幼虫变为蚌，就掉进新的河床。[75]尽管它们是有性繁殖的，但在极端环境下，也会出现雌雄同体和单性繁殖的情况。这种适应性可以帮助我们解释为什么蚌的密度对其繁殖没有影响：蚌的数量越少，依靠自身进行繁殖的雌性就越多。因为淡水蚌永远不会停止繁衍，并能生存 100 年甚至更久——它们是寿命研究（gerontology）中已知最长寿的无脊椎动物之一——所以雌蚌在一生中可以繁衍亿万个幼虫。

考虑到资源的性质，很难——也许永远不可能——找到 18 世纪之后蚌数量减少的环境、政治和社会原因。蚌的幼体对沉积物很敏感，我们可以设想造成它们数量减少的罪魁祸首是沉积物或某种泥沙。[76]然而，档案总是指向不同的方面。因为只有打牲乌拉是唯一既收获珍珠又对整个过程实行稽查、监管的人群，所以朝廷一开始就怀疑当地人进行了多种犯罪活动：盗窃、盗采、走私以及撒谎。在 18 世纪末危机前很久，朝廷就已经试图强化纪律。早在 1682 年（康熙二十一年），康熙帝就宣布宁古塔"乌拉牲丁"自行收集蛤蜊、蜂蜜、水獭或东珠是犯罪行为，要比照盗挖人参例处罚：首犯绞刑，从犯枷号两个月、鞭一百。此外，买卖政府颁发的执照也要鞭一百、枷号两个月。[77]

同样，朝廷于1724年试图强化对长城沿线的控制以遏制走私。为了鼓励士兵的热情，官方规定对截获珍珠超过400分的士兵发放一笔现金奖励，其金额是珍珠重量的5倍；如果超过1600分，主管官员升一级。[78]反过来，如果走私贩成功地进入内地，主管官员会被降三级，巡察兵丁杖八十。一旦发现有明知故纵、受贿卖放情节，主管官革职，巡察兵丁杖一百、枷号一个月。[79]不过从长期看，以上举措没有效果：1733年又有关于蚌"缺少"的报告送到北京。[80]

珍珠产量的问题日益增多，朝廷开始授权给驻防将军，以强化他们在属地的权力，并对乌拉施行更强的监管。1741年，乾隆帝批准了奉天副都统哲库讷的建议，在通往吉林的参山和产珠河流的水陆通道沿线设立守卫。[81]清廷不计成本，在穆棱河、绥芬河的贝床附近设立岗哨，即卡伦（满：karun；蒙：qaraġul）。不久之后的1748年，朝廷又接受了一项更引人瞩目的建议：由吉林将军监督所有采珠行动（见图2-2）。[82]这样，乌拉总管就成了这个体系中的第二号人物：所有的注册、统计、与朝廷联络工作都归给吉林将军衙门，珍珠一送到北京就被贴上吉林将军的封条。尽管乌拉牲丁仍然承担这项工作，但他们丧失了自治权。采珠成为一项边疆事务。

1748年的改革对当地产生了影响；它不仅仅是行政机构顶层的洗牌。最主要的是，在边疆地区的官员立即开始强化巡查和控制。1751年，增设了新卡伦，朝廷于1759年、1762年两次增加乌拉军队的军官。[83]地方政府把乌拉总管原有的一些责任也接管过来，包括编订户口，这项工作决定采珠人的工资和补贴。[84]与此同时，乌拉牲丁开始扮演采珠人和巡察兵丁的双重角色。在前往贝床的路上，他们还要扫荡、调查过境村庄和重要隘口（满：oyonggo kamni bade）。一旦发现了走私犯或盗采者，就把他们抓起来，起获赃物，禀告将军衙门。回来之后，他们在分散于黑龙江、宁古塔、伯都讷、三姓和阿勒楚喀的检查站和卡伦就位。他们都得把自己在以上环节中的活动报告驻防官员。

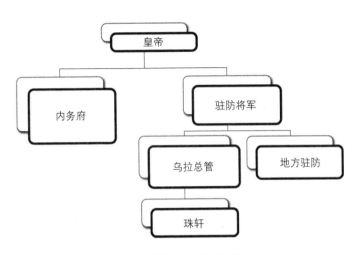

图 2-2　乌拉旗行政体系（改革后）

来源：《大清会典事例》卷 12，第 1081 页上

然而这些改革措施既不能阻止珍珠的周期性减产，也不能遏止 18 世纪 80 年代之后东珠产量断崖式的暴跌。于是，朝廷转换了策略。除了设立更多岗哨、边境检查站和人力外，清廷还暂停了整个采珠事业。1781 年，乾隆帝第一次下令暂停进贡珍珠：5 年之内，包括乌拉旗人在内的任何人都不得前往贝床。10 年之后，乾隆帝解释道：[85]

> 官中所贮顺治、康熙、雍正朝东珠俱属上等，且从前采获者亦佳。此数年来所得东珠俱非上品。此非松花等江生珠地方不能出产。若令休养数年，谅上等之珠可复得。

这个问题来源于珍珠容易被"偷盗的特性"（lootability）[86]：

> 然彼处地广河多，戒备倘有不尽，仍不能禁盗采……此项上等

东珠虽经贩卖，亦必卖与该省富商并收买人参之人，遂带至内地。谅唯不令出境方能杜其买卖。[87]

这种暂停需要对边疆和市场进行更严厉的控制。因此乾隆帝命令吉林将军秀林打击走私；秀林将命令传达给各驻防；各驻防再通过卡伦系统执法。[88]1796 年，为了与帝国新政策保持一致，秀林证明他们"令从前采蚌稀少之河流休养"并且"严查盗采"。同时，为了保持生产的可持续性，朝廷允许乌拉旗人将采珠活动扩大到额尔楚克河（Ercuke River），那里的蚌仍然"多产，成色好，尺寸亦大"。[89]这一年共有 80 艘独木船启航。翌年，出动的独木舟达到 70 艘。[90]生产并未停顿，只不过换了个地方。

然而，贝床数量持续萎缩。1799 年，乾隆帝的继任嘉庆帝下令再禁采三年。他从三个层面论证了自己的政策：为筋疲力尽的采珠人减轻负担；保证蚌休养生息；展示皇帝对众生的仁慈。一如他自己所说，"此朕怜惜物命，并非珍爱其珠也"。[91] 1802 年，朝廷增设更多副都统以监管卡伦。[92]然而在 19 世纪初，黑龙江驻防附近的呼兰河（Hūlan River）、讷默河（Neme River）以及宁古塔附近的绥芬河、穆棱河附近的蚌日益减少。皇帝再一次下令禁采"数年"，以便让蚌"繁衍生息"（满：*fusembure ujime*）。然而蚌的数量并未恢复。[93]

最后，就连最低产量也得不到保证了。1821 年，嘉庆帝的继任道光帝（1821 年—1850 在位）再次恢复三年禁采令。在 1800 年—1805 年间，"恢复数量"确有必要。为了执行政令并打击盗采，道光帝下令在河口、山中关隘设立更多卡伦。1822 年夏，即三年禁采周期的第一年，兵丁对这一区域做了勘察，黑龙江和吉林官员经过长期磋商，划定了双方辖区和各自职责。朝廷将珲春分成 6 个汛地（policing zones），每个汛地有自己的卡伦，每逢夏季采珠时节就驻扎兵丁。[94]朝廷还授予地方政府更多权力：例如，1824 年，吉林将军衙门获得指派所有负责采珠事务的乌拉笔帖式的权力。[95]

至少从收获珍珠数量的角度来看，以上改革未见效果。1825年，采珠业重开，但结果非常令人失望。1827年吉林将军禄成在报告中称，当地贡珠"颗小，无甚用处"。[96] 皇帝将此归因于"若每年采收，则蚌多损"，而采珠人付出的努力和艰辛也会增加。于是他下令再让贝床休养三年，以便"令蚌繁育"。他还命令黑龙江将军、吉林将军对通往贝床的陆路、水路通道沿线的卡伦加强管理。当年夏天，士兵被派去新岗哨。[97] 1827年，皇帝再下令禁采，贝床得到"休养"；朝廷分别于1830年—1832年、1833年—1835年各禁采三年。[98] 每个周期结束，皇帝都下令打开贝床，结果每次都失望地下令"停采数年"。[99] 任何人都没有碰剩下的蚌；甚至无人进入这个地区。这块大地被永远维持在一个未被破坏的自然状态。

　　清政府尽了最大努力保护珍珠业，但最终以惨败收场。我们应如何理解其令人吃惊的"令蚌繁育"的努力？蚌的消失为何被当成重要的事情？若干答案似乎有说服力。考虑到这个地区的历史和朝廷的实用主义，我们可以推测其保护政策反映的是财政利益。对于东北而言，商业逻辑既非新鲜亦非舶来。朝廷的内部档案《满文老档》强调努尔哈赤公正、慷慨、胸怀大志。明朝史料对他的描述为：他不是道德权威，而是通过控制自然资源获取权力的强人。[100] 朝鲜王朝对其他通过出口毛皮获取权力的女真首领的记载也与此雷同。[101] 1644年之后以及在整个18世纪，清廷仍然通过出口毛皮和人参获取巨额利润。具有如此多利害关系，我们是否可以证明清廷是从利益和权力的角度看待珍珠呢？

　　简单讲，答案并不完全如此：就像《满文老档》强调努尔哈赤正直一样，档案指向了其他方向。1821年，道光帝从两个愿望的角度证明1821年禁采的合理性："节省民力"和"爱护珠蚌"。第一个愿望——仁慈地对待采珠人——是清朝意识形态的基础。采珠人的工作的确既危险又辛苦，而且，即便朝廷鼓励采集，它也将自己视作乌拉的保护者。虽然朝廷显然别有所图，但它依然冠冕堂皇：例如在1732年，清廷派乌拉兵丁参与军事行动，雍正帝就从减轻牲丁劳苦的角度为自己开脱。[102]

第二个解释——"爱护珠蚌"——更令人好奇，也更值得我们注意。难道朝廷开展了一场类似于环保主义的行动？抑或我们应当对野心勃勃的清帝国苦心设计的托词置之不理？如果我们考察一下当地利润最丰厚的人参贸易，就会看到其中存在某些超出财政逻辑的因素。

人参的案例

清帝国对人参生产的管理是我们研究珍珠问题时非常有助益的参照，也可以显示引发珍珠危机的深层原因以及朝廷的反应。两者有完全平行的历史、重合的法律和管理机构、围绕二者的保护形成了雷同的话语。不对人参的问题做一些了解，我们就不能搞清珍珠的历史。学者们已经深入地考察过清朝的人参垄断政策，目前已有多部专著（甚至多卷本作品）问世。[103]借助满文档案，我们可以强调满洲地区人参环境史的某些问题。挖参与采珠具有很多共通之处：二者地域重合、1800 年左右都出现了令人不安的减产、清廷推出一系列改革措施作为应对，包括授权地方政府打击盗采、走私和治理腐败。但与珍珠不同的是，当野生人参最终在野外变得稀少时，刨夫开始驯化这种植物，并且尝试人工种植。然而，朝廷拒绝接受这种园艺革命，反而烧毁种植秧参的农田：没有人参似乎也比秧参好。

尽管珍珠和人参在有清一代都与东北息息相关，但后者并不能像前者一样代表"满洲人"。从某种角度讲，人参与众不同的品牌化过程反映了这种植物随着时代发生的改变。人参喜阴，一般生长在山丘的北面阴冷处，尤其是松树林中。与每年喷射上千幼体的蚌不同，人参可以常年不开花。这种植物生命力强，但生长、繁殖速度慢。在中国，人参的历史和中部平原及其周围山脉渐进式的采伐进程密切相关，以上地区曾经长满松树。[104]在早期帝国时代，森林保持得相对完整，遍布从太行山到辽东、朝鲜半岛广泛区域的人参基本上未被采挖。最著名的人参是现代山西上党的"党参";例如,早期帝国的一部本草——陶弘景(456年—536年)编写的《本草经集注》记载,辽东地区的人参不如"党参"。宋朝的刨夫在河东和泰山地区劳作,而那时山西的人参供应短缺;例如我们可以看到,在这个时期消费者怀疑市场上的"党参"是不是真货。[105]根据李时珍(1518年—1593年)的记载,截至16世纪后期,人们仍然认为山西的人参品质最佳,但在野外无处寻觅了:"民以人参为地方害,不复采取。今所用者皆是辽参。"[106]于是明清两朝的消费者开始向东北和朝鲜寻求人参。伴随着华北人参灭绝、16世纪中国药物市场扩大,满洲地区实现了历史上前所未有的整合:它使满洲在地区贸易中获取了异乎寻常的重要地位,也让像努尔哈赤那样关心人参贸易之人变得富有。

清朝对珍珠的管理仅仅依靠乌拉,但其对人参的管理制度就复杂得多了。最初,公和王一级的贵族可以不经朝廷同意就派人前往东北采集人参。后来朝廷逐步强化自己的权力:1649年之后,贵族需要给采参队注册,否则就要面临处罚。从1684年开始,朝廷根据贵族的等级将他们的采参队人数限制在15—140名之间。此外,每名刨夫需持有官方特别颁发的"参票"。在驿站或山中,地方政府会检查参票。刨夫还要纳税。1694年,朝廷通过这个体系一共颁发了5000张参票;其他人参都被朝廷垄断。为了采参,朝廷让乌拉旗人、盛京内务府下150名包衣,和一队旗人前往指定的147个指定地点,以杜绝外人潜入禁地。[107]

利用参票管理采参被证明是失败的:1694年,朝廷颁发了5000张参票,但后来当局估计有3万名无证刨夫暗中活动,导致人参产量下降。[108]作为回应,雍正帝于1723年将采参开放给任何可以承担这项劳作之人,而不仅仅是拥有特权的采参队。每个申请人都必须满足收获定额。这个定额根据采挖区的人参产量上下浮动。如果能达标,刨夫就可以去市场把多余的人参卖掉。在将这个地区开放给商人的同时,朝廷将盛京和宁古塔的驻军数量翻了一番,并设立了新的卡伦。从1724年开始,朝廷希望地方政府记录落网的盗采者以及起获的走私人参。为了保证政策得到贯彻，皇帝还向当地派遣副都御史以及其他城市官员，让他们作为独立的视察员。[109]

这项制度最终同样归于失败。1730 年，雍正帝再一次改革了人参专营制度。当年，盛京将军纳苏图提醒皇帝，参票制度是无效的：在产量低的地区，领有参票的刨夫无法达到定额，同时人参产量高的地区定额又太低。纳苏图建议朝廷向盛京商人发放 10000 张参票，让他们雇佣 10000 名刨夫。每刨挖 16 两人参，朝廷就征收 10 两，剩下的 6 两交给商人自由买卖。皇帝非常热心地批准了这项建议。然而每年发放 10000 张参票的目标被证明过于乐观了：1732 年，盛京将军衙门仅发出了 5915 张。1737 年，仅有之前的一半。很少有人愿意加入这个制度：刨夫们觉得自己被商人压榨，而且他们从黑市上获取的利润远远高于合法买卖。[110]

因此，无票盗采势头不减。仅仅 1731 年一年，宁古塔的巡察兵丁就拿获了 105 人、缴获 40 千克（1066.3 盎司）须根（满：*se solo*，*se* 意为人参茎部与根部连接之处；*solo* 为人参须）；同时还起获 62 张无证貂皮。驻扎柳条边的哨兵也对走私保持警惕。1732 年，他们逮捕了来自额尔敏（Elmin）、哈尔敏（Halmin）的 72 人，收缴人参根 57.72 盎司、须根 1.22 盎司、190 棵生（满：*eshun*）人参、84 张貂皮、27 张貉皮、5 杆火枪。[111]

最后，到了 1744 年，为了解决不能吸引商人和根绝盗挖的问题，乾隆帝最终设立了一系列长期改革：他授权地方官员监察人参采集活动。[112] 朝廷在盛京将军之下设立了起辅助作用的官参局，向刨夫而非商人颁发参票。这样，刨夫就有义务满足定额。在新体制下，地方政府将人参分成三种：贡参（满：*alban orhoda*）、官用参（满：*siden de baitalara orhoda*）、余参（满：*funcehe orhoda*）。收获之后，无论刨夫采集到多少余参，他们都得向当地驻防缴纳 2 盎司人参根。驻防再向北京内务府上缴 5/6 作为贡品，并将剩下的 1/6 留作"公用"。[113]

在将军管理之下，一个组织化、官僚化程度更高的系统有条不紊地运作着，公文数量也相应激增。驻防衙门颁发进山照票（满：*temgetu* bithe），持有者可以优先出发。衙门发放旅行许可证，持有者可以前往盛京东部和南部地区。他们还发给从乌拉前往乌苏里江、绥芬河的船票。[114] 收获完成后，再颁发下山照票（满：*alin ci bederere temgetu bithe*）；签发押票（满：*fiyanjilara temgetu bithe*）；腰牌（满：*ashara šusihe*）；红票（满：*fulgiyan temgetu bithe*）。贩运余参的商人在进入山海关时，还要携带标明人参质量、等级和重量的证明。[115]

地方政府与朝廷之间的联络变得井然有序。在阴历新年之前，驻防将军向北京奏请下发来年的参票。[116] 等到四五月份气温回暖、采参季开始时，将军再汇报一共颁发了多少张参票。初秋（通常是在阴历七月），将军衙门再次具奏所有刨夫在整个夏季拖欠的人参数量。初冬采参季结束，将军衙门出具采参总数。阿勒楚喀、伯都讷、吉林、三姓和宁古塔的驻防衙门分别编写各自颁发参票情况的简报。这些报告至少要记录发给汉人刨夫参票的数量和种类、非正式"印票"（满：*doron gidaha bithe*）数量、与上年收成的比较、未领取参票的数量。宁古塔和吉林的采参活动更广泛，管理机构更复杂，当地的驻防需要记录"烧锅票"（满：*arki bureku temgetu bithe*）和商人的经营执照（满：*hūda salibuha temgetu bithe*）。他们有义务将以上信息向将军衙门提交两次：一次在采参季中期，一次在结束后。[117] 没能上报的官员会被参奏。[118] 朝廷也希望定期收到打击走私和逮捕罪犯的报告，地方政府如果抓到的罪犯少，则明显存在腐败行为；如果抓到的罪犯多，又显得他们纵容犯罪行为任意滋生。所以地方政府必须两害相权取其轻（between Scylla and Charybdis）。① 相应地，档案反映了这种张力。

采珠业于 1748 年开始被纳入地方政府监管之下，与此相同，1744 年采参制度的改革也是朝廷通过授予地方政府权力将行政机构合理化。和珍

---

① 原文用典。斯库拉（Scylla），希腊神话中生活在墨西拿海峡附近的女妖，专门吞吃过往的水手。卡律布狄斯（Charybdis）为斯库拉对面海上的大漩涡，会吞没所有经过的船只。

珠的例子一样，地方政府也没能杜绝盗采和人参产量下降。实际上，尽管存在官僚系统设置的迷雾，我们仍能清楚地发现从18世纪后期开始，从合法渠道流入的野生人参数量锐减。考察这个系统所负担的财政压力有助于我们评估人参采挖业衰落的情况。如果不能完成定额，刨夫要被罚款；严重歉收意味着刨夫破产以及政府蒙受重大损失。为了解决这个问题，朝廷要求所有刨夫必须有资助人，如果收成不及定额，后者要负责任；在东北的苦寒之地，刨夫向酿高粱酒之人求助，于是朝廷将授予担保人的执照称为"烧锅票"。然而后者并不能完全支撑正在崩溃的人参专营制度。结果从1800年开始，各驻防开始通过收取向汉地出口粮食所获的补贴来维持这项工作。[119]

由专营产生的统计数据告诉我们，人参产量暴跌的情况再一次出现。1744年，朝廷颁发了9000张参票。到了1789年，跌至2330张，跌幅达到75%。1852年，参票的数量又缩水68%，年仅753张。[120]在不同地区，产量锐减现象出现的时间各异。1789年开始的大旱引发了1791年、1792年两场大规模的野火。大火席卷吉林的人参产地，烧毁了作物，刨夫和烧锅都破产了。[121]吉林和宁古塔的驻防地区是当地90%人参的来源地，在1797年和1801年间出现了令人瞠目的减产。在以上两个地区，参票在短短5年之内就减少一半，总数从718张跌至320张。[122]

当时究竟发生了什么？气候和其他自然因素是有影响的：例如在18世纪90年代初期森林大火的蔓延确实是一个原因。然而档案提供的更多信息是关于人类的失误的：腐败、道德堕落、缺乏纪律。与珍珠危机一样，朝廷谴责盗采者、黑市商人以及这个行将崩溃的系统中的腐败和渎职官员。[123]旗人的行为不像满洲人；汉人移民则无法无天。

似乎每隔十年就会有一桩骇人的渎职或贪污案件东窗事发。1777年，吉林将军因不能禁绝盗采蔓延主动奏请开缺。[124] 1785年，另一位吉林将军都尔嘉被牵扯进一桩丑闻中。[125]人参管理机构腐败横行。[126]在1794年的一起案件中，朝廷将两位在官参局供职的协领革职，该案还促使皇帝派遣最受信任的三位京官——福康安、松筠和琳宁——作为钦差大臣前往办案。[127]秀林报告称，预感到钦差大臣即将抵达，地方官员开始篡改账目。[128]腐败之风甚至污染了当地的旗人。

新的监管形式随之出现。例如1748年—1792年，兵丁按照采参季的劳作规律在乌苏里江和绥芬河地区巡逻，春天出发、秋季返回。因为这种巡逻太有规律可循，所以1793年吉林将军恒秀奏请以后不应仅仅建立新卡伦，而应该采取突然的、无规律的突袭行动，以逮捕山区中的无证刨夫。这些由三姓协领（满：gūsai da）统领的巡逻兵丁服役为期一年。[129]他们在阴历七月动身前往禁猎区，届时人参采集活动正处于高潮。他们检查的主要目标是刨夫"栖息"（满：tomobure）的窝铺。一旦抵达指定高地，他们就建立冬季营地并开始"遍查所有山谷"。到了秋天，刨夫离开山区，这些军队尾随于后，并展开突袭。每年他们都会把成功突袭的过程和缴获赃物情况上报，并因此多得半年的俸饷。[130]其他被征召参与夏季巡逻的兵丁可以收到3个月的奖金。[131]按照规定，所有兵丁都必须是经过特别挑选的"妥帖员弁"。[132]

有关逮捕盗采犯、起获赃物的报告持续不断地发往京城。[133]为了增加额外激励，朝廷用起获的赃物奖励所有参与执法的官员。朝廷把最有价值的东西留下，包括貂皮和人参；地方政府把所有缴获的貂皮、人参和珍珠存入地方府库，到年终再派兵解送至内务府。其他像秧参、刨夫的窝铺被认为是易燃物品，就地销毁。[134]兵丁可以把其他收缴上来的东西据为己有：火枪、马匹、帐篷和炊具。他们还能把所有次等毛皮留下，例如貂皮（满：elbihe）。

他们的工作仅仅是看上去有效，实际上真正限制盗采的是盗采本身。野生人参数量太少，无法维持大规模贸易。野生人参从进贡体系中消失之后，马上也从黑市上销声匿迹了。合法刨夫与非法刨夫都不得不去更偏远的地方寻找人参。早在1684年，就有报告显示额尔敏、哈尔敏地区因过度刨挖导致无参可采，康熙帝因此决定将乌苏里江沿海地区开放给刨夫。然而野生人参依然数量稀少。到 19 世纪初，无论在哪儿，幸运的刨夫顶多能在一天之内发现三五棵嫩枝。大多数人搜寻数日也见不到一棵人参。[135]

面对这种情况，非法刨夫采取了一个彻底而可持续的解决方法：他们不再盗采野生人参，转而开始种植秧参。实际上，有证据表明从 16 世纪开始就已经出现了小规模的人参养殖业，到 18 世纪末才得到推广。[136] 随着 18 世纪末人参市场蓬勃兴旺，朝鲜、日本和北美的商人都被牵扯进来，满洲商品齐头并进——只不过现在是养殖品种而非野生参统治市场。在一代人的时间内，东北地区的人参市场就实现了自我变革：据估算，到 1810 年高达 90% 的吉林人参都是养殖的。[137] 当年，一起被揭发出来的贪污案件同样显示，大多数进贡的人参都不是野生的。[138]

朝廷在回顾历史之后，采取了令人难以置信的应对策略：它为了发动根除秧参的全面战争，将东北地区卡伦数量增加一倍，摧毁所有种植园。[139] 即便在 1810 年之前，嘉庆帝仍然坚决反对养殖。根据坚定不移的命令，巡逻队要将所有人参庄园夷为平地：拆毁窝铺；把作物连根拔掉。1800 年，320 名兵丁在为期 13 个月的巡逻中先后于嫩屯（Nentun）、范屯（Fantun）和锡喀达（Sikada）发现了秧参田，他们拆除了农夫的窝铺，还毁掉了他们的土地。皇帝颇不满意：因为在这个偏僻地区没有抓到罪犯，而且不法分子的庄园离兵丁巡察路线太近了；所以他遵循 1789 年的定例，要求调查当地官员的贪污和渎职情节。[140] 1801 年，朝廷对巡逻兵丁施加新压力，要求他们收缴赃物、抓获罪犯，彻底"肃清"（满：*geterembume*）当地的秧参种植园和盗采者；根据档案的用语，他们必须保证"清查山中各处，确无过冬贼匪"。宁古塔和三姓驻防增调兵丁参与执行任务。这次的长途巡逻目的地更偏东，即从德克登伊山（Dekdenggi Mountains）一直到太平洋沿岸。一路上，兵丁摧毁窝铺、破坏参场、在树上悬挂新标牌以标示禁区并警告越境者。[141]

如果朝廷完全被利润和财政收益所左右，或许它更应该建立自己的参场,或将现有参场合法化并征税。1881年,焦头烂额的朝廷就是这么做的:开始鼓励养殖,满洲地区合法的人参贸易就此开始以指数方式增长。[142] 然而在19世纪初,清廷则并不如此,嘉庆帝愤怒地宣称,只有天然人参是真正的人参,秧参根本不算:[143]

> 人参乃地灵钟产……何必用人力载养,近于作伪乎……山内所产大参其力自厚,若载养之参即服用亦不得力。

在其他上谕中,嘉庆帝也表达了类似的情绪:秧参"不可与真参比";有的话更夸张:"盛京、吉林、宁古塔一带……产毓人参,实为瑞草……以伪乱真殊干例禁。"[144] 不光嘉庆帝一个人对秧参的价值有所怀疑。药学家吴启瑞(1789年—1847年)写道,尽管辽东人参优于其他品种,秧参"移植、种植之参药力俱弱"。[145] 市场对秧参和野生参有明确的区分,而消费者需要的是后者。嘉庆帝亦将保护野生参等同于保护其真实性,因为人参的意义在于其来源和人们为之建构的故事。消费者认为满洲地区独特的、天然的人参才是最好的。[146]

在现实中,强化对秧参和野生参管理的工具是地方行政机构、被加强的巡逻、官僚机构的监督、参票和数据统计——这也是朝廷用来垄断东珠的方法。在人参和珍珠两个案例中,18世纪的朝廷授予将军权力以解决地方以及管理方面不断出现的问题。1744年,清廷允许地方政府管理人参生产;1748年,又将珍珠纳入管辖范围。此后,即便地方政府被证明不能有效地解决问题,它们在该领域的权力仍然有所扩大。卡伦的数量增加,驻扎的兵丁也相应增多。随着乌拉等人群被纳入地方政府统一管理,清朝统治的复杂性也随之减弱。令人意外的是,朝廷面对人参和珍珠两种危机时,使用的是雷同的话语:蚌和人参的价值不仅仅在于它们是消费品,其本身就有价值。人参是大地而非人类劳作的产物;皇帝喜欢的是蚌,而不仅仅是人。朝廷为二者构建出了相同的历史:野生人参和东珠原本数量很多，但是因为腐败、盗采和非法交易变得稀少。从以上各方面讲，它们都属于一个拥有全新历史、完成转型的实体：满洲地区。

重塑满洲

清廷为保护人参和珍珠付出的努力改变了当地的行政机构，后来慢慢地改变了其统治逻辑。实际上，这种缓慢的地方化和官僚化为满洲地区和"东三省"的形成构建了框架。我们理所当然地认为满洲地区，即现在的中国东北，与东三省是一回事；一如我们接纳帝国时期形成的国家边界，并认为它们在现代依然是永恒不变的。[147]然而至少在清代，这种将满洲故地等同于"东三省"的想法仅能上溯至18世纪末，而且也只是在19世纪初当地快速变革时才成型的。

这一时期主要管理机构的变化带来了一个额外效应：人们越来越从边疆的角度考虑问题。直到18世纪中期，吉林和黑龙江对朝廷的重要性并不在于它们是王朝或满洲人的故乡。[148]只有两个地区拥有这样的意义：包括盛京和吉林部分地区的"大盛京"，还有就是满洲人为自己建构的神秘发源地长白山。[149]在清朝统治时期，很多文献都将盛京和长白山称为"根本之地"，后者还有一个单独的称呼"发祥之地"。人们在文本中提到"盛京"一词时，会与帝国法令一样抬格以示尊重。相反，吉林和黑龙江就没有这种荣誉。这两个地区的重要性在于"靠近"满洲故里，它们是盛京的"藩篱"。1729年，雍正帝为自己的政策辩护时提到黑龙江和吉林"与盛京相连"，后者才是有特殊意义的"我朝发祥之地"。[150]18世纪中期，清廷在解释包括开垦拉林土地在内的政策时，也是以黑龙江地区并非"根本重地"为基础的。[151]

只有在朝廷授予地方政府权力时，这些话语才开始转变。这一变化是分阶段出现的。例如在1741年，吉林将军哲库讷请求强化对盗采人参的处罚，以便保护"满洲根本"。此时他将整个吉林视为满洲故地。他认为对满洲地区最大的威胁是汉人流民。[152] 1762 年，乾隆帝通过报告获悉盗采人参是整个东三省的通病时，首次将这三个地区视为一个整体；他提出东三省原本乃是"风俗淳朴"之地。[153] 而变化似乎正在发生：满洲地区原本的特点就是封禁。

1800 年之后，将"东三省"和满洲故里等同的做法变得更常见，人们特别将其当作帝国政策的管辖区域（a jurisdiction for imperial policy）。1803 年，嘉庆帝宣布"东三省"是王朝的故乡，同时又明确地说乌拉"皆系满洲"；于是他命令当地人打猎以保持旧俗。[154] 在位期间，他多次将故乡和东三省视作一体，后继的道光帝也是如此。[155] 有很多案例显示，皇帝不过是在模仿地方将军们的用词。吉林将军富俊屡次利用吉林是"王朝故里"的理念为自己的政策辩护。[156] 例如他在 1816 年将盛京和吉林称为"满洲故里"，强调这两个地区因具有"淳风"而与众不同。[157] 1821 年，道光帝说吉林是"我朝根本重地"，而盛京、宁古塔与此相同。[158] 类似说法流传颇广。因治国才能广受赞誉的作家魏源（1794 年—1857 年）在《圣武记》（1842 年）这本有关清早期历史的标准史书中，将东三省视为"满洲根本重地"，并反复提及。[159] 通过《圣武记》等文献，这种帝国与学者共享的观念在 19 世纪广泛流行，它出现在很多官方文献汇编、地方志、游记和史书中。[160]

在某种程度上，这种新论述体系在 19 世纪的传播与蚌、人参的危机并行，而且反映了朝廷对汉人流民的关注、对满人汉化和沙俄扩张主义的焦虑。《清实录》中第一次将"东三省"和"满洲故地"联系在一起的记载可追溯至 1777 年，是关于当地汉人移民问题的。实际上，1800 年之后，这种反复出现的论述在阐明控制灾民流入东北的政策时变得越来越常见。[161]

而在其他方面，此种说法与涉及资源管理的问题密不可分。最早对保护吉林"淳朴"旧俗的呼吁就与对盗采人参的焦虑有关。对满洲故地以及自然物产的担心互相关联；帝国用一个方法对付两个问题。这些担心围绕着某些常见问题：腐败的官员、庸碌的旗人、盗采者。它们也引发人们对过往的一种特殊认知：满洲人起源于满洲地区，而不是那里的占领者；盗采是不正常的新生事物；满洲地区曾经是"淳朴"的。简单地说，在贸易繁荣时期，当珍珠和人参最初在这片土地上消失时，"淳朴"的满洲地区和满洲人的王国方随之出现。

本章小结

从蚌的角度看，这是个灾难时期。现在，野生淡水蚌已经濒临灭绝，为了维持当今的珍珠工业，淡水珍珠都来自养殖场而非大自然，这一点和人参、毛皮是一样的。而它们的消亡与当时其他很多物种有共通之处：夏威夷的檀木、东南亚的海龟、泛太平洋地区的毛皮动物。这些物种都在19世纪前半期遭遇了数量骤减的命运。

从清朝臣民的角度讲，这同样是个变革的时代。朝廷将保持珍珠生产视作自己统治的标尺；它将蚌的灭绝当成纪律涣散、道德滑坡和管理效率低下的标志。它授权给驻防将军，强化其监控地位，制定新的边疆管理制度。它一方面利用生态危机管束当地满洲人，另一方面又创造了一个更清晰明确的满洲地区。在这个过程中，它塑造了一种地域、族群和自然空间的新整合。对"盛京"的想象和对"东三省"的管辖开始重合，而我们依然管这个地区叫"满洲"。

第三章 蘑菇危机

19世纪20年代,市场对口蘑的需求量暴增,进而引发蒙古草原的采菇热潮。每到夏季,成百上千的汉人非法劳工越过边境参与夏收。地方政府的参奏开始出现:汉人没有获得贸易限票,却像当地的"主人"一样行事;他们还威胁到蒙古人的生活方式。他们在草原上到处挖坑、采掘野生蘑菇、砍光森林、捕杀旱獭和鱼类。若干案例显示,一旦地方政府试图将他们赶出草原,后者就用斧子和锄头反抗。最后,地方和地区当局无力控制局面,朝廷被迫将所有力量用在一项全面"肃清"计划上,即遣返无证汉人、调查与汉人勾结的蒙古人,进而将草原恢复到原始、永恒的状态。现在我们关注的就是这个采菇热潮的历史及其引发的戏剧性反应。

采菇大潮没有在历史上留下记录;这一事件被全然遗忘了。在某种程度上,学者对该问题缺乏关注尤其反映了汉文史料的缺失:总体而言,口蘑是一种消费者和文学关注的对象,而非繁荣的商业对象。不过,也有个别值得注意的例外。道光朝(1821年—1850年)的编年史《清宣宗实录》中有关于该热潮的一条记载。该记录见于道光九年十月,即公元1829年11月:[1]

> 又谕,伦布多尔济等奏:"民人刘德山等串通热河都统衙门书吏陈五,领有假票,在公索诺木达尔济雅旗分游牧处所私检口蘑,业经拿获审明"等语。民人刘德山胆敢贿嘱热河都统衙门书吏陈五领有假票,聚集百有余人,在蒙古地方支搭窝铺,私检口蘑,复又倚众拒逐,情殊可恶。著伦布多尔济等将为首要犯刘德山等数名拿交刑部,并著成格拿获书吏陈五解送刑部,严审定拟具奏。俟定案之

日,即将失察官员一并劾参。此次私检口蘑之民人,著伦布多尔济等概行逐出境外。伊等虽不致蔓延、另滋别故,亦不可听该蒙古等率意容留。嗣后蒙古地方,如有私检、口蘑盗砍树株之人,惟伦布多尔济等是问。

刑部是中央最高司法机关,根据制度,该部门负责处理各种无明确前例可循的案件;刑部之所以接手刘德山案,正是因为该案有特殊性。基于同样的原因,刑部的两名官员鲍书芸和祝庆祺在出版于1840年的《续增刑案汇览》中——这是一部流传甚广的刑部判例提要——将有关判决作为"成案"收入书中。在"盗田野谷麦"条目下,我们可以找到刘德山案件的判决摘要。该章收录的其他犯罪包括盗猎貂,盗采人参,非法采矿,从灌溉渠中偷水,在围场、圣山或满洲、蒙古边陲打猎。[2]①

我们或许会好奇为什么采菇会被等同于其他几种犯罪?为何朝廷关注采菇行为?为什么采菇在1829年突然成为一项攸关帝国利益的事务?如果没有进一步的信息,我们就无法理解《清宣宗实录》和《续增刑案汇览》的记载:和书中收录的所有高等司法衙门审判摘要一样,我们只能看到一件特别棘手的案件被有司用法律手段解决,但我们对其背景不甚了然。一如很多其他出现在边疆的现象,以上汉文文献对我们展开研究没有什么帮助。

答案只能在档案中寻找。在北京的第一历史档案馆、乌兰巴托的国家中央档案馆保存着有关刘德山案件和其他类似案件的卷宗,数量之大令人瞠目。这些档案的形成年代可上溯至1818年。有一份呈给皇帝的奏折,

---

① 《续增刑案汇览》卷6"盗田野麦谷"条下有"围场马甲偷打牲畜、盗卖预印文书聚众偷采蘑菇、关内禁地偷淘金砂、承种山地欠租复盗卖树木、偷窃塘鱼拒杀事主雇工、围场兵丁被贼拒毙请给赏恤、夹带亲友送给私参五钱、将折帐私参转卖、承票刨影射刨夫多名、刨夫将不堪入选之参私卖、为人治病受谢私参夹带进关、听从兄带回私参为父治病",与作者所述罪名有出入。

第三章 蘑菇危机 | 75

猞猁，即猞猁狲。Keith Williams 摄

内容是地方官的参奏、采菇人的供述、违法者登记,包括落网罪犯的本名、别名、原籍和采菇营地的位置。一些零散史料是汉文的,其中包括刘德山的口供;然而大多数文献都是满文或蒙古文的,它们所展示的画面细致翔实。没有这些记录,我们就无法重建蒙古地区的环境史,也难以理解那些已经公布的史料的意义。

与研究满洲地区的学者一样,关注清代蒙古边疆的历史学家通常从"封禁政策"的角度建构历史。然而在研究蒙古问题时,我们同样需要对这种叙述模式保持警惕。蒙古的行政体制和满洲地区一样复杂:有些人隶属盟旗,有些属于佛寺,其他人和朝廷保持特殊的、临时性的关系。政府根据不同地区制定了各异的入境管理措施。进入某些地区或在当地劳作,需要持有证件。其他地区则绝对禁止进入,包括圣山、围场、中俄边境,这些地区被划定为"禁地"(蒙:*caġajila-ġsan gajar*)。那么蒙古全境是如何在采菇大潮中被列为"禁地"的呢?本章将在刘德山与其他类似案件的辩护与供述中寻找答案:统而言之,这些案件为我们讲述了一种商品、一场危机和蒙古地区全新自然政治的故事。

第一罪:无证

我们需要从故事的行政管理背景入手,否则就无法理解清政府的回应或这种罪名的性质。

在蒙古地区采菇本身并不违法;然而无证前往蒙古地区是有罪的,像刘德山这样的人心里很清楚:一如《清宣宗实录》记载的,他害怕露出马脚,所以想尽办法伪造身份。1829 年,有鉴于木材、鹿茸等市场的蓬勃发展,以及由此引发的资源开发热潮,清廷已经针对进出外蒙古地区的行为详细制定了一系列复杂的制度。刘德山最后就是在那里落网的。

差不多在整个清朝,朝廷都在推行各种政策,以限制长城沿线地区的人员往来。这些制度不仅约束汉人,对蒙古人也是有效的:汉人不能进入蒙古地区；蒙古人也不能离开。[3] 大多数蒙古人甚至不能在没有证件的情况下离开本旗（满：*gūsa*；蒙：*qosiġun*）。[4] 蒙古人不但不能进入汉地，甚至在蒙古地区也不能自由旅行。反过来，这些旅行限制反映了某种社会准则，死板的界限决定了一个人在社会等级中的位置，以及他能否进入牧区。和平与繁荣时期莫不如是。[5] 蒙古贵族享有更多的行动自由；而他们的属民和奴隶就不是那么回事了。

在现实中，本地贵族群体是清朝在蒙古地区统治的骨架，而来自京城的满洲和其他族群官员在当地的存在感比较弱。例如，每个旗都由扎萨克管理，这是一种拥有头衔的世袭贵族；所有的扎萨克都是蒙古贵族的后裔，他们的血统来自喀尔喀的特殊家族。[6] 强化扎萨克的管理需要各旗之间常态化的协作，只有出现具有特殊意义或非常复杂的问题时，北京当局才会出手干涉。通常，旗的扎萨克之上是被称为盟长（蒙：*ciġulġan u daruġa*；满：*culgan i da*）的高等级贵族。后者管理省一级单位即部落。1725 年之后，在外蒙古共有四个部落：车臣汗部、土谢图汗部、三音诺颜部和扎萨克图汗部（扫 261 页二维码，见示意图 2）。在盟长之上是由北京任命的若干高级官僚，他们驻扎在库伦、恰克图、乌里雅苏台和科布多的城镇中。西部的最高长官是乌里雅苏台将军（满：*jiyanggiyūn*），东部的是库伦办事大臣（满：*hesei takūraha kuren de tefi baita icihiyara amban*；蒙：*jarliġ-iyar jaruġsan Küriyen-dur saġuju kereg sidkegci saiid*）。以上官员都属于八旗，任期三年。在库伦，谙班与一位蒙古高级官员共事，后者职位世袭，并且也被称为谙班。所以在库伦有两名高级谙班：一名是来自北京的八旗大臣，一名是选自当地蒙古盟旗的贵族。

在和平时期，将军和谙班不太插手旗内事务。蒙古贵族也很少干涉旗和部落的事务。在旗的内部，扎萨克负责征收赋税、主持法庭、与上级联络。相反，更高级的官员通常监督跨区域事务。例如自 1762 年设立，谙班衙门就承担起处理边疆关系、中俄贸易、维护驿道、与藏传佛教当局合作、监督汉商群体以及调停族群纠纷的责任。

疆域和管辖权的划分因此成为朝廷关注的核心问题。该问题进而促使朝廷绘制地图、在大地上竖立标志物以确定疆界，后者包括敖包（蒙：*obuġa*）和告示。[7] 它也让朝廷加强了管制：早在 1629 年，朝廷即禁止普通人进入旗界；1662 年，越界狩猎也被列为非法。从某种角度讲，强化疆域管理反映了朝廷对当地蒙古社会发展趋势的某种妥协：迁徙至他旗会削弱本扎萨克的权威（和税收基础）。然而这种针对迁徙的禁令在一定程度上也超越了阶层：到了 18 世纪，如果某位贵族想离开本旗或想去别的地区结婚，也必须得到朝廷代表的特殊许可。[8] 在清廷如何看待蒙古属民以及蒙古人如何看待自己的问题上，旗具有重要意义：此时清朝档案和文献根据原籍来界定汉人，盟旗对于蒙古人也有同样功能。[9] 不过，和所有边界一样，旗的边界通常又是漏洞百出、相互侵夺而难以维持的，并且展示着帝国保持社会稳定的野心和残酷的现实。

为了控制边疆并保证长治久安，朝廷逐渐推行了一套护照和证件制度。例如从 1720 年开始，只有持特殊证件的汉商才能前往库伦参与贸易活动。[10] 1727 年，朝廷为了强化对蒙汉、中俄贸易的监管，设立了包括张家口、归化城在内的五个检查站。[11] 此后，无证越境势头不减，违法者竭尽全力逃避打击——这证明清政府虽然有特别的控制权，但力量有限。新型犯罪出现了：伪造护照、变造限票，人们还在边境上掩盖自己的足迹。[12]

根据档案判断，朝廷似乎对某些越境行为的关注度尤其高。进入包括中俄边界、围场和圣山在内的敏感地区引发的关注更多。大群越境者也比独行侠更吸引朝廷的注意。例如 18 世纪末，朝圣团增多，乾隆帝于 1793 年下令超过 10 人的团体必须人人携带特别通行证；人数较少的朝圣团或单个香客提出申请，政府也会发给证件，但他们不会被刁难。[13] 朝圣者的证件只有一个用处：抵达目的地时，他们需要向当地衙门注册，离开前得申请返程许可。[14] 于是谙班们的记录就包括所有人员的姓名、等级、朝圣团规模和他们携带的武器数量。[15]

18世纪20年代出台的新制度说明,汉商是另一个需要被特别关注的对象。在18世纪末和19世纪初,随着蒙古盟旗内外商业蓬勃发展、商人和其他旅行者让主要商道活络起来,朝廷对汉商的戒心日深。[16]商业活动与朝廷推行的机构调整密切相关。特别是嘉庆帝(1796年—1819年在位)主导了与贸易制度有关的重要变革。1797年,刚刚登基的他放宽了针对汉商的禁令,允许他们去盟旗做生意。三年之后的1800年,他批准了一系列改革以整顿官员失察,并更好地管理贸易。从本质上讲,他的改革是将外蒙古一分为二:谙班负责监督东边两个部落(车臣汗部和土谢图汗部),将军统辖西边两个部落(三音诺颜部和扎萨克图汗部)。二者的辖区在地理上有了明确划分。

1800年出现了贸易制度的重大变革。这些改革需要更清晰、标准化的公文体系以便识别并监控所有进入外蒙古地区的商队。一如宣布设立新制度的上谕所说:[17]

> 前往库伦、恰克图、乌里雅苏台及喀尔喀四部之人,应遵行已领条例。嗣后著于各衙门颁给商人限票内将姓名、货物多少、启程日期注明。领有限票并钤印后,相应知照前往地方衙门。各项情节俱一律造册备案。

以上改革需要商人和帝国官员之间的长期合作。在理想情况下,要从库伦前往乌里雅苏台的商人应该提前六个月向库伦办事大臣衙门提交申请,领取钤盖谙班大印的空白限票;然后这些限票被送到商业监督衙门,由笔帖式签发给商人。[18]对于山西和北京的商人而言,他们的申请流程通常从归化城或张家口开始,商队首领需要把本人的姓名、商号、目的地、骆驼或牛车的数量、商品的种类和数量,以及商队里蒙汉成员的姓名、原籍注册在案,有时还包括他们的体貌特征等信息。然后,衙门签发一份限票,上面显示商人的逗留期限——或者一百天,或者二百天,或者一年,时间长短取决于商人的目的地。[19]

　　如果说限票能够促进商业，那么它也同样被政府用来识别商人、加强管理。限票本身是一封正式的信件，雕版印刷，蒙古文在左、汉文在右。在顶部印着"限票"（蒙：*quġucaġ-a temdegtü bicig*）。下面是用蒙古文写就的管理规定，包括不得进入禁区，以及政府对保护商队通行安全的承诺。这种文件都是格式化的：只有时间和领取人的姓名留白以待笔帖式填写。[20] 为了进一步管理每个商队的启程日期，政府规定商人们要在二十天的时间内离开城镇，否则限票就会失效。[21] 等他们抵达目的地之后，商队需要再次向当局打报告；最终返回时，还要上报，并将用过的限票缴回。[22] 在旅途中，各个部门互相提醒以监督商队的行动。那些没有在预定时间抵达目的地、向错误的衙门上报信息、抵达的人或商品和记录对不上号，或完全没有限票的商人都会被逮捕。

　　清政府保证为持有证件的商人在蒙古地区提供住处。这些地方虽然被隔离起来，但安全可靠。在每个主要商业中心——乌里雅苏台、恰克图和库伦——汉商必须居住在特殊的区域内，与周围的蒙古人隔开。在库伦，汉商有一个"买卖区"（满：*hūdai hashan*）；在乌里雅苏台，他们被限定在一个规模稍小的"买卖街"（满：*hūdai giya*）。[23] 他们理所应当地被与蒙古居民隔绝起来，二者的关系也是暂时的；例如，恰克图建立买卖区之后，朝廷禁止任何妇女在内居住。很明显，虽然大多数商人和商队劳工都是不带家属的单身汉，有些人年龄在10—12岁之间，不过还是有很多汉商娶了蒙古妇女为妻。[24]

　　类似的隔离和短期居住原则也指导着清朝对蒙古乡村的政策。例如，出于对识别、区隔流民问题的深切关注，政府监视贸易中心附近樵采的情况。从19世纪20年代开始，贸易膨胀、商业区扩大，所以恰克图和库伦对柴禾的需求与日俱增，于是对付不当获取燃料的新规定出台了：特别是汉人被抓到盗伐树木就会遭到严惩，包括肉刑或被兵丁押送遣返汉地。[25] 然而森林仍然吸引着汉人流民，地方性的盗伐为当局制造了一个困境：到底应该逮捕伐木者还是发给他们证件?

因为盗采之人的绝对数量太大,全数逮捕势必不能,故而清政府在很多时候通过颁发许可证对付他们。例如在 1828 年,在接报恰克图附近出现了大范围的砍伐森林情况后,谙班要求贸易监督调查所有在罗噶尔夏(Logar Hiya)附近的蒙汉流民。罗噶尔夏位于恰克图以南,流民在那里形成了一个伐木工群体。[26] 后来的报告显示,汉人承包商为他们提供资金,后者还建立了私人围场。谙班一开始下令将所有人逮捕归案,彻底摧毁围场,肃清(满:bolgo;蒙:argun)这一地区——一如我们所见,这项严格的要求旨在维持社会和环境秩序。[27] 然而很多流民拖家带口,有些人穷得没有牛车,无法返回原籍。[28] 当军队被证明无力——或不愿意——铲除流民时,当地的扎萨克那穆济勒多尔济(Namjildorji)同意让伐木流民在他的旗内扎营过冬。[29] 同时,他还要求将牵涉其中的"蒙古男妇"信息全部登记造册,包括姓名、年龄、家庭人数和原籍。他还认为应当设立警戒:不允许更多外来人潜入,无论"僧俗、男妇、蒙汉"。[30] 那穆济勒多尔济随即将人口调查呈交谙班衙门,后者再奏报给北京的皇帝。

在其他案例中,当局的手法就不那么有弹性了。位于布尔河(Buur River)南岸、恰克图西南方,距离罗噶尔夏不远的巴彦布拉克(蒙:Bayanbulag),活跃着一个由 14 人组成的伐木流民群体。这次被发现的盗采者是汉人,并与"蒙古妇女混居"。特别是考虑到这个地区邻近中俄边界,大臣在奏报中说:"该处不应有如此众多……蒙汉贩卖柴炭之人"。经过一番调查,朝廷认为他们的营地非常不安定,而且当地还有多种其他燃料可供使用,他们提供的柴禾是无关紧要的。于是当局追捕并拿获了所有人,将他们永远驱逐出去。[31]

清政府同样严惩在库伦附近围场生活的伐木流民;当地也全面禁止砍伐。[32] 根据规定,所有进入库伦的木材都要证明并非采自禁地。然而盗伐现象仍然在 19 世纪 20 年代增加了。在一起丑闻中,谙班衙门的中层官员彭楚克多尔济(Pungcukdorji)为了增加当地税收并从中渔利,亲自向伐木者颁发前往指定区域的限票；一年半之后，他计划将所有伐木工驱逐出去，并且"肃清该地"。[33] 事发在 1830 年春，伐木工在围场"砍毁"（满：sacime gasihiyabuha）了 2300 车树木。东窗事发之后，朝廷惩罚了彭楚克多尔济，并将所有涉案的兵丁鞭四十；该案中，保护围场比任何事情都重要。[34]

在其他管辖区，面对不同的人群，当局的态度更为开放。例如，19 世纪初期鹿茸贸易量激增，清政府开始要求库伦地区所有相关交易必须有文书。以重量计算，这种中药药材是蒙古地区最有价值的物产；1841 年，一对大鹿茸价值 180 份砖茶——这些茶可以装满商队的 35 辆牛车。[35] 随着猎户纷纷利用鹿茸贸易获利，盗猎案件开始在封禁的围场和宗教圣地出现。早在 1820 年，朝廷下令所有鹿茸贸易必须在库伦的衙门登记。[36] 上谕如下：[37]

> 各蒙古前来库伦贸易，如有售卖鹿角情节，即由该汉人买主带往商民事务衙门注册，每月报闻库伦办事大臣。著严饬各该商号一体遵行。

于是，当局让所有"前来贸易"的蒙古人了解新规定，而旗和贸易监督衙门有责任将规定落到实处。[38]

由此产生的汗牛充栋的文献为我们提供了这个时期商业生活异常生动的画面，同时又让我们强烈地感受到文献的局限性。例如，政府的公文总是假定市场上应当只有"蒙古商贩"（满：uncaha monggoso）和"民人买主"（满：udaha irgese）。[39] 然而从档案可以清楚地看到，市场和族群身份的区别并非如此判然。满文或汉文的记录开列了买家的姓名、商号、买家、卖家所属的旗或鄂托克（如果他们属于寺庙）、交易日期、出售鹿角架数、价格（以砖茶计算）、捕猎地点、为以上信息提供担保之人的姓名。[40] 虽然数据很多，但商品交易链通常是模糊不清的。1826 年，谙班衙门在奏折中承认，捕鹿的人和在库伦卖鹿角的人总是不一样的；而中间商卖鹿角的时候，也对真实产地缺乏了解。这样，谙班们就不能保证登记注册制度真的能够有效地打击盗猎活动。[41]

该制度的局限性很强，因此到19世纪初，清廷开始越来越对监视、控制跨境贸易、移民和外蒙古地区的高价值商品感兴趣。朝廷仍然维持边境和隔离的原则，在中俄边界、圣山和军事围场等"禁地"尤其如此。它还试图利用一系列技术手段强化统治，例如全面禁止盗猎和非法入境、日益加强限票制度。[42] 如果想完全合法，那么越境贸易和前往蒙古地区旅行都需要持有证件。

蘑菇贸易

就在19世纪20年代贸易发展、政府以新管理手段介入商业，公文制度覆盖了全部贸易时，采菇人刘德山登场了。根据《清宣宗实录》记载，他知道无证前往蒙古是违法的，所以弄了一份假证件以逃避检查。蒙古国家中央档案馆保存着他的供述和其他相关档案，我们可以借此更全面地了解他的犯罪生活以及最终让他走向毁灭的蘑菇黑市贸易。

刘德山出生在山东省招远县，因娶妻无望，离开山东北行，最后抵达直隶的赤峰。赤峰是一个位于草原南部边缘、大兴安岭正南的穷乡僻壤。[43] 几十年以来，这个地区吸引着和刘德山一样来自直隶、山西、河南以及山东的无告之民加入蘑菇贸易。[44] 当了几年采菇人之后，刘德山打算组织自己的采菇队，遂于1824年和陈五搭上了线，后者是一名来自山东的书吏，在附近的朝阳地方衙门任职。陈五后来供认（在刑讯之下）朝阳县的财政紧张，他所在的衙门已经一年没发薪俸了。于是他同意给刘德山提供空白限票，而且先盖上知县的官印，代价是每张收银1两。刘德山一看机会来了，就找到一个帮手，募集足够资金购买了17张公文；他想尽可能多地买空白文件。他们在每张文件上伪造了帝国的法令，而且用的是皇帝的朱红色墨:"许该人等前往车臣汗部左翼前旗采菇以充贡品。"

最后,刘德山雇了一名蒙古喇嘛,让他把上面的汉文译成蒙古文,这样就让假文件看起来更逼真。[45] 在接下来的四年里,刘德山顺利进入蒙古地区,从来都没有露出破绽。似乎清朝有力量激发人们造假、创造一个买卖官方文件的市场,却无力在一开始就阻止像刘德山这样的人进入蒙古地区。

刘德山完全不是孤军奋战:赤峰的蘑菇贸易相当繁荣。每年的初夏雨季过后,采菇人启程前往大兴安岭的丘陵地带采蘑菇。一夜暴富的传奇故事到处流传:有人遇到由很多白色蘑菇组成的巨大圆圈,这些蘑菇茎上长着四五英寸的"菌帽"。这些幸运的人发财了;这就和中彩票一样。一名采菇人通常能从一个"仙女圈"(我们在英语中称之为 fairy ring)① 采集到三四斤鲜蘑菇,但运气好的人一次就会收获六七斤或五磅。干燥处理之后,蘑菇会损失 3/4 的重量,但即便出售一小部分也可获得很高收益:仅仅 1 磅特定品种的蘑菇就意味着发财。[46]

买卖口蘑比在深山老林采菇更危险,但也更有利可图。我们只能推测当时采菇人究竟采摘的是何品种。在清代满蒙文档案中,它们仅被称为"蘑菇"(蒙:*mögü*;满:*sence*),汉文文献又特别翻译成"口蘑"。反过来,虽然近期的真菌学爱好者和电商做出了不少努力,但"口蘑"这一名称还是不能对应任何现代的蘑菇品种。我们可以依据档案推测,采菇人要找的蘑菇在夏末和秋季长势茂盛;可食用,色白;在大兴安岭以西,特别是在泉水流入草原之处最多。有两种真菌最符合以上描述,采菇人或许将二者都称作"口蘑":蒙古口蘑(*Tricholoma mongolicum Imai*)和四孢蘑菇(*Agaricus campestris*)。

这两种蘑菇有很多共同之处。它们都是白色,都可食用,都在夏末的蒙古草原大量繁殖,都有圈形根结构(circular-shaped root structures),所以

---

① "仙女环"是菌类在草地上形成的环状分布,因欧洲民间传说是仙女跳舞形成,故名。

能够形成直径达 10 米的仙女环——这是一个大帐篷的尺寸。在受过训练的采菇人眼中，这两种蘑菇是有区别的：蒙古口蘑肥厚而且是球状的，而四孢蘑菇腰部纤细一些，但边缘宽，菌盖像墨西哥宽边帽（sombrero）；这两种蘑菇与当地其他食用菇的外观有显著区别。[47] 现在，濒临灭绝的蒙古口蘑已经在蒙古国得到了保护。[48] 它是松茸（*Tricholoma matsutake*）的近亲，肉质饱满、口感好、有很强烈的气味。乌兰巴托附近的乡村居民用两三天的时间将蘑菇风干，再用黄油烤熟后吃掉，或放入羊肉汤，作为退烧药。[49] 这些蘑菇数量稀少，且没有得到足够的研究，直到 1937 年才被北海道帝国大学的真菌学家今井三子（Imai Sanshi）和南满铁道株式会社农业试验站的一名顾问单独划为一个品种，命名为"白蘑菇"。[50] 相比之下，四孢蘑菇只要有马粪就能大量繁殖，因此在世界范围内比较常见，从草原牧场到前现代工业城市的街道上都能见到。它和双孢菇（*Agaricus bisporus*）是近亲，到 20 世纪 20 年代双孢菇养殖普及之后，这种蘑菇就统治了欧洲和北美市场。

这两种蘑菇生长在大兴安岭山脉西北的草原上。在现代蒙古国东端的西部平缓山麓上仍然保留着森林和草原的混合生态系统。小溪与河流交织的地貌仿佛一个十字架，这里有种类繁多的植物、动物和真菌，包括上百万只蒙古瞪羚（zeren），它们现在依然成群结队地在草原上迁徙。此外还有驼鹿、猎隼、鹤、金莺以及大鸨等仅见于此地的珍稀物种。[51] 夏季的草原是适宜人类居住的：即便没有牲畜，那里也有丰富的野生动物。泉水和河流中到处都是西伯利亚鲑鱼（Siberian salmon）和满洲鳟鱼（Manchurian trout），它们的重量能达到 90 磅。水边柳树成行，松树和桦树覆盖着分水岭，所以获取薪材并不困难：人们可以利用强壮的牛把木材运输到汉地，虽然前往这个地区会遇到很多困难。即便到了现在，蚊子也能把动物和人叮得浑身是包，给旅行带来不适。[52] 此外，采菇人只能借助畜力才能完成距离惊人的长途旅行：赤峰与北面的旗相距 325 英里。步行或坐牛车翻山越岭需要一个月。而到了冬季，旅途更是非常艰苦，温度会降至零下 47

摄氏度。[53] 没有哪个采菇人准备在这里待上一年；他们通常在夏天 6 月或秋初 7 月从赤峰出发，然后在秋季结冰期来临之前离开。

一旦抵达蒙古，采菇人就分散成 8—12 人的小队，他们会选择一个地方作为营地，建造茅草房和小木屋，中间是让篝火保持燃烧的地穴（蒙：*nüken ger*）。[54] 根据 1827 年的一份登记，当时完成旅行的 772 名采菇人分成 81 个营地，多数都有一个头领和地穴建筑，有些营地有 2 个头目。当年，他们在左翼前旗选定了 31 个地点。尽管大多数地方只活跃着一到二三个小组——在德勒格尔河（Delger River）、哈丹台（Qadantai）、布彦河（Buyan River）源头之间有 28 个营地；仅仅德勒格尔河一地，在 30 平方英里的区域中就有 146 人，平均 1/5 平方英里 1 个人。[55]

营地中的人（清一色的男性）都出身社会底层。[56] 他们是边疆地区的第一代移民；来自山西、山东、直隶南部以及河南。他们都是穷人：档案称他们"无产"。前往蒙古地区最少需要走 3 个月，所以为了凑足路费，他们从当地放债人那里借粮食和其他物资，后者同样是移民。因为很多人缺乏经验且需要帮助，所以还得雇佣有经验的行家：从事贸易多年、熟悉当地情况、会讲蒙古语之人。反过来，向导收取的固定报酬是蘑菇，他们的任务是在雇主与当地蒙古人交易时为前者减少麻烦。大多数向导是长者：有些人四十多岁，另外有些六七十岁，皆已在蒙古地区生活、工作数十年。

于 1828 年落网的向导张正伦（Zhang Zhenglun，音译）是有代表性的：被捕时已经 73 岁的他采了四十年蘑菇。成为采菇人之前，他在商队中当了十年劳工。此后他长期生活于当地盟旗。一位审讯员记录下他的供述："小的们因在扎萨克公旗内谋生有年，故认得人多，亦知道路，小的还懂蒙古语。"[57] 实际上没什么人知道他叫张正伦；在当地，他用的是一个蒙古名，海三岱（Haisandai）。1826 年之后，已经年迈不能再采菇的他仍然前往营地，照料采菇人的牛，酬劳是每头牛收取一罐米。更重要的是，一旦汉人和蒙古人发生争执，他就会"为伊等说和了事"（满：*ceni* funde gisurceme waciyaha)。凭借此种服务，到了收获季，他可以从每名采菇人处获得三四两蘑菇。这是一笔不低的费用：根据年景，这个数量是单个采菇人收获量的 10%——30%。虽然佣金不菲，但鉴于汉人和当地蒙古人的"纠纷"非常普遍，故此他的服务是不可或缺的。地方官怀疑当地牧民，特别是穷人收取了封口费。没有这些人居中调停，这个贸易体系就会分崩离析。

对于采菇人而言，他们只是将草原和北京买家串联在一起的复杂贸易链中的一枚齿轮。根据张正伦估计，一名采菇人在荒年可以收获 5000 斤——6000 斤蘑菇，丰年可达到 7000 斤——8000 斤。但另一位向导许万宗（绰号"许喇嘛"）估计他营地的采菇人人均收获 10 斤——20 斤，最多 30 斤。二者所述差别很大。收获季结束，付清向导的佣金和之前的欠债，他们就把剩下的蘑菇卖给牛栏山乡下的批发商，后者再贩运至北京的 4 家专营店。这 4 家店位于满城与汉城交界的繁华区域：正阳门外的大杰汇珍（Great Jiehuizhen，音译）；崇文门外的德裕（Deyu，音译）、锡泰（Xitai，音译）、隆盛（Longsheng，音译）。[58] 蒙古口蘑通过这些商店进入北京的消费世界。蘑菇至少会转手 4 次：蘑菇由采菇人交给营地头目和投资人，再卖给批发商、带到北京的商铺、出售给消费者。

买家可以在商铺里买完整的蘑菇，规格有大有小，也可以买已经切好片的。[59] 蘑菇做成菜，有"口蘑烧肉块""口蘑烩鸡块""口蘑飞龙汤"等。[60] 究竟被切片还是切丁取决于菌帽的大小和形状；或烤、或炖、或煮。[61] 18 世纪后期，整个中国的精英都在寻找口蘑。对口蘑的推崇来自袁枚（1716 年——1798 年），他或许是当时最有影响力的诗人和文学批评家。他的美食指南《随园食单》（出版于 1792 年）——一部仅仅为推荐昂贵食材撰写的著作——主张只有一小部分食材适合君子食用。袁枚认为应将口蘑这种戈壁珍宝置于一切美味之上：做汤或爆炒之后味道绝佳，和鸡腿是绝配。[62] 其他人也同意这种看法，其市场因而繁荣。

蘑菇贸易是大买卖。每采 1 斤蘑菇（清代的 1 斤约 0.609 千克），采菇人能挣 7 钱到 1 两 2 钱银。如果一年的收获量达到 8000 斤，仅从批发商那里产生的利润就能达到 9000 两银子，这是一笔巨款：北京的低级旗人一个月收入 4 两银，普通人一年的收入通常是可怜的 10 两—14 两。[63] 因为蘑菇每斤至少卖 1 两 2 钱银，我们可以估计只有像袁枚那样的富裕消费者才能买得起；极少有人能经常买来吃。[64] 实际上，在 18 世纪末，北京的商税衙门做出的估价是每斤蘑菇与一件新貂裘具有相同的税收价值。[65] 虽税费高昂，然而出售蘑菇的动力巨大。采菇行为被定为非法，1818 年之后随着采菇带来的环境后果日益严重，采菇成为朝廷首要关注的对象，从事这种贸易也日益危险。

控制采菇浪潮：1818 年—1829 年

或许对于采菇人而言，蒙古的左翼前旗是最危险的地区，同时也最受采菇人欢迎。向导张正伦的供词显示，采菇人在当地扎根很深，同时有证据显示，早在 1759 年就已经有汉族工人在该旗活动。当时他们由于过失引发大火，把附近的帝国围场化为灰烬，遂被外界所知。[66] 我们仅仅是因为这场大火才知道他们的存在；采菇人本身没有被更高级的行政机构注意的理由。在左翼前旗，扎萨克似乎既不过分焦虑，也不急于将上级官员牵扯进来，实际上在蒙古地区扎萨克说了算。朝廷需要遇到极其特殊的情况才会介入。[67]

正是在 1818 年，草原上的采菇形成燎原之势。这一年，扎萨克达什格楞（Dasigeleng）向顶头上司盟长阿尔塔什达（Artasida）报告称，一群非法采菇人如奔流一般涌入他的辖区，导致局面失控。[68] 这些人扰乱了草原生活：他们"肆意挖洞伐木、搭设帐篷、种菜捕鱼、驱赶蒙古羊马牲畜"。结果就是这些采菇人"占居"（满：*ejeleme tefi*）旗内草场。[69] 这个警报让清政府开始在蒙古地区采取行动：阿尔塔什达将报告递交库伦的谙班们，后者又报给北京。所有人都同意在整个部落的范围内征召蒙古旗兵，并在夏末派遣骑兵队向移民的据点进发。在盟和旗的联合指挥下，蒙古士兵包围了采菇人，拆毁他们的窝铺，将所有违法人员注册在案：442人来自赤峰，28人来自多伦诺尔，42人来自热河。他们将名册交到库伦，后者再递交北京的理藩院和朝廷，后者还警告了直隶总督以及采菇人原籍的地方官。[70]尘埃落定之后，当局逮捕首恶，发现达什格楞有失察之罪，于是开始调查是否有蒙古牧民暗中庇护汉人流民，结果什么也没发现，接下来的3年再也没有任何有关此地采菇人的报告了。[71]

然而1820年达什格楞去世，1822年，索诺木达尔札（Sonomdarjya）继承了扎萨克头衔。[72]他上任的第一个夏天就报告称有超过1200名非法采菇人来到该旗，他拒绝无视这个问题：蒙古人和汉人流民开始出现"纠纷"，而流民们不遵守法律、"自行其是"（蒙：*jorig-iyar*）：[73]

> 民人来者逾一千二百名，共建小帐篷一百三十顶，并掘洞盖屋，复种菜、捉旱獭、采菇，占据草场，驱走蒙古牲畜。

这些采菇人都没有进入该旗的许可证。他们是乞丐、流民：生活在直隶北部边界的"无产"之人，"原籍俱非本省"。报告暗示前任扎萨克隐瞒了问题，以致事态恶化。目前采菇人的绝对数量已经损害了土地及当地居民，该旗需要帮助。索诺木达尔札强调这些采菇人没有证件，并且逐字引述了原乌里雅苏台将军于1805年发布的措辞严厉的文件："喀尔喀四部原无汉人任意往来，亦无专条惩治游堕。"他提出，采菇仅仅是其"游荡借口"并且"大干法纪"；蒙古人不会包庇任何采菇人。蒙古骑兵于1822年将索诺木达尔札的报告送至阿尔塔什达的盟旗衙门、库伦办事大臣衙门，后者加上谴责批语上报北京。[74]朝廷再一次批准了征兵计划。于是到了秋天，兵丁摧毁帐篷、将采菇人登记之后遣返。

此后，直到1829年刘德山落网，谙班和朝廷每年都会收到有关当地非法采菇的报告。一到夏天，采菇人卷土重来，人数较去年不变或更多，他们完全不受政府限令的影响。官僚机构没有履行职责：是军队不能完成任务？是当局隐瞒事实？还是大家都心照不宣地参与腐败？根据报告，1825 年夏初已经有超过 700 名采菇人抵达索诺木达尔扎旗，阿尔塔什达不得不调查出一个结果。于是他派贝勒索诺木多布沁（Sonomdobcin）作为特殊代表（报告说这是一位"有能、温和，谙熟此等公务之员"）召集更多预备队、协调军事行动，并对当地进行监控。此后，旗和盟的现场报告经过谙班的比对之后送抵北京。[75]

然而情况并未好转。例如在 1825 年夏，索诺木多布沁与采菇人达成协议：只要后者同意接受政府注册管理，就可以完成接下来的采集工作；他们要么在阴历八月初一（公历 9 月 12 日）前离开，要么就等着被抓。[76] 这个计划似乎有效：到了截止日期，只有 2 个采菇队的 13 人滞留未离开。当局对他们毫不手软；他们以采菇为"借口"，"游荡偷盗"，引诱蒙古人"雇佣"他们并互相勾结。[77] 根据谙班的命令，盟旗当局需要"肃清该旗"。[78] 然而正当这 13 名流民被包围之时，一个由 393 人组成的更大规模的采菇队在被押解通过旗界时发动了小规模暴动，他们赶走了蒙古卫兵，在旗南部的山区搭建了过冬营地。[79] 索诺木多布沁提议可以等他们自行离开，因为他估计这些人熬不过冬天；采菇人被限制在崎岖的布彦河地区，这是位于大兴安岭山脉边缘的一片"荒原"，"蒙古人并未在此放牧"。[80]

不过什么问题都没有解决。来年春天，更多的采菇人"蜂拥而至"，导致谙班们从库伦派遣另一位特别代表——当地满洲官员副都统倭僧额（Weisengge）。他与当地盟、旗合作，亲自统领 60 名士兵摧毁了采菇人的地穴和窝铺，将非法移民遣送出境。1826 年的事件最终和 1825 年一样：采菇人于 7 月（阴历六月）抵达，当局于阴历九月将他们的信息登记在案之后，把其中大多数人赶走。在围捕中，采菇人进行了抗议。在其中一个营地，被称为"海三岱"的张正伦力图通过谈判获得政府的宽仁，但爆发了口角，在混乱中有人"殴官致成轻伤"。[81]

1828 年，索诺木达尔扎报称有另一"大群"采菇人自赤峰涌来，盟长阿尔塔什达亲自前往现场。[82]然而,采菇人再次向当局证明他们是很难被控制住的。第一波采菇人有 300 人。面对政府时,把头许万宗和丁玉连拒绝离开,还要求当局允许他们完成这一季的采菇工作。[83]旗当局态度坚决,于是发生了暴力冲突。根据一名兵丁的证词,采菇人开始"全说汉话",手持短斧和锄头向他们冲来。蒙古兵丁遭到压制后被迫撤退,在混乱中损失了 4 匹马。不过采菇人的胜利为时不久。很快,获得增援的蒙古士兵卷土重来,不但扫荡了营地,还用暴雨般的棍棒驱散了采菇人。后者向南逃入山林,蒙古骑兵依次清理窝铺,摧毁营地,"肃清蒙古草地"。[84]

搜捕行动持续到秋季。政府最想抓获的是把头许万宗和丁玉连。蒙古骑兵最先发现了许万宗采菇队的踪迹,经过一番打斗成功地将其抓获;丁玉连及其手下也旋即落网。[85]许万宗被判枷号三个月、杖一百,然后遣返赤峰。[86]不过,令人惊讶的是,他在押解途中再次脱逃。许万宗和丁玉连于 1829 年返回蒙古重操旧业。[87]刘德山于 1828 年登场,他吸取了最初遭到突袭的教训,并且在暴力出现之前成功越过边界。[88]第二年夏天,他依旧勇敢面对逮捕,并且重返蒙古。他后来供认自己渴望工作,采菇是他唯一的希望:城内"并无别项买卖"。

1829 年,受到暴力冲突的影响,蒙古士兵几乎是一见到采菇人就立即采取行动。采菇人被证明是顽梗不化的,刘德山等人用石头、菜刀、锄头和木棒反击。经过两个月的突袭和围捕,盟当局报告称几乎所有采菇人都在 9 月 19 日登记遣返。[89]他们记下每起暴力事件发生的地点、每名工人的姓名和籍贯。如果他们仅仅是工人而非头目,就会被遣返赤峰,并免于进一步处分。[90]包括刘德山在内的头目就成了替罪羊。1829 年,11 名头目被武装押解至北京,接受刑部审判(见表 3-1)。在帝国都城,这些遭到刑囚的人对各自的罪行供认不讳。

表 3-1　1829 年逮捕的采菇主犯①

姓名	年龄	手下工人数量	出生地
李登魁（Li Dengkui）	46	13	河南
李登力（Li Dengli）	49	7	河南
冯祥（Feng Xiang）	45	7	山西
沈成林（Shen Chenglin）	49	6	河南
戴林（Dai Lin）	不详	4	河南
傅万（Fu Wan）	不详	9	河南
翟老三（Zhai Laosan）	不详	11	山西
何老三（He Laosan）	不详	11	山西
邢万（Xing Wan）	不详	7	直隶
宋端（Song Duan）	不详	3	直隶
邢孟儿（Xing Menger）	不详	7	直隶

这一年的 12 月，道光帝谴责非法采菇的行为"情殊可恶"（满：*jaci ubiyada*），并发布了一道上谕。这道上谕收入传诸后世的《清宣宗实录》，相关的主管官员因失察、不称职遭到革职。陈五被责令上缴非法获取的 70 两银子，并被杖一百，加一等发附近充军，许万宗杖七十、徒一年半，[91] 刘德山杖一百、徒三年。1830 年 2 月 14 日，皇帝批准了有关判决，所有惩罚都得到了执行。[92]

该案的裁定耗时数月。拖延的部分原因在于法官对相关事务不熟悉：无证往来是非法的，但 1830 年时还没有专门针对非法采菇的判例。根据法律，所有需要进行"比照"的案件都要由刑部审核。[93] 尽管没有专门

---

① 表中人名均为音译。

的律条，但刑部找到了"在口外刨挖黄芪"的禁例。如果采黄芪之人数量不足十名，则首领杖一百、徒一年；多于十人则刺字，处分也更重：杖刑之后发遣伊犁三年。根据成例的逻辑，朝廷对许万宗采取了相对较轻的处罚：他的小队人数不超过十名。刑部"比照""私入围场（满：*aba hoihan*）盗采蘑菇"之例给刘德山定罪。在此类案件中，初犯之人枷号一个月，再犯枷号两个月。[94] 因为都是累犯，所有落网者都被判处枷号两个月。[95] 这样就形成了一条新判例：在蒙古无证采菇是有罪的，针对组织者和惯犯有量刑区别的处罚也出台了。

或许通过深思熟虑，我们会认为黄芪和蘑菇有可比性。然而幅员辽阔、复杂多样的蒙古地区怎么能等同于帝国的围场呢？在回答这个问题前，可能需要解决一个更基础性的问题：从根本上讲，采菇本身究竟有什么问题？刘德山案件中最惊人的张力在于其新奇性与普遍性。尽管1829年的案件无前例可循，这种犯罪也是新出现的，但采菇本身不是新生事物。刘德山在爆发冲突的1828年之前就到了蒙古地区，他在当地工作不晚于1824年，就在那一年他开始与陈五合作。实际上，在刘德山被发遣之前10年，皇帝和理藩院就从该旗收到过存在采菇人的报告。当时的报告称，最晚到1759年工人酿成火灾时，采菇人就已出现。那么为什么采菇后来会变成帝国境内的一项犯罪行为呢？

帝国回应的本质

正是在索诺木达尔扎旗的冲突变得棘手且越来越暴力的情况下，清廷对采菇事业逐渐产生了关注。最初，采菇仅仅是一种地方现象；直到1818年，扎萨克达什格楞还一直捂着盖子。1822年之后，盟当局通过特别代表接管此事。1825年，盟长阿尔塔什达派遣"有能、温和、谙熟此等公务"的贝勒索诺木多布沁前往调查；1826年，他又增派了二把手垂忠扎布（Coijunjab）。1826年之后，谙班们采取主动并且派遣了自己的代表即满洲官员副都统倭僧额。1828 年和 1829 年，阿尔塔什达亲自前往该旗。1829 年，刑部和朝廷接手案件并将该案作为成例，也就是在这个阶段，该案被收录进《清宣宗实录》和《续增刑案汇览》。在 11 年的时间里，这种现象从十足的地方问题扩展到具有一定重要性的区域问题，再从最重要的地方事务上升为帝国层面的危机。

根据档案的记载，随着政府日益卷入采菇事业，蘑菇的命运和黄芪一样了。采菇活动在档案中出现的次数越来越多，说明刑部逐渐把采菇和非法越境区别开，并将其单独作为一种罪名。清廷不需要专门的成例就可以逮捕采菇人；没有证件本身就已经触犯了法律。1822 年，扎萨克索诺木达尔扎在参奏时将这些人的"采菇"行为与捕猎旱獭、打渔、种菜、建避难所和伐木并列；没有证据显示采菇导致了以上或更糟糕的现象。在清代满蒙文档案中，"采菇"一词总是被用来修饰那些棘手的问题："占据"（满：*ejelembi*）蒙古草原和草场，赶走牲畜，没有合法证件进入蒙古地区。这三个问题中第一个是对政治秩序的威胁，第二个关乎经济繁荣，最后一个是逮捕和驱逐流民的基础。1822 年，索诺木达尔扎援引了 1805 年有关无证前往蒙古地区的奏折，并以此为关键例证："喀尔喀四部原无汉人任意往来，亦无条例惩治游惰。"[96] 1825 年和 1826 年，官员引用了同样的例子。简而言之，光是越境就已经违法了。

然而从 1825 年开始，档案日益将采菇本身当做一个问题。某份文件显示"采菇、伐木更与例不合"（满：*ele kooli de acanarakū*）。在这些句子中，"采菇"不再与打猎捕鱼等导致汉人"占据"蒙古草原的问题画等号；采菇是原因，旱獭和鱼类被过度捕猎是结果。到 1826 年，谙班们从库伦派遣特使之时，管理采菇已经成为清政府的"要务"（满：*oyonggo baita*）。[97] 与此类似，当谙班衙门在每份档案封面上用满文写下一句摘要时，他们将这个问题简化为"前来采菇民人"（满：*sence tunggiyeme jihe irgese*）。1827 年以后，随着汉人的抵抗日趋激烈，档案坚持使用"不肖"（满：*dursuki akū*）一词来修饰"采菇民人"，当局下令"采菇、伐木、占据蒙古地方著永远严禁"。[98] 在皇帝发布上谕三年之前，采菇已经成了一种特殊的罪行。

采菇有什么危害？随着政府干涉日多，答案也有变化。达什格楞在 1818 年递交的报告中强调汉人"占据蒙古牧场"。对谙班们而言，让他们焦虑的是"口角争端"、腐败无能的盟旗官员、蒙古人生计恶化、蒙汉不适当的"杂居"、蒙古属民庇护罪犯的可能性。他们还警告，蒙古靠近敏感的中俄边界，这里有特殊战略利益。[99] 当政府介入达到高潮，蒙古与中央的关系也因此蒙上了阴影。一如索诺木达尔扎证明的，"若汉人穷民渐占（满：*ejeleme*）蒙古草原，毁蒙古风俗，实与圣主（满：*enduringge ejen*）体恤蒙古奴仆之仁不符"。[100] 采取行动不仅仅因为索诺木达尔扎或蒙古人与当地有特殊的关系，而是因为这是皇帝的基本责任。

"采菇"成为一种犯罪，爆发冲突的风险加剧，帝国仍然试图通过控制人口来解决问题；没有证据证明政府操心那里的植物、动物和真菌。边界管理应当加强；喀尔喀"游牧"（蒙：*nutuġ*）和旗的"游牧边界"（蒙：*nutuġ un jiqa*）是不可侵犯的。国家的抱负是解决全部问题。一如档案一直命令的那样，"不得一人越界"（蒙：*nutuġ-un jiq-a-yi nigecu kümü-i dabuġulju oroġulqu ügei bolaġ-a*）。[101] 政府的巡查集中在采菇季节，主要的目标是采菇人频繁通过的道路，而非边界，不过朝廷希望蒙古骑兵"不时巡查"（蒙：*caġ ügei caġdan baicaġaju*），执行任务"至为彻底"（蒙：*masi kinan naribcilan*）。[102] 扫荡过后，那里应当"略无遗留"（蒙：*nigcu üldegdel ügei*），不能留下采菇人的任何痕迹。[103] 他们遣返所有人，摧毁全部窝铺。

清政府通过以上举措保护盟旗的蒙古特性及当地的属民。一如道光帝在有关刘德山案件的最终声明中所说，采菇人是"可恶"的。这项生计招徕了最恶劣的人，还吸引着流氓地痞。移民采菇人的特点变得越来越可疑。早期档案说他们"私自"（蒙：*joriġ-iyar*）行事。后来的用词就比较强硬了：例如汉人"粗野已极"（蒙：*oġtu ajiraqu ügei*）（从 1826 年开始流行），"鲁莽"和"盲目"（1828 年后普及），或"狡黠"（1830 年代开始通用）。[104]

尽管官员们将有关土地的法律向采菇人"反复开导",但遭到后者的无视。[105]所有的行动都产生自一种简单化了的观念——汉人"私自"来蒙古,"私自"采菇等等。[106]

然而蒙古人也日益"私自"行事。阿尔塔什达于是表达了自己的忧虑,蒙古人秘密"庇护"(蒙:qorgudaqu)汉人。[107]在他于1822年写的第一份参奏中,索诺木达尔扎同样警告道,"所属蒙古"的"习俗"正在受到威胁:有些蒙古人通过暗中帮助汉人流民获利。[108]优秀的蒙古人维持着牧民淳朴的生活方式;而部分蒙古人行事"盲目""冲动",而且和汉人一样只知道"逐利"。[109]"贫穷"蒙古人最危险;他们从蘑菇贸易中获利最丰。[110]解决方法是加强"管束"(蒙:cingdalaqu)。[111]官员们同样受到怀疑:扎萨克达什格楞隐瞒问题,他的继承人索诺木达尔扎看起来不能胜任,盟的官员也不值得信赖。只有更强的官僚纪律才能让蒙古人走上正轨。

如此一来,政府在蘑菇危机时期的介入就符合帝国的意识形态。在理想状态下,蒙古臣民理应是淳朴的牧民。他们不应该表现得"盲目"或"冲动";蒙古的幸福以节俭为基础。在此方面,蒙古人和满洲人没有区别,对于后者而言,朴素也是一种专属的美德:勤俭维持着八旗。1727年,雍正帝针对满洲人沉溺于市场这一现象提出:"本朝满洲素性淳朴。"[112]道光时期的文献阐明,和满洲人一样,"蒙古赋性淳朴"。[113]然而皇帝很早之前就提醒道,他们原本的品行是容易被腐蚀的,用康熙帝的话说就是"惟蒙古之性易于煽惑"。[114]

反过来,堕落总是暗示着某种时代变迁。在采菇的例子中,如果当前的蒙古人是腐败的,那么人们就推测此前他们是纯洁的;倘若采菇是一个问题,则这种现象应当属于新生事物。蒙古当局坚持将索诺木达尔扎旗的汉人说成是新近从外地前来的。他们根据"原籍"(满:da susu)或"籍贯"(满:da bade)① 识别采菇人,实际上,这两个词在实际应用中指的不

---

① 此处满文应为 da ba。da susu 和 da ba 在满文中含义相同。

是他们出生的地方，而是生活定居之所——或更准确地说，是他们来到蒙古盟旗生活、工作之前居住的地区。蒙古当局一直调查并且登记"（汉人）自何处蜂拥前来"，以便与禁止无证越境的法规保持一致。[115]这些人的来源决定了清廷的政策。

如此一来，清政府需要搞清楚采菇的历史才能做到量刑适当。索诺木达尔扎的前任没有在一开始就把问题报上来，所以"从前"（满：daci）的情况无从知晓；谙班们只能把问题上溯至前任扎萨克达什格楞的渎职和腐败。[116]于是他们根据自己所知的情况建构了一个基本的叙述框架。一如某份档案简洁的说法，采菇人"原系逐年纷纷（满：son son i）前来，该扎萨克并盟长并未及时查明驱逐。以致（采菇人）来此者逐年渐增，积至数百"。这个问题出现的时间"并不久远"；采菇人在"此数年内"（满：ere udu aniya dolo）前来，而不是更早。官员从没有设想采菇是一种有年头的行为，反而仅仅是"近年"（满：hanciki udu aniya）出现的。[117]驱逐汉人、强化蒙古地理边界和蒙古人的特性、阻止采菇热潮，清政府的以上举措不仅仅是为了在蒙古地区建立秩序，而是从它自己的角度重塑一个原始的蒙古。一旦重塑成功，这个秩序就会"永远"（满：enteheme）维持下去。实际上，从1827年开始，将汉人采菇"永远禁止"的说法成了档案的固定用语。[118]

简而言之，伴随帝国的影响在当地扩大，帝国文件使用的修辞不仅仅带来更强烈的区别，同时还变得更极端，朝廷还想象出来一种自然环境：一个原始的、与历史无关的、不变的状态。在朝廷的眼中，一个理想的蒙古地区应当是绝对与世隔绝、秩序井然、回归原有价值的，那里应该有蘑菇、旱獭、森林、鱼类以及草场。而在其他边疆地区，清廷的政策在制定和消除原住者与外来者的区别之间来回游走。蒙古的情况比较独特：蒙古在帝国中的特殊地位（特别是蒙古贵族）使得区分蒙汉两个族群对于朝廷而言意义重大。和满洲一样，保持蒙古特权是清朝统治的基石。[119]然而秩序不能仅仅以隔离和自律为基础，它还需要健康的自然环境。实际上，在档案中,"净化"的对象一直是物质的:"地方"(满:*ba na*)、"喀尔喀界"、"蒙古草地"或"蒙古游牧地方"(满:*monggoso i nuktei ba*)。[120]

于是我们就面临一个严重对立的世界:蒙古人与汉人,纯洁与堕落,永恒与变化。实际上,这块土地的情况从未如此黑白判然。那些被捕的采菇人总是挑战着政府的权威。例如在 1826 年春,巡逻队发现有 200 名采菇人正在沿着喀尔喀河伐木建房。当官兵抵达现场时,采菇人滞留不去(声称他们的牛太虚弱了,不能南行),他们的头目恳求获得怜悯。据在场的官员记录,采菇人承认每年都来采蘑菇,他们还捕鱼、砍伐森林、猎杀旱獭。然而他们之所以这样做完全是因为贫困。他们还承认来此谋生并未获得允许,但是仍然强调,每年他们都会回老家,完全没有在此处长期居住的打算。[121] 他们进而坚称已经有好几代人不断来此工作,历经连续三位扎萨克的任期。他们从未"与蒙古牧民婚配"。只有在最近,即索诺木达尔扎治下才遭到暴力攻击。他们还说以上事实"此处蒙古亦悉知晓"。[122] 不过,蒙古官员对他们的请求充耳不闻。8 月 14 日,特别代表和索诺木达尔扎发布了一份汉文声明,宣布将这些采菇人驱逐出去,于是后者被赶走了。[123] 到了 1827 年,向导张正伦用一套类似的说辞对当地官员提出质疑。[124] 他用流利的蒙古语争辩道:"小的们俱已说好,照常返回。"季节性的采菇活动在当地生活中是根深蒂固的:"小的们采菇伐木、打渔捕旱獭,至八月即返(家)。"[125]

索诺木达尔扎本人承认这些采菇人"每年前来"(蒙:*jil jil irejü*),一如阿尔塔什达所谓有"伊等常来"(蒙:*teden-ü iredeg cag*)。[126] 当然并非所有采菇人都像张正伦那样经验丰富的老手。他们大多和刘德山差不多:于 19 世纪一二十年代蘑菇贸易繁荣时期才来到这里。其他人曾在内蒙古的海拉尔等邻近地区从事伐木和采菇工作。例如 67 岁的营地头目魏丙(Wei Bing,音译)成为采菇人之前原本是海拉尔的商人;他是遇到了一个叫杜和(Du He,音译)的人之后才加入这个买卖的,后者"采菇有年,亦通蒙古语"。获得采菇旅行所需的贷款和物资之后,他们带领 7 个人前往海拉尔,但遭到逮捕并遭遣返。他们坚持前往索诺木达尔扎旗,当然在那里又遇到蒙古兵丁,经过一番"打斗"之后被捕。[127]尽管如此,其他采菇人仍然与内外蒙古保持联系。43岁的"许喇嘛"(又被称为许万宗)承认他带领着一个采菇小队在夏天前往索诺木达尔扎旗,然后还到海拉尔的汗达盖(Qandagai)地区购买木材、制造马车,到秋季展开贸易。[128]他们的个人情况颇为复杂。

扩展开讲,所谓"蒙汉"界限通常也不是很清晰的。正如蒙古人正在被采菇人的生活方式同化一样,汉人似乎也在学习蒙古人。[129]有些向导起了蒙古名字,还会说流利的蒙古语;有些人娶了蒙古女人,或生活在传统的游牧帐篷——蒙古包(蒙:ger)里。[130]实际上,在采菇人的花名册中,蒙古式的名字很常见;一份1827年的名册记录了81名采菇队头目的名字,其中22人有蒙古名,11人有蒙汉双语名,9人有蒙古名而汉名不详,另有2人有混合名,例如"许喇嘛""巴噶闫"(Baga Yan,即"小闫")。[131]另一方面,正如朝廷担忧的那样,很多蒙古人与汉人通婚,加入蘑菇贸易,还为他们提供庇护。采菇人可能会捕猎旱獭,但是他们也通过"小买卖"(蒙:*baġ-a saġa qudalduġ-a*)从蒙古人手中购买旱獭皮和其他产品,这样营地和商路就联系起来了;例如1828年的抓捕行动中,一名叫"秀喇嘛"(Xiu Lama,音译)的人买了12张旱獭皮、9张羊皮。[132]诱惑无处不在:蒙古人撤下牧群,加入商队,与汉人串通一气。

在19世纪20年代,盟旗内的生活并不单纯。像"海三岱"这样的人已经在当地生活了几十年,成为所在地日常生活的组成部分,其他人则姗姗来迟,还有一些像许喇嘛那样的人虽然刚刚投入采菇事业,但拥有在蒙古地区丰富的生活阅历。这些特点在清代档案中消失殆尽。随着清政府开始打击采菇人,他们的名字或语言能力就无关紧要了:只有他们由原籍决定的外地人身份是有意义的。那么,以下的问题就值得探讨了:蒙古草原一直是"纯洁"的吗?

净土与禁区

在清代的档案中,"清净"(蒙:*arigun*;满:*bolgo*)这个词最能概括帝国对一个原始的、永恒的、完美秩序的想象。这个词在有关麻烦不断的索诺木达尔扎旗的文献中一再出现。在1825年的上奏中,谙班两次提到需要盟一级官员"肃清该旗"并且为当地蒙古人带来好处。[133] 此后每年呼吁"净化"(满:*bolgo obumbi, bolgo be obumbi,* 或 *bolgomimbi*)成为例行公事,特别是在档案结尾总结有关指令时。这个词将帝国整顿索诺木达尔扎旗计划的核心提取出来:整肃官僚机构、调查可疑的蒙古人、遣返采菇人、净化地方。

"肃清"对当地而言意味着什么呢?没有哪个英文单词可以传达满语 *bolgo* 和蒙古语 *arigun* 的完整含义;这两个词有广泛的语义学含义,具有物质、精神和审美内涵。1717年刊行的早期满蒙语字典《御制满蒙文鉴》(满:*han i araha manju monggo gisun i buleku bithe*)识别了有关的满文和蒙古文术语,并给了三个定义:[134]

1. 廉而无私,谓之 *bolgo*;
2. 又,凡物无瑕绝美者,谓之 *bolgo*;
3. 净水,谓之 *bolgo*。

满汉字典《大清全书》(初版于1683年)以四个汉字界定 *bolgo*:"清""净""洁""秀"。[135] 后来出版的两部官修字书,1780年的《御制满珠蒙古汉字三合切音清文鉴》、1791年的《御制五体清文鉴》将满文的 *bolgo* 归入《礼部·洒扫类》(汉:洁净;蒙:*arigun*)、《武功部·步射类》(汉:干净;蒙:*ceber*)以及《人部·忠清类》(汉:清,蒙:*arigun*)。尽管满文 *bolgo* 只有洒扫和道德两个方面的含义与蒙古文的 *arigun* 等同,这个词还是出现在档案中;在表示军事术语时,两部字书选择了蒙古文的

ceber。[136] 在档案中,"肃清"不仅仅指迁移人口;该词本来就有政治和道德含义。

在其他的语境中,如果 bolgo 被完整翻译出来的话,通常对应汉语的"清净"和"肃清";前者有更强的佛教意味(如"净土"),而后者有军事含义,意思是"平定""安定"一个地区。[137] 然而从总体上讲,这个概念一般适用于那些和清朝保持紧密关系的行动、人和地方。满洲的神秘起源地长白山"天池"岸边在帝国各种"纯净"区域中居于首位;1677 年,首次搜索长白山并登顶的探险队回报称,他们不敢在山顶逗留太久,因为那里是"清净胜地"。[138] ①

实际上,在 19 世纪 20 年代之前,朝廷也将蒙古的部分地区视作特殊和"洁净"的,包括皇家围场、圣山、中俄边界、库伦中心的佛寺,以及其他"重要"(满:oyonggo)之处。它们具有共通的属性:都与帝国统治有密切关系,都是具有严格界限的地区,都暗示着摒除外来影响的必要性。在蒙古文的法律术语中,这些地区通常与"禁地"重合(蒙:caġajilaġsan ġajar)。[139]

就这一点而言,圣山是非常典型的例子。作为"天神宫阙"(满:enduri i dergi ordo i bade),[140] 圣山与天界、人间的政治权威有紧密关系,且多享有汗的尊号(蒙:qan)。圣山祭祀通常包括摔跤和射箭两个环节,也因此强化了这一空间的男性、勇武与蒙古特质。在库伦南部的汗山(蒙:Qan Aġula;满:han alin),谙班们每年春秋两季都要监督规模宏大、持续多日的祭祀仪式。盟里的所有贵族都应当出席。谙班们在举办仪式之前数月即开始购买马匹、牲畜和这场大型活动所需之物;朝廷会下令"凡祭祀所用之物务敬虔洁净备妥"。[141] 祭祀首日,谙班们和盟长向山神致敬,然后主持延续三天的摔跤、射箭和赛马活动,这些都是"可

---

① 阿桂等撰,孙文良等点校:《满洲源流考》卷 14,《山川一》,中国国际广播出版社,2016 年,第 274 页。

育勇德"的蒙古体育运动。[142] 三天的节庆过后,他们在射箭场搭起一座黄色帐篷,让喇嘛们在内诵经祈祷幸运。祭祀以献祭"妥为洁净"(满:saikan bolgmime)的牛羊作为结尾。他们还在被放生的动物尾部拴上纺织品。[143] 在其他圣山也有类似仪式,包括车臣汗部的肯特汗山(Mount Kentei Qan)。这两座山都与部落和盟长的权威有关。[144]

皇家围场也具有类似的意识形态价值,而且和圣山一样,它们也代表了尚武、男子气概、上天和人间的政权。[145] 在外蒙古有两种受保护的围场:一种为捕猎进贡动物(如野猪),一种为军事训练而设。[146] 狩猎得到重视:因为它能培养"勇德",[147] 还扮演着"耀武于边塞"的角色。[148] 鉴于其战略利益,参加围猎是一项"国事要务",[149] 且"非别项事务可比"。[150] 为了突出木兰围场与朝廷的关系,清代的文献通常会将"围场"(满:aba hoihan;蒙:aba qomorġ-a)二字抬格,以显示区别。[151] 包括盟长和副将军在内的蒙古高层会出席官方举办的围猎活动。而且,和在圣山祭祀一样,伴随着围猎还要举行向天、地、神灵的公开献祭活动。[152] 高级官员要检查充当祭品的 21 只羊。每只羊都"洁净后,预备分发各旗认真牧养"。[153] 打猎完毕,参与者向朝廷致敬,谙班们向皇帝确认"所有蒙古悉望阙叩拜"。[154]

和圣山、围场一样,库伦的本质也是"封禁"和"纯净"的。哲布尊丹巴呼图克图的宫殿坐落于城中,所以清政府禁止汉人在城内的寺庙里居住。1763 年,为了保护城市的神圣性,乾隆帝禁止妇女在某些特定区域生活或"男女混居",后来又禁止妇女"聚集"城中。[155] 库伦城的中心应该属于男性、寺院和蒙古人;妇女、俗人和汉人不被包含在内。

但是在 19 世纪前半期,蓬勃发展的中俄贸易以及鹿角、木材、口蘑等本地商品数量激增,使库伦城里到处都是无证小贩、季节性劳工、乞丐、街头艺人以及其他"流民"。隔离法令沦为一纸具文:蒙古人和汉人居住区融合为一,妇女和僧侣在同一条街道上行走。大量奏折开始发往北京:地方官恳请朝廷把妇女从城市赶出去、驱逐汉人、清理所有"污秽、粪便、畜骨、灰土"。库伦和蒙古全境必须被"肃清"。[156] 哲布尊丹巴呼图克图手下的世俗首脑商卓特巴于1801年、1806年、1825年将以上请求奏报朝廷。[157] 1836年，皇帝收到了库伦办事大臣的一份奏报，其内容或许是最极端的："蒙汉僧俗男女……混乱无序"。当年，库伦的最高僧俗领袖联名签署了一份请愿书：一致恳求皇帝"施恩"，"肃清库伦"；政府应该驱逐汉人非法移民，逮捕包庇他们的蒙古人。他们说"此正肃清库伦之时也"。[158]

圣山、围场和库伦城内部都拥有卡罗琳·汉弗莱（Caroline Humphrey）认定的蒙古"主要景观"：与天（蒙：*tngri*）、① 国家权力、人、精神"统治者"即"主人"（蒙：*ejen*）的关联。[159] 这些空间都是神圣的、男性的、具有蒙古特色的，并属于帝国。而且在有清一代，这些区域都被从地理和行政两个层面与普通盟旗土地分开；任何人或牲畜都不能进入。它们在理论上应当是不受任何人类干扰的：普通人不能在那里狩猎、伐木、打渔。在围场，即便"惊扰"野生动物也是违法的。在打围之前数月，无论何种入侵、对环境的改变都是被禁止的；就像道德秩序本身一样，圣山和围场的本质应该是永恒不变的。它们体现的是纯净自然和全面控制。[160]

维持圣山和围场的纯净需要长期的工作、一直保持警惕的卫兵、复杂官僚机构的监督以及定期的开支。在"恩诏"中，乾隆帝将肯特汗山和汗山视作"国运之山"，下令从此以后"不得惊扰动物、污染森林"。为这些地区颁布特殊的管理规定确有必要；因此要"定法例以符地宜"。在所有的情况下，朝廷都命令巡逻兵丁对盗采、伐木或割草的迹象"常川"保持警惕；有时，朝廷通过卡伦系统保护围场。[161] 反过来，"肃清"蒙古地区围场的意义不仅限于保护被狩猎的动物：它还意味着保护"动物植物"不被"砍伐"与"惊扰"。[162] 特别颁布的法令还将"盗猎"和"捡柴、采茶、越界"列为非法。为了执行法律，政府在打围之前疏散附近的牧民，强迫他们充当警卫。任何人都不能滞留在禁区里："旗民僧侣不得在此放牧住

---

① 应为 *tengri*。

居。"[163]"肃清"这一地区也意味着熄灭人为引发的火灾并且处罚因熏獾引发大火之人。[164]① 一旦着火,兵丁需要冲向事故现场,组织灭火队全力扑救。尽管人们不认为野火有毁灭性的危害——牧民们经常故意在牧场放火——但是禁区的情况不同;实际上,保护"禁地"不毁于火灾是守卫们的基本职责。[165]

创造这种纯净环境与塑造清帝国臣民的方法没有区别:训练、警戒、隔离、惩罚和监督。对禁区盗猎的处罚是很重的。在圣山盗采的贵族会被剥夺爵位,平民刺面、枷号。② 累犯之人发遣其他部落,如果贵族犯罪两次就按照平民例处罚。在 18 世纪末、19 世纪初,自然资源面临的压力与日俱增,有关的法律框架也逐渐精细化和专门化。政府设置了新的条例:从禁区购买鹿角的商人要受到特别的惩处;在山上砍倒一棵树也要被追究责任。在帝国围场中,被发现非法获取动植物或生野火之人同样被"严惩"。[166]因为"事关围场,甚为紧要",初犯之人枷号一个月;再犯枷号二个月;三犯鞭一百。[167]有关的处罚并不是一直这么严厉。然而在 1773 年一项新条例出台了,当时担任盛京将军的弘昫奏称,仅仅将他辖区内的初犯、再犯之人枷号一二个月"不足示惩"。他认为应该对采菇人和伐木人采取新的威慑手段。[168] 1773 年,以上两种人引发了骚动。

虽然有严格的法律和细致的警戒设置,"禁区"仍然受到资源膨胀的影响,这种情况在 1820 年和 1840 年尤其严重。当时盗采盗猎和腐败成为地方性痼疾,捕猎鹿以获得药用鹿角、非法砍伐如火如荼。早在 1805 年,猎人们就报告因为"旗民僧徒多在围场放牧、吓逐兽类、砍毁森林",结果在库伦附近围场的动物变得"稀少"。当地人仰赖非法贸易维生:"多有"

---

① 獾、狐狸等动物藏匿于地洞中,猎人捕猎时常在洞口点火,将猎物熏出后猎杀。此类行为为易引发火灾。
② 据光绪朝《钦定大清会典事例》卷 996,《理藩院·刑法》:"嗣后拿获私入围场人犯,除照例分别拟罪外,不论首从已得赃者,皆面刺盗围场字;未得赃者,皆面刺私入围场字。"

汉商给他们的买卖投资，引诱他们"设帐山涧，伐木割草"。[169]负责清理围场的官员彭楚克特别强调应当禁止商人流入。在一份早先的奏稿中，他描述了"土著"造成的破坏；奏稿的最终版将"土著"圈掉，加上"汉人"（满：nikasa）。[170]在封禁空间受到威胁时，出现了关于蒙古价值的全新话语和对"净化"的强烈需求："蒙汉僧俗男妇"都"混乱无序"；动物因被盗猎而减少；被赋予帝国理想的景观遭到破坏。从这些方面看，围场的境遇似乎和左翼前旗没什么区别，采菇对后者有相同的影响。

本章小结：纯净的环境与地域

在1820年—1840年间，清政府用行政机构来管理"禁地"，并将其应用到整个蒙古盟旗。而在现实中，帝国的计划是打了折扣的。"净化"斗争仅限于利润最丰厚的贸易路线所在地，或拥有最珍贵资源的地区：连接北京与恰克图之间的商路、帝国版图最东端的蘑菇产区、库伦附近的圣山以及我们要在第四章看到的出产毛皮的中俄边界。从清朝在蒙古地区施行管理之初，像限票这样灵活的制度曾经为贸易和移民提供了支持，而且帝国发现了能够让蒙古人和汉人共同生活的空间。无证移民、盗采盗猎和环境逐渐被破坏引发了一个更激进的幻想："纯净的"蒙古地区。

无证进入蒙古颠覆了帝国的秩序：边界使统治变得清晰、简单，还有助于强化社会等级。[171]然而在蘑菇产地这种生产区，不仅无证潜入，帝国意识到的环境后果更是让统治者开始采取行动；据此，"净化"是这一行动在行政和理想层面的表达。不考虑环境因素，我们就无法理解清帝国的多族群架构。环境的变迁与保护并非与清帝国多族群架构毫不相关；而是位于后者的中心。

在满洲地区以及珍珠的案例中，我们可以质疑政府达成目的的能力。在外蒙古，制定规则和最初采取行动的都是蒙古贵族，帝国在保护封禁空间的"纯净"方面更为成功。今天，最令人瞩目的是当年的圣山和围场被划定为国家公园，终于得到了保护；左翼前旗也成为国家公园：这里是蒙古自然遗产诺穆洛格严保区（Nömrög Strictly Protection Area）。19世纪的旅人注意到那些被清代档案称为"纯净"或"封禁"的土地比别处更原始。例如1821年，一位俄国旅行家被汗山（Mount Qan）的景色震惊了，极目望去只能见到森林。他最初采取了精神层面的解释："蒙古人将此处视为圣地加以保护。"[172]第二个解释就是政治的了："在汗乌拉（即汗山）的裂缝中有一些帐篷，哨兵在那里站岗以防止有人登山。"[173]即便汗山是神圣的，它本身也并不足以震慑所有入侵者；它还需要国家力量的保护。似乎像旗一样，它未被破坏的自然环境不过是帝国的一件工艺品而已：它的边界反映清朝行政机构的极限及其意识形态的野心。

第四章　毛皮产地的自然环境

毛皮和蚌、蘑菇一样，在同一时期成为帝国事务的一部分。地方官对毛皮事务的报告上达天听。如果说在18世纪后期，这种现象还只是偶尔出现的话，等到了19世纪初，局面就不可收拾：腐败无处不在、狩猎困难、动物日益稀少。但与贝类和蘑菇不同，毛皮产地涵盖了广阔得不可思议的地域。实际上，它超越了帝国的界限：清帝国的毛皮危机实际上是更广泛的全球动态的一环。

想获得毛皮的完整数目需要研究多国的档案，如果仅举几个例子，就得包括俄罗斯、美国和西班牙的文献，这是考察清帝国毛皮的历史需要进行跨国研究的一个原因。[1] 还有一个原因来自清朝档案自身。以在外蒙古西北边境猎取毛皮的唐努乌梁海人为例。今天，唐努乌梁海人在中国历史上没有什么影响；其后裔——唐努图瓦人——人口相对稀少，多分布在蒙古国和俄罗斯而非中华人民共和国。即便在这两个地区，他们也不太显眼。[2] 他们在清朝的历史同样晦暗不明：只有极少数的边疆研究专家描述过他们，而且没有介绍其行政组织沿革，代之以一种简化了的通行修辞：唐努乌梁海人是"猎人"，狩猎毛皮，居住在深山老林里，而且向来如此云云。[3]

档案为我们提供了一个更为难解的课题。根据乌梁海人被纳入帝国的方式，他们每年要向朝廷进贡以下九种毛皮：貂皮、水獭皮、猞猁狲皮、狼皮、扫雪皮、狐狸皮、沙狐皮、雪豹皮和松鼠皮。他们进贡的规律值得注意：从1758年—1910年，每逢冬季，乌梁海人的狩猎小组端着燧发枪进入森林；到了春天，他们就将猎取到的部分毛皮献给清廷。这一例行公事让清朝的官僚体系产生了两种档案：乌里雅苏台将军的满文奏折记载从蒙古运出的所有毛皮；北京内务府的汉文奏折记载全部收入的毛皮。尽管两种档案使用不同的文字、由不同部门记注，但其内容理应是完全一致的。

然而实际上，以上两种档案充满了矛盾。多年来没有人核对过满汉两种档案：一份档案记载发送的貂皮数目，但另一份接收档案则给出了不同的数字。令人困惑的是，如果一份档案记载的貂皮数量超出我们的预期，那么它多出来的部分就正好可以填补松鼠皮的亏空。结果，这两种档案记载的毛皮总数都符合进贡的定额，二者的出入却被从账面上抹掉了。简而言之，满、汉文档案给我们讲述了不同的故事。那么我们应该如何理解这些信息呢？

如果我们想书写清帝国毛皮边疆的环境史，就必须回答这个问题；否则，档案实在太丰富，清朝边疆问题也过于复杂。只有认真对待这些档案中混杂的信息，我们才能让一部全新的历史浮现出来。通过区域与全球视角考察清朝的历史，尤其能令我们看到以下问题：这些档案清楚地显示毛皮短缺的现象具有同步性，不仅仅是整个清朝，就连从西伯利亚到加利福尼亚也莫不如是。其他更有特色的清代经验模式也变得清晰起来。当乌梁海地区的动物消失之时，朝廷力图让这一区域和当地人回复到未经变化的状态中；唐努乌梁海与满洲、蒙古地区一样是新近划界、被帝国保护并且得到"净化"的。

笔者在最后一章以唐努乌梁海为例考察这段历史。首先从全球维度探究毛皮危机，进而研究其在清朝边疆地区的演变，总结随着毛皮动物消失，清廷是如何努力为乌梁海划清并维持边界的。

全球毛皮贸易

毛皮生意是最早出现的全球贸易之一。有证据表明至少在古典时代晚期就已经有了洲际的毛皮贸易网。当时维京商人通过航运把毛皮从斯堪的纳维亚和罗斯运送到拜占庭帝国和阿拔斯哈里发帝国的市场上，与此同时，东北亚的挹娄人也通过航运把毛皮卖给匈奴和汉帝国。[4] 珍贵的毛皮在中世纪的欧洲、繁荣的宋朝以及整个蒙古帝国广泛流通。[5] 这种商品价值高、重量轻、便于运输，而且不易损坏，非常适于前工业化时代的长途运输；早在轮船、铁路出现之前，毛皮贸易就和贵重金属、丝绸、香料一样，将斯堪的纳维亚与波斯、库页岛和江南联系到一起。

在15世纪和16世纪欧亚大陆的早期现代扩张时代，毛皮市场也在商业和帝国整合过程中扮演着先锋的角色。这时形成了一个以巴尔干为中心的巨大商业网络，它将莫斯科大公国的毛皮供应给巴尔干和地中海的消费者。[6] 到了16世纪和17世纪初期，随着沙俄、法兰西、不列颠帝国的势力范围扩张至现代的加拿大、西伯利亚，欧亚大陆东端、北美五大湖和北冰洋都被纳入这个市场；毛皮成为哥萨克和法国皮货商（coureur de bois）① 奋斗的共同动力。[7] 到1650年，俄国的猎人抵达太平洋，而他们的法国同行来到了墨西哥湾。他们随之将生活在西伯利亚和北美的数不清的人群纳入这个贸易网。1200年，一位英国亲王从苏格兰或者爱尔兰获得毛皮；到1500年，他用上了西伯利亚货；到1600年，他的毛皮来自新大陆的哈德逊湾或更遥远的地区。[8]

15世纪和16世纪，欧亚大陆东端堪称"北方丝绸之路"的毛皮市场将明朝、朝鲜、日本的消费者与松花江、黑龙江和太平洋西北诸岛的居民连接在一起。[9] 这个东方贸易网在16、17世纪，特别是清帝国的统治巩固之后又有所扩大。《尼布楚条约》和《恰克图条约》签订后，俄国商人加入了毛皮贸易，贸易网也随之扩展至东西伯利亚。库克船长第三次

---

① 法国皮货商是在法国和加拿大往来的独立商人。他们用各类欧洲商品交换北美原住民的毛皮，再将毛皮贩运至欧洲。

航行（1776 年—1779 年）以及俄美公司（1799 年）①建立之后，阿拉斯加海岸、太平洋西北以及加利福尼亚的居民也参加了毛皮贸易。1200 年，一位皇帝可能穿着在黑龙江捕获的毛皮；1700 年，他的毛皮或许来自萨哈林或锡特卡（Sitka）；到 1830 年，毛皮可能来自下加利福尼亚。19 世纪初，这两个毛皮贸易网覆盖了整个世界：北美洲的一半出口产品被送到伦敦，另一半通过广州和恰克图来到中国市场。[10]

这个市场无所不有；人们基本上什么毛皮都穿，既有昂贵的貂皮、海獭皮，也有普通的松鼠皮。而猎取貂皮的生态后果也是复杂的。有些毛皮动物群居而生，例如海獭；它们拥挤地生活在北海道、西伯利亚、阿拉斯加、加利福尼亚海岸的"海藻筏子"上。而像貂这样的动物就喜欢独居：它们用尖牙和利爪保卫领地，分布广泛，但数量不多。18 世纪初，海獭喜欢在海岸线附近的海藻间生活，捕猎海胆、珍宝蟹、蚌和鱼，但后来它们在全球的数量从超过 25 万只锐减到不足 2000 只。[11]貂适宜在西伯利亚、蒙古和清朝东北地区的松树林生活，在这里它们几乎无所不吃：松子、駒鱇、鼹鼠以及其他小型啮齿类动物、小鸟、浆果，如果太饿甚至用松鼠充饥。[12]貂是一个更大的食物链条的连接点；它们是很多大型哺乳动物（如虎、狼、狐狸、熊和猞猁）和猛禽（鹰、雕和猫头鹰）的食物。总之，在食物链上，貂与 36 种哺乳动物、220 种鸟类、21 种植物和 2 种跳蚤直接相关。[13]

当然，无论是貂还是海獭，都并非生活在荒无人烟的森林中；而人类才是这两种动物的真正天敌。在 18 世纪初，两个物种的数目变化的节奏尚不剧烈。到了 18 世纪的最后 25 年，随着毛皮市场的整合与扩张，剧变出现了：从此以后，直到下一个 50 年，两个物种滑向灭绝的边缘。

---

① 俄美公司（Russian-American Company) 成立于 1799 年，是俄国政府投资的特许经营公司，也是该国最早的股份公司。主要业务是在阿拉斯加建立定居点、开展与当地人的贸易、执行沙皇俄国的殖民计划。

这种情况是 1775 年—1800 年间多种因素综合作用的结果：清帝国对毛皮的需求日益强烈；恰克图贸易越发稳定；楚科奇战争① 结束后，沙俄的贸易向东拓展；北海道进一步融入中日长崎贸易；美国的独立开启了太平洋地区的新竞争；库克船长在第三次航行时发现，在广州每张海獭皮可以卖 120 西班牙银元——这可是它们在北美海岸原价的 18 倍——这种暴利激发人们前往北太平洋获取毛皮的热情。[14] 从 18 世纪 80 年代开始，特别是 90 年代，商人在阿拉斯加、西北太平洋、加利福尼亚、夏威夷群岛建立了前所未有的商路。[15]

于是，广州和恰克图的毛皮贸易勃兴，虽然不总是稳定的。边界争议，包括乌梁海边境地区的过度贸易，导致清朝于 1764 年—1768 年、1779 年—1780 年、1785 年—1792 年三次对沙俄禁运。直到 1792 年，恰克图贸易才走上正轨。[16] 这一贸易繁荣期持续到法国入侵俄国以及接下来的拿破仑战争时期，当时整个太平洋地区的贸易都受到战争的牵连；1812 年战争以及墨西哥独立战争（1810 年—1812 年）对加利福尼亚海岸的毛皮贸易有着类似的负面影响。只有在美国和俄国各自实现和平的情况下，恰克图贸易才得以复苏。[17]

然而，对毛皮贸易的最大制约因素并非政治，而是生态：生态系统无法满足消费者的需要。随着狩猎日益频繁，野生毛皮动物的数量锐减；市场膨胀，动物的数量和分布范围都在缩水。因此，从 18 世纪中期至 19 世纪中期，海獭已经在俄罗斯的西伯利亚地区变得稀少，之后依次是阿拉斯加、太平洋西北、加利福尼亚、北海道、墨西哥。[18] 17 世纪，在西伯利亚地区，貂惨遭过度捕猎的厄运。一如我们所见，到 19 世纪它们基本上从清帝国控制下的蒙古、满洲地区和库页岛消失了。[19]

---

① 楚科奇战争（the Chukchi War）是沙皇俄国在 18 世纪为了控制楚科奇半岛、楚科奇海沿岸和白令海峡地区，而对当地居民发动的一系列战争。

相关的数据是最能说明问题的。1830年，与中国的毛皮贸易仅仅是过去整个贸易的一小部分；但是到了后来，就没有足够的毛皮动物可供捕猎了。广州的毛皮贸易崩溃了：1806年，广州进口了17446张海獭皮；1816年，4300张；1831年，329张。毛皮供不应求，价格因而上涨。从1806年—1831年，毛皮均价翻了两番。[20]其他动物毛皮贸易也没有好到哪里去。1830年之后，猎户用其他动物毛皮代替海獭皮，北美地区海豹、海狸、狐狸、水獭和貂的数量因而急剧减少。[21]恰克图贸易遵循了差不多的轨迹：1810年，至少有1000万张松鼠皮从这里运走；1850年，就只有大约不到150万张了。市场上貂皮的数量也锐减，1800年尚有16000张，到了1850年竟然阙如。不考虑持续走高的价格，毛皮在恰克图贸易中的相对贸易额也从19世纪30年代初期占总量的45%，减少到19世纪50年代的18%。[22]野生动物太少了，无法支撑整个贸易。

恰克图和广州再次被连为一体；这两个贸易中心的变化影响了太平洋地区各国政府和商人的决策。例如俄国商人为了降低恰克图陆上贸易的成本，经常利用在广州的美国商人作为中间人；后者也想让清廷允许俄国人直接在该港口进行贸易，但他们的希望落空了。[23]只要清廷中断恰克图贸易，广州毛皮贸易就会不出意外地火爆；1788年和1792年，恰克图市场歇业，广州毛皮价格上涨20%，而在恰克图市场重新开业之后，广州毛皮价格暴跌。[24]

随着北海道和长崎的毛皮进入市场，日本毛皮的出口情况也遵循同样的变化规律。荷兰人对中国帆船往来长崎和中国沿海之间情况的统计是非常有参考价值的。[25]1785年之前，中国商人从日本进口的海獭皮数量很少：1763年—1765年一共只有70张，接下来的20年数量为0。1785年是清朝最后一次中断对俄贸易的第一年——从日本进口的海獭皮数量显著增加，在接下来的20年里保持强劲势头，平均每年达到275张。1810年—1821年之间，经过了在俄国和太平洋的十年战争，日本海獭皮贸易量差不多是原来的3倍，达到每年725张，在拿破仑入侵俄国时期，对华出口更是在 1812 年达到峰值的 1400 张。[26] 从西伯利亚到北海道、加利福尼亚，条条大路通中国。

东北贸易的崩溃

在距离更近的满洲地区，那里的历史也与区域史和全球史保持一致。近期，松浦茂根据满文档案的研究展示了 18 世纪的黑龙江下游、太平洋沿岸以及库页岛的毛皮贸易和朝贡是如何成长与衰落的。[27] 毛皮朝贡的命运尤其能为我们提供一个衡量贸易衰退程度的标尺：随着参与其中的人口和毛皮越来越少，在 19 世纪 30 年代—50 年代，帝国的毛皮朝贡系统近乎崩溃。鉴于进贡系统之间的差异，崩溃的情况更令人震惊。在东北，清廷设立了三个征收毛皮的制度：一个在宁古塔和三姓地区，以家族和村落为基础；第二个是女婿制度（hojihon），黑龙江下游的姓长和村长与北京朝廷保持着特殊的朝贡和婚姻关系；第三个是在齐齐哈尔的会盟制度，针对黑龙江上游和东北丘陵地带（参见第二章）的布特哈八旗。以上三个制度在 1800 年之后都经历过重大挫败，其原因在于毛皮短缺成为当地普遍存在的问题。1830 年后，经过彻底的改革，这些制度才得以幸存下来。

第一个制度以个人家族和村庄为基础，帝国从分布在黑龙江下游、太平洋沿岸和库页岛的人群中收取毛皮。在这个区域，特别是黑龙江下游和库页岛，从 1678 年—1750 年，缴纳贡品的人口有所增加，从 1209 户增长至 2250 户。除了在库页岛南部居住的 148 户（这些人被称作"库页费雅喀"）通过三姓进贡外，所有人都到宁古塔缴纳毛皮。有些人亲自把毛皮送去；其他人则把毛皮交给被政府派至黑龙江下游和乌苏里江口的官员；这些官员驾驶每艘可容纳大约 19 人的独木舟、组成武装舰队行进。这样，每年或者进贡者前往驻防，或者驻防派人前去催收。[28] 1750 年，为了控制由监督征收毛皮和回赏礼物（满：ulin）带来的巨额成本，朝廷将参与宁古塔进贡的户数确定为 2250 户。1799 年，朝廷把征收和派遣中心从宁古塔移至三姓以便进一步节约成本。此后,由 56 个家族组成的 2398 户通过三姓进贡毛皮。普通人家每户一年需要缴纳 1 张貂皮,官员家庭 2 张。该制度是有弹性的,如果有一年没能完成任务:他们可以在第二年补上,依旧能够领取礼物。[29]

在这个制度之外,私人贸易也繁荣起来。为了进一步控制高端市场,宁古塔当地政府于 1672 年开始收购所有剩余皮张、纳贡人携带的最高级毛皮;此外,从雍正朝开始,政府也通过直接从商贩手中购买毛皮以补充贡品数量的不足。商人涌入宁古塔。18 世纪初,这个军事前哨和政治犯流放地成了一个重要的毛皮贸易中心。合法毛皮贸易的规模惊人:每年有超过 10000 张毛皮被从宁古塔送到盛京。1735 年,清廷开始在长城和北京对毛皮征收特别税以从中获利。1779 年,它进一步开始在盛京以每张皮 0.03 两银的比率征税。1791 年,毛皮销量达到顶峰;当年仅仅由林自传(Lin Zichuan,音译)带领的一个七人贸易小队就申请携带 16567 张"黄"貂皮从三姓前往盛京和张家口。[30]

早在 1791 年之前,这个制度就出了一些问题。例如,1750 年乾隆帝就注意到从宁古塔送来的毛皮质量有所下降;1765 年,朝廷报告宁古塔的毛皮尺寸太小,颜色也不正常。1772 年,乾隆帝再次提出这个问题。在每一个案例中,朝廷都怀疑汉商;和处理珍珠、人参、蘑菇时的手法一样,朝廷授权当地政府采取行动;于是这个时期从宁古塔、三姓向下游地区出现了新卡伦,盛京和北京之间也有了新商品检查站。在新卡伦(在宁古塔者名为 Ice Karun,在三姓者名为 Waliya Karun)中,兵丁负责检查进贡者的小船,将毛皮的种类和数量登记造册。[31] 朝廷的推论是:如果非法贸易造成毛皮质量恶化,那么强化监督和纪律就可以解决问题。

然而,正如松浦茂用档案证明的那样,在这个时期出现了新问题:市场并非让朝贡体系逐渐瓦解的唯一原因。例如,很多人逃避征收贡品,以免得上传染病。天花是个突出的问题,在 1747 年、1770 年、1771 年、1776 年和 1824 年,整个黑龙江地区都爆发了天花。反复出现的瘟疫迫使清廷于 1779 年将征收贡品的中心从宁古塔搬迁到三姓：当局认为这样可以让进贡者躲开在夏季爆发的天花。因为东北部人口减少，很少有人前往宁古塔，所以使者的小舰队抵达时，也没有几个进贡者露面。即便在没有天花的年份中，有时候人们还会出于政治原因逃避纳贡。1742 年，因为债务纠纷，一位"女婿"谋杀了一名库页岛居民，而朝廷仅仅是谴责了一下而已，这起事件成为当地一桩著名公案（cause célèbre），整个库页岛东部的居民完全停止进贡，特派员制度和女婿的毛皮贸易遭到重创。该起事件之后征收毛皮舰队的士兵数量不断增加，此为衡量征收毛皮困难程度的标志之一。另一个标志是特派官员不愿意冒险深入黑龙江地区。久而久之，他们去更近的地方征收毛皮：18 世纪初，他们去黑龙江江口的村落；到世纪末，他们不会去比特林（Derin）的乡下更远的地方，这里位于黑龙江上游 200 英里。[32]

实际上，在 1800 年后，征收贡品的任务经常无法完成。1805 年，使者的征收量减少，导致朝廷批准舰队一年两次前往下游；1821 年后，面临着毛皮数量更大规模减少，朝廷又让使者们一年去三次。负责征收之人通过在公开的市场上收购毛皮来弥补缺额。这种行为是在爆发天花的年份兴起的，但从 19 世纪 20 年代开始成为惯例。例如我们知道 1824 年天花流行之后，三姓副都统花费 1500 两白银购买了 750 张毛皮以满足进贡定额。我们不清楚在接下来的年份里是谁、如何完成这项任务的，准确地说当然是当地政府。虽然三姓驻防衙门对进贡毛皮数量有详细的记录，但实际上，如果仔细研究的话，就会发现 1825 年之后的数据都是伪造的：进贡人的姓名、上缴貂皮的数量在差不多一个世纪的时间里没有变化。毛皮的确征收上来了，但来自何人之手，或通过什么渠道，则不为人知。可以肯定，到了 19 世纪末期，地方当局在今天的哈巴罗夫斯克买毛皮充数。但是在 19 世纪中期，无论在哪儿都不容易找到毛皮了。最迟到 18 世纪末，貂在库页岛已经很稀少了，大陆出现这种情况在 19 世纪初。[33]

黑龙江上游和满洲丘陵地带的会盟系统因为同样的原因遇到棘手的困难。一如丛佩远所说，该系统也在同时期经历了蓬勃与崩溃；尽管这个系统根据不同的规则运转，但也不能持久。每年的阴历四五月份，齐齐哈尔副都统（满：meiren i janggin）负责在驻防城监督一年一度的会盟（满：culgan），在这里接收布特哈八旗上缴的毛皮。会盟的第一个环节是当地官员在城外路边欢迎前来进贡之人，接下来是以体育竞技为特点的庆祝活动，包括射箭比赛。每个参加者必须按照每户不少于 1 张毛皮的标准上贡；然而很多人会多带一些毛皮卖掉。在驻防衙门，官员根据 4 个标准给所有毛皮划分等级——"头等貂皮""二等貂皮""好三等貂皮""寻常三等貂皮"——然后挑出最好的当做贡品。[34] 包含叩头在内的缴纳仪式结束，官员回赠丝绸和麻布。[35] 驻防军官接下来把剩下的貂皮（满：maktaha seke）的腿切掉作为作废的标志，这样的貂皮就可以在市场上出售了。然后是持续一个月的交易活动。至少在清初，这是当地一年一度规模最大的贸易；目击者的报告记载，副都统衙门外几千张貂皮堆积如山；朝廷允许齐齐哈尔驻防衙门建立一个特别仓库以收纳数量庞大的毛皮。这是唯一合法的市场；任何在会盟范围之外的貂皮交易都是被禁止的。[36]

这个制度的主要问题在 18 世纪末显现出来。例如，1795 年，齐齐哈尔地区的一起腐败案件东窗事发，朝廷发现副都统衙门给贡品的定价过高，并把多出来的钱中饱私囊。为了更好地控制价格，朝廷设立了更公开的贡品陈列仪式，修改贡品计算的汇报要求；这样一来，副都统和黑龙江将军就需要汇报所有送到会盟的貂皮数量和质量，包括因质量不达标被拒收的毛皮在内。[37] 因此北京的第一历史档案馆保存的 1796 年—1899 年的档案，不仅记载了貂皮的类别（分为头等、二等、好三等），还包括纳贡的人数、他们带来的貂皮数量、被收作贡品的貂皮数量。此外，地方政府还要登记三个不同人群送来的毛皮：索伦和达斡尔（合并统计）、墨凌阿鄂伦春、雅发罕鄂伦春。直到 1823 年，黑龙江将军都需要在奏折中用满文汇报毛皮的最终统计数量。后来他们仍然用满文具奏，但是附片里的数字是汉文的。[38]

经过综合考察，这些档案为我们提供了会盟变化的大致特点。在19世纪一二十年代，参与会盟的人数和他们带来的貂皮数量双双达到顶峰，1830年发生了明显衰退，随着1851年太平天国运动爆发，二者再一次锐减（见图4-1）。从1815年—1829年，平均每年有5000名进贡者带来至少10000—12000张貂皮。1830年的产量虽高，但被带到会盟的貂皮从11694张减少到8829张，缩水了25%。从此之后，进贡的貂皮数量再也没有恢复过：1850年后，每年会盟时征收到的貂皮总数仅有4100张，是峰值年份的1/3。不出意外，随着贸易衰退，参与的人数也减少了：在1831年和1832年，纳贡者减少25%，太平天国运动期间的1852年—1854年又减少35%。尽管报告显示，来参加会盟的进贡人数最终在1881年得到恢复，但也没有达到19世纪初的水准。

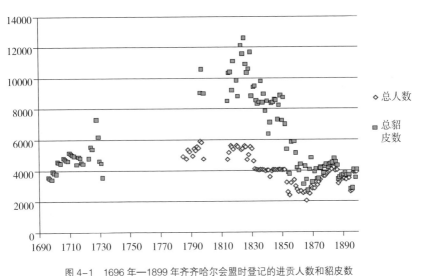

图4-1　1696年—1899年齐齐哈尔会盟时登记的进贡人数和貂皮数

来源：《清代鄂伦春满汉文档案汇编》，《军机处满文录副奏折》，《军机处档折件》。详见附录

然而，档案还揭示了征收毛皮工作中的其他动向。例如有些地区经历了毛皮数量减少，而其他地区则没有。齐齐哈尔副都统报告称，雅发罕鄂伦春和毕拉尔鄂伦春缴纳毛皮的数量没有变化，在19世纪前期大约每年达到600张。相反，随着时间的流逝，索伦、达斡尔和墨凌阿鄂伦春缴纳毛皮的数量就少了很多：19世纪20年代初期，索伦和达斡尔人携带10000张毛皮参加会盟，但是到了1850年只有6000张；同一时期，墨凌阿鄂伦春上缴的毛皮数量从600张减少至400张。档案还显示从1830年开始，索伦、达斡尔和墨凌阿鄂伦春无法选择他们捕猎、出售以及上缴什么毛皮。此前，参与会盟人员总数和他们携带的毛皮数量之间的关系比较模糊：某些年份，猎户平均每人带来二三张皮；有些年份人均一二张。差不多在1830年之后，确切讲是1850年之后，人员和毛皮数量没有什么变化：丰年不再出现，人们仅能带来法定最小数额的毛皮。[39] 同样，尽管在19世纪20年代末进贡毛皮总数减少，但是高品质毛皮的比例实际上不降反升。18世纪20年代，副都统衙门将90%的毛皮列为"寻常三等"贡品；剩下5%通常是"好三等"，2.5%"二等"，0.75%"头等"（此处统计疑有误，编者注）。然而从30年代开始，朝廷收到的高品质貂皮是之前的二倍，50年代之后达到四倍。

会盟渐渐变成了另一个事务。它不再是一个庞大的市场：进贡者如果能来的话，也只缴纳一张毛皮，自己稍留几张。贸易萎缩，人们的选择也少了。毛皮交易的辉煌岁月一去不复返了。

乌梁海的案例

类似的朝贡模式也见于清帝国最西部、也是毛皮第二大产地：蒙古西北部的所谓乌梁海地区。这个地区在行政上属于三个"乌梁海"部落：阿勒坦乌梁海、阿勒坦淖尔乌梁海和唐努乌梁海（扫261页二维码，见示意图3）。目前大多数人将他们的族系上溯到生活在俄罗斯和蒙古的乌梁海人：俄罗斯的阿尔泰人自称是阿勒坦淖尔乌梁海人的后裔；蒙古国的乌梁海人称其祖先是阿勒坦乌梁海人；唐努图瓦人（俄罗斯）和达尔哈特人（蒙古国）将自己的历史追溯到唐努乌梁海。[40] 在清朝治下，以上三个人群被编入特殊的"乌梁海八旗"，朝廷每年都向他们征收毛皮贡品。

尽管乌梁海人与森林有关，但实际上他们居住的广袤领地内只有一小片区域适合捕貂。当地有三个生态区域：中央和西部是干旱多草的大草原，北部和东部是连绵起伏的山脉，分布着针叶林带，二者之间的山区是草原和针叶林交织之地。这个区域的北方是萨彦岭，南有唐努乌拉山脉，通常情况下东北比西南更湿润、森林更茂密。在高大山脉的连接处和低地，散布着长满青草的峡谷，牧民在那里放牧牲畜，当地的野生动物种类和蒙古草原的一样，包括沙狐、狼、旱獭、地松鼠、蒙古瞪羚、大鸨、松鸡等。沿着山坡上行，草地就被桦树和针叶林取代了：西伯利亚落叶松、雪松和冷杉。当地森林中的动物是在草原上难得一见的品种：貂、水獭、松鼠、雪豹、麋鹿、赤鹿和狍子。在海拔更高的地方，沿着高山分水岭生长着像地毯一样的葱翠地衣，被驯化的驯鹿就以此为生。此外在整个地区数不清的河流小溪中，游弋着数目惊人的鱼类：茴鱼、鳟鱼（salmon trout）、梭子鱼、鲈鱼和白鲑。[41]

谢夫扬·万施坦因（Sevyan Vainshtein）记载，当地的大多数人居住在有草的峡谷或西部地区，他们与其他草原游牧民族一样，牧养牛、绵羊、山羊、马和骆驼，住在有格架的毡帐中。尽管放牧是最主要的生计，但很多有钱人也拥有小农场，利用重力供水的灌溉系统（gravity-fed irrigation systems）种植粟和大麦。与流行的说法相反，这种现象在十八、十九世纪清朝经略此地之前就已经存在了。只有一小部分人口分布在东部崎岖山地的森林中，最晚在 20 世纪初，已有 1/20 的乌梁海人口居住于此。与主要以养驯鹿和狩猎维生的游牧民不同；他们通过射杀有蹄动物获取食物，冬季捕猎毛皮动物以纳贡和贸易。他们的物质文化同样独具特色：大多数人住在用桦树皮或兽皮做成的圆顶帐篷里，而非内陆亚洲常见的毡帐。森林边缘的居民采取在夏季放牧和冬季狩猎之间轮替的谋生手段，采取何种生存策略取决于环境。[42]

多数乌梁海人与周围的蒙古人生活方式相似，因此完全被北京朝廷无视了；在清朝，一个人即便知道乌梁海地区，也仅仅将那里视作拥有森林、猎人和毛皮之地，人们主要通过乌梁海人参与朝贡系统了解后者。同时，这种联系的出现早于清朝统治当地，在很久之前曾经有其他征服者要求乌梁海人进献毛皮。

实际上，清代的很多地方机构是继承前代而来的。在准噶尔战争以及和托辉蒙古将军青衮杂卜（Chinggünjab）之乱被平定期间，清朝于1756年将乌梁海人纳入麾下。[43] 在加入清帝国之前，乌梁海人实行自治，他们分为若干杜沁（蒙：döcin，意为四十），每个杜沁以德木齐（蒙：demci）为首领，杜沁之上是更大的鄂托克（蒙：otog），鄂托克的首领为宰桑（蒙：jaisang）。被清朝统治前，所谓唐努乌梁海由16个鄂托克组成，分属于4个部落：特斯（Tes）、克穆（Kem）、托济（Toji）和萨尔齐腾（Sarkiten）。这些统治结构在清朝征服后也保持不变：乌梁海的杜沁成为清朝的佐领（满：niru），鄂托克成为旗；德木齐获得佐领（满：nirui janggin）的称号，宰桑成为总管（满：uheri da）。[44] 清廷于是承认并且授权给当地世袭贵族，同时建立了将户与旗、旗与帝国、乌里雅苏台和北京当局联系在一起的职权系统。

毛皮进贡制度同样有旧例可循。1756年之前，乌梁海各部向准噶尔或和托辉蒙古进贡，而有些人则向俄罗斯帝国缴纳毛皮。例如阿勒坦淖尔乌梁海人每年每户要向准噶尔贵族格勒桑多尔济（Galsangdorj）上交4—5张貂皮，同时还得交1张给俄国。[45] 最初，对原有制度的唯一调整是清廷成为阿勒坦淖尔部落毛皮的唯一接收者，乾隆帝"施恩"，把每年的毛皮定额从4张减少至2张。[46] 此后，每户唐努乌梁海人每年进贡定额为貂皮3张，阿勒坦淖尔和阿勒坦乌梁海每户2张。

正如帝国"仁慈"的用语所体现的那样，至少在理想的情况下，进贡与个人和等级皆有关联，其结构是每户有向主人（满：*ejen*）缴纳"贡品"（满：*alban*）的义务。[47] 在清朝征服之前，唐努乌梁海人的主人是和托辉蒙古；和托辉蒙古归附清朝后，他们的主人就改成了"圣主"（满：*enduringge ejen*；蒙：*boǵda ejen*），也就是大清的皇帝。[48] 此后他们就成为属民（*albatu*）：需要履行进贡义务之人。然而他们唯一的义务就是每年缴纳毛皮：根据帝国的法令，唐努乌梁海"无别项重负"。他们在这个问题上没有选择的余地。在阿勒坦淖尔乌梁海旗初编之时，乾隆帝下令所有乌梁海人都应该纳贡，而不管他们之间的区别："今新附乌梁海俱已纳贡。若不令查达克等所属乌梁海贡貂，即属不公。"[49]

不过，即便生活方式与蒙古人类似，乌梁海人在帝国内的地位保持不变，他们属于"旗"，受乌里雅苏台将军衙门的管理，但其身份、地位和管理机构是独特的。[50] 基于以上部分原因，乌梁海人似乎与周围的蒙古人不同，虽然或许二者差异不大。实际上，围绕他们的身份存在着某种矛盾。例如清朝官员常将他们描述成"蒙古"。在为政策辩护时，朝廷使用同样的比喻"大圣主视远近部落之人俱属一体"。[51] 对乌梁海人采取严厉措施"与圣上体恤蒙古之意不协"。[52] 出于意识形态的原因，朝廷基本上不教化乌梁海人，也不干涉他们的事务；相反，就像对蒙古人一样，它还承担起了保护乌梁海人生活方式的责任。

不过，和蒙古人不同，朝廷认为乌梁海人天生就是猎手而非牧民——即便他们中的大多数人实际上以放牧为生。[53] 这种刻板印象始终存在。清朝的文献一般把蒙古人描述成蠢笨的人，但是与乌梁海人相比，他们就显得聪明多了。1758 年，乌里雅苏台将军成衮扎布把唐努乌梁海人描述成野人：他们中的穷人生活如同"鸟兽"，而且惨遭战火蹂躏。[54] 他们没有合适的统治者；战后两年，他们"无管束之人，亦无能收聚者"。他们无以为生，"所有鄂托克似已逃逸无踪，遁入山谷寻觅鱼兽"。[55] 对于成衮扎布而言，渔猎是在绝境中采取的应急手段。后人则持不同的观点。19 世纪初成书的《乌里雅苏台志略》是一部为后任官员编写的手册，该书解释蒙古人不需要依靠打猎活命是因为他们以"游牧为业"。[56]放牧对他们很有好处：富人的骆驼、马以及牛羊"以万计"，穷人也有羊"数十只"。这样一来，蒙古人可以实现自给自足：冬天吃肉，夏天食用乳制品，用奶做饮料，以畜粪为燃料，用木头制作器皿和家具。[57]相反，乌梁海人生活窘迫，"渔猎维生"。[58]两个乌梁海佐领因违法越过中俄边境进行贸易，被清廷重新安置到北方的牧场。一份调查显示他们将在任何地方受苦：

> 伊等乘驮俱赖驯鹿。平日即在库苏古尔泊捕鱼，并在沿岸挖掘蛇草球根为食。素不知追逐水草、繁育牲畜。[59]

乌梁海人和蒙古人不光生活方式（满：doro）不同，他们与市场的关系也各异。朝廷认识到，蒙古人依赖物质交换网络。蒙古人吸烟喝茶，有钱人穿丝绸衣服；他们出售牲畜、兽皮、毡子和毛皮以换取所需商品。[60]虽然有某些针对蒙古人的特殊规定，但做买卖是合法的。相反，就算是参与受管制的贸易，乌梁海人似乎也很容易落入圈套，而且后果相当严重。因此，清廷完全禁止商人进入乌梁海地区。

朝廷出于对中俄边界的忧虑出台了这些政策。例如后来被安置在南部的乌梁海人曾经一直暗中与俄国商人做交易，这种行为违反了边疆贸易规定，导致乾隆帝将他们南迁。为了加强控制，朝廷将他们移到防范俄国的第一道卡伦防线以南。此后在1783年，俄国、乌梁海的武装匪徒在鄂格河岸打劫了汉人商队，于是清廷出台了另一道严厉的法令，不仅禁止商人进入乌梁海地区，甚至将邻近的鄂格河、色楞格河、鄂嫩河以及克鲁伦河沿岸（满：girin i ba）一并划入禁区。乌梁海各部之间的贸易是普遍存在的，同时还有蒙古人、俄罗斯人和汉人客商悄无声息进行的黑市贸易。[61]不过，朝廷不允许它们中任何一个存在。

然而，乌梁海人似乎更喜欢与商人为伍的生活，他们恳求朝廷允许他们返回故地。1796年，乾隆帝驾崩，新继位的嘉庆帝态度有所缓和：获得了许可的商人可以前往乌梁海地区,其他人则必须在卡伦防线以南生活。然而朝廷在战略方面的忧虑依然存在。1804年,乌里雅苏台将军富俊警告说,乌梁海人与境外之人勾结,越过卡伦防线走私货物。不能像对待普通蒙古人那样管理他们:"唐努乌梁海俱系新附,其情不与喀尔喀蒙古等。"征服乌梁海之后两代人的时间过去后,清朝对当地已经缺乏控制力了:"除副都统(满:jalan i janggin)与三佐领之牛录章京 [管理卡伦以南] 外并无大官,故难以围捕汉商。"他提出这些汉商必定会"诓骗"乌梁海人,使其陷入无法控制的债务陷阱中,以致最终引发事端。因此终止贸易是为了乌梁海人的利益;贸易"实于乌梁海生计大碍"。他进而建议应该再次禁止所有商人进入该地;只有前往乌里雅苏台进贡时,乌梁海人才能进行交易。[62] 皇帝同意了富俊的建议,他认为:乌梁海人不值得信赖。[63]

然而朝廷不仅从战略上担心乌梁海人居住在中俄边境易受攻击的地方,而且认为他们与贸易的危险关系可能让乌梁海的形象不同于帝国的想象;他们所处的自然环境同样似乎是一个隔绝的世界。《乌里雅苏台志略》一书很好地捕捉到这个旨趣。该书作者将乌里雅苏台的特产与蒙古特产并列。[64] 有些土产如麋鹿生活在多个辖区,而大多数来自单一地区。蒙古以出产牲畜和蘑菇著称;乌梁海地区以毛皮闻名:这里有貂皮、松鼠皮、水獭皮、猞猁狲皮、沙狐皮、扫雪皮、艾叶貂皮(pine marten)、狐皮、狼皮和獾皮。[65] 帝国的辖区和"生活方式"、自然物产是对应的——如果蒙古的形象是牧民和牲畜的话,那么乌梁海的形象就是猎人与毛皮。

当然,这种对乌梁海的狭隘幻想一部分是符合现实的(某些乌梁海人确实狩猎为生),另一部分是帝国意识形态的体现。尽管乌梁海是多元的,但朝廷以单一视之。尽管乌梁海人是牧民,但朝廷以猎人待之。尽管他们是活跃的商人,但朝廷要求他们生活简朴。越境活动和贸易都被禁止;商人也不能前来;朝廷只想要一年一度的毛皮贡品。基于以上原因,我们会对任何有关清朝的政策适合乌梁海地区本质的见解感到不屑。只有将其作为一个更宏大的战略计划中的一部分时,清廷对乌里雅苏台的政策才能讲得通：这个战略计划就是净化边疆。

净化的必要性

在转而探讨乌梁海进贡的问题并且逐步揭示毛皮危机之前，我们会首先问一个基本的问题：边疆的意义是什么、乌梁海与其关系如何？在很多方面，保卫边疆是压倒一切的重要事务；至少在帝国的层面，国防问题至关重要。中国与俄国的边界应当像围场一样不可侵犯、不变、永恒以及纯净。

清廷千方百计地巩固边界、绘制地图并且保护中俄边界。[66]《尼布楚条约》（1689 年）和《恰克图条约》（1727 年）确定了中俄国界，设立了贸易条款并给出了基本原则。[67]反过来，所有条约的逻辑与清朝管理国内满蒙汉族群的原则一致：划分辖区，通过隔离推进秩序的建立，强化对贸易的新监管，控制照票的使用。[68]隔离是惯常做法：两国同意让俄国人居住在边界以北，清朝属民在南，所有在对方领地内滞留的"逃人"（满：*ukanju*）都必须被遣返并接受处罚。《尼布楚条约》进一步规定所有前往边界地区旅行的人都必须携带特殊的"路引"（满：*jugūn yabure temgetu bithe*）。后来的《恰克图条约》禁止所有边境贸易，只留下两个口岸：位于库苏古尔泊以东 250 英里的恰克图，恰克图东面 500 英里的图鲁海图（Tsurukhaitu）。

清廷在强化这些规则时所使用的手段和监控围场等蒙古"禁地"、东北生产区一样。一切政策的基础是一条卡伦防线。根据法律，"若边裔、若禁地，则以卡伦守之"。[69]与所有的"封禁空间"一样，清廷也试图通过设立无人区的方法保护中俄边界。在"边界"（满：*jecen*）之南，朝廷维持了一个与俄蒙边界等长的额外"边疆"地带（满：*ujan*），那里每隔约 30 英里就有一座卡伦。在边界和卡伦的中间地带（满：*jecen i ba*）出现了一个与一般"蒙古地方"（满：*monggo i ba*）存在明显差异的特别区域。[70]

边疆地带的面积各不相同：大小取决于其所处的位置。有可能从南到北骑马仅需短短数日，而在库苏古尔泊附近可能需要五六天。[71] 在理想情况下，这里唯一的永久居民就是守卫卡伦的士兵（满：karun i urse 或 cakda i hafan cooha）。这样，不仅俄国人，就连蒙古人、汉人也不能进入或占据这里的游牧地带（满：nukere babe ejelefi）。[72] 所有越境者都应当被逮捕。如果有人盖房子，兵丁就要前往拆毁。"杂处"（满：suwaliyaganjame）是有罪的：被捕的移民和流民会被遣返"原籍"（满：da ba；蒙：uǵ ǵajar）；旅行是被禁止的。就像在圣山和围场那样，兵丁们执行"肃清边界"（满：jecen be bolgo obu；蒙：kijiǵar i ariǵun bolga）的命令。[73]

从法律上讲，这个区域是特殊的。在蒙古，守卡是一种强制劳役，士兵从当地各旗被轮流抽调上来。[74] 一旦被列入名单，他们就自动进入另一个军事管理体系了。根据位置不同，卡伦兵丁遇事不是向本旗扎萨克，而是向库伦的谙班或乌里雅苏台将军禀告情况；例如在西北，仅仅乌里雅苏台将军一个辖区内就有23个卡伦，由850名士兵（每个卡伦有30人—50人）以及23名台吉（每个卡伦1名）轮流戍守。[75] 基于他们的行政区域和单独的军事管理体系，清代档案总是将这些"边界守卫"与"旗人""蒙古"并列：他们是不同类型的帝国属民，对各自领地内的资源有自己的诉求。因此，《乌里雅苏台志略》将"卡伦"与蒙古地方分开：它的管理机构、规范和资源都是独特的。[76]

保护这里不受骚扰需要建立秩序。士兵的基本工作就是定期搜捕越境者，以清理"巡逻道路"（满：karun i jugūn）。每年春秋两季，当地的高级官员，包括所有新任命的乌里雅苏台将军衙门的军官要通过两次额外的巡视来检查边境线上47个卡伦兵丁的工作。[77] 每次视察完毕——无论是否发现了越境事件——大臣们都要向皇帝上奏确认他们真的进行了检查。例如在蒙古最西北的克屯河（Ketun River）地区，每年都有一个由120名杜尔伯特、乌梁海、喀尔喀士兵组成的小队执行任务。如果没有异常，他们就报告说："遍行清查，并未见有居住放牧者。"[78] 这种巡逻包括"巡哨"（满：baran karara）和"追踪"（满：songko faitara）。[79] 如果当地人进入这里只会让工作变得更复杂。一如某位谙班在1826年的解释那样，蒙古人任意利用边境，他们的行动把那些可以用来追查俄国人侵入的痕迹破坏了。[80]

从战略的角度讲，一个无人区更易于防守。清空一个地区的政策在有清一代被多次推行。签署了《尼布楚条约》的康熙帝将这个策略应用在中朝边界。他在与郑成功的战争中将东南沿海人民内迁的做法更为人所知。[81] 没有了物资和潜在的奸细，敌方的进攻变得更困难。[82] 如果荒野崎岖不平，入侵就更是难上加难了。清廷充分了解森林地带作为"险固之处"（满：akdun ba）的战略价值。[83] 1712年，康熙帝派遣图理琛出使俄国时告诉后者，如果有俄国人向他提问，就说，两国之间"沿途皆高山峻岭，林木丛薮，险隘之处甚多"。[84]《尼布楚条约》和《恰克图条约》毫不出奇地以天然屏障划分两国边界：[86]

> 鄂罗斯人所居近处山河者以山河为界，无山之空地（满：šehun necin ba；jildam tübsin gajar）设立鄂博[85]（蒙：obo；Mo: obuga）为界。

自然屏障是防御壁垒：任何一支18世纪的军队在如此险峻的地形面前都会裹足不前。[87] 因此，这个地区和南面的蒙古旷野（满：tala；蒙：tala）就有了显著区别。1708年成书的满蒙合璧字书《御制满蒙文鉴》（满：han i araha manju monggo gisun i buleku bithe）将"旷野"解释为"有路之野"（满：bigan de jugūn bisirengge；蒙：keker-e dür jam bui）。"野"（满：bigan；蒙：keger-e）——被简单地定义为"宽广空旷之地"（满：onco šehun i ba；蒙：aġuu saraġul ġajar）——表示一片没有道路的土地。这样就很准确地定义了"旷野"：这是一个与外部有重要连锁关系的地区，而非隔绝的。相反，边疆是穷乡僻壤：它的特点是外人不得进入。[88]

当然，这里并非绝对的荒原，最起码士兵以此为家。而且他们和边界线以南的牧民发生争执的情况也并不罕见。俄国人经常偷越边境，很多档案也以平淡的口吻汇报这些人被遣返。[89]从南向北进入这个地区的蒙古人同样引起边防士兵的警惕，特别是在19世纪初期，对通行权的担忧臻于顶点。例如在1826年，边防士兵和南面的牧民之间发生的冲突引发了恐慌。其中一起个案发生在边境南部的爱兴武卡伦（满：Aisinggū karun），此处位于恰克图以西200英里，似乎"极近"蒙古人常用的夏季牧场。士兵在前一年秋天引发了事端，谙班们签署了一项计划，打算在南面设置新的敖包。但是土地管理仍然被证明"略有松懈"（满：sulfakan），两个辖区的动物"混杂"（满：suwaliyaganjame）。为了保护边境，朝廷命令所有蒙古牧民南迁以避免发生进一步的冲突。[90]

在扎萨克敏珠尔多尔济（Minjurdorji）旗的边界发生了更棘手的麻烦。此处在爱兴武以东的13个卡伦，邻近鄂嫩河上游。1826年的严冬让蒙古牧民陷入绝境，他们组成四大拨队伍非法进入附近的边界。[91]尽管边防士兵命令他们离开，但后者的境况的确非常糟糕：大雪把他们的大量马匹冻死，采集燃料也变得不可能了。一般来讲获取宽大处理的希望不大：因为这些人"在俄国边界卡伦附近任意杂居"，已经"大干法令"。但是盟长阿尔塔什达和敏珠尔多尔济决定让越境者在此过冬，明年春天遣返，然后再和平地"恢复旧制，仍行隔绝"。次年春，他们沿着边界建立了新的敖包，并要求强化旅行许可制度，以"禁绝任意占据游牧"。只有这样他们才能重建不被骚扰的"边境"（满：jecen obuha ba）。[92]

最终，事实证明彻底肃清越界者纯粹是当局的奢望：边界线太长而兵丁太少。复杂的地形把由边界的面积和各卡伦之间遥远距离产生的问题放大了。此外，视察之旅花费不赀。特别是在19世纪中期危机之后，边疆地区的属民和官员都缺乏强化管理的能力、意愿和兴趣。满文诗《巡防额尔古纳边界之歌》（Songs of Patrolling the Erguna Border，1851年）用风趣的语言表达了边防士兵常有的厌倦情绪；歌词还记载兵丁亲眼看到清朝臣民和俄国人边贸之繁荣景象。[93]

这样我们会对净化辖区产生疑问：边疆表面上看是壁垒，但事实证明它有很多漏洞，就算人们不越境，动物也会这么做。实际上，随着边界两侧地区狩猎压力与日俱增，越来越多的猎人进入禁区打猎，而朝廷则发现自己陷入一个两难的困境：作为边疆的守卫者，它需要维持这里的纯净；作为乌梁海的保护者，它还要顾及狩猎经济。结果，帝国的两个志向自相矛盾。

乌梁海地区的毛皮危机：一个视角

边界是将乌梁海人和他们的土地联系在一起的关键因素；将乌梁海人与狩猎连接在一起的则是毛皮进贡。完成任务从来不是一件简单的事情；乌梁海人没有享受过平静的日子。早在1758年初夏唐努乌梁海接受清朝统治之初，他们就已经陷入绝境。这年夏天，有两支清朝军队巡察了唐努乌梁海的6个鄂托克，并进行了人口普查和第一次贡赋征收。巡察完毕之后，他们汇报称唐努乌梁海由1112户、5028名男女老幼构成。在这1112户中，共有515户有能力承担进贡义务。其余的519户"穷困已极，不能纳贡"，78户仅有老人和儿童。如此，这515户完成了唐努乌梁海的第一次进贡：155张貂皮、13张猞猁狲皮、346张狐皮、36张狼皮、9张沙狐皮、2张扫雪皮、2294张松鼠皮，在其他有价值的小东西中还包括来自7只雕和46只鹰的翎羽。朝廷对这群人征收贡赋的数量一定相当可观。这一年，代表6个鄂托克的六名乌梁海贵族前往清朝将军总部，向那穆济尔（Namjil）以及主持工作的蒙古王公臣楚克扎布（Cencukjab）请求以后少征贡品；他们正遇饥荒，而且进贡的负担过于沉重。[94] 将军们施以恩惠，蠲免了来年的全部贡赋。

然而，在这次减免之后，乌梁海地区必须年年进贡。所有能够承担进贡工作的唐努乌梁海人家每年有义务上缴 3 张"原色好皮"(满：*da bocoi sain seke*)。染色皮和从市场上买来的毛皮会被拒收。[95] 当地人每进贡 10 张貂皮，朝廷就赏彭缎 1 匹（满：*kofon suje*）。上缴 20 张灰鼠皮（满：*yacin ulhu*）另外赏翠蓝布 1 匹（满：*samsu boco*）。[96] 尽管清廷在技术上统计过乌梁海的户口数，但后来的官员没有再进行人口普查。相反，清朝档案用欢快的语言表示朝廷希望乌梁海人能自然地"荷蒙天恩，安逸繁育"。[97] 这样，和清朝的其他人口记录一样，官员仅仅报告人口的线性增减：唐努乌梁海地区平均每年新增 5 户，阿勒坦乌梁海 4.5 户，阿勒坦淖尔乌梁海 2.25 户。朝廷统计每户唐努乌梁海进贡 3 张毛皮，阿勒坦和阿勒坦淖尔乌梁海 2 张，预期的毛皮数量相应每年共增长 28.5 张；其中唐努乌梁海 15 张，阿勒坦和阿勒坦淖尔乌梁海一共 13.5 张。

但是有一个问题从一开始就毁了这个制度：动物种群数量的分布和帝国的辖区不是一回事。因此，当局需要不断调整政策以适应那里的生态。1758 年，当唐努乌梁海的 6 个鄂托克初次进贡之时，朝廷决定模仿之前控制这个区域的政治势力的做法：和托辉蒙古不仅仅征收貂皮，还索要禽类翎羽以及乌梁海地区出产的其他毛皮，让交换具有弹性，可以确保进贡的可持续性：

> 查，从前此项乌梁海不能向首长缴纳貂皮时，即以狐皮二张、沙狐皮、扫雪皮或狼皮折换貂皮一张。松鼠皮四十张折换貂皮一张。雕翎每只折换貂皮一张。雪豹、猞猁狲、马并雕翎折换貂皮三张。[98]

如果貂皮稀缺，唐努乌梁海人还可以根据一个固定的比例用其他贡品代替貂皮（见表 4-1）。

表 4-1　乌梁海贡品兑换比例

动物	兑换貂皮
猞猁狲	3
水獭皮	3
雪豹皮	3
貂皮	1
黄狐皮	0.5
沙狐皮	0.5
狼皮	0.5
扫雪皮[1]	0.5
灰松鼠皮	0.025

[1] 档案中这种动物名为 suusar（蒙）、harsa（满）或扫雪；笔者根据莱辛（Lessing）的翻译，将其英译成作为基因种类而非物种的 marten。Lessing, *Mongolian-English Dictionary*, 741。诺曼（Norman）将 harsa 翻译成更专业的"黄喉貂"（yellow-throated marten）。Norman, *A Concise Manchu-English Lexicon*, 125。万施坦因记载乌梁海人进贡"狼獾"（wolverine），而完全没有提到他们进献扫雪。Vainshtein, *Nomads of South Siberia*, 236。有关问题尚需进一步研究

同样，在 1759 年，萨尔齐腾乌梁海酋长（满：*daruga*）没有进贡貂皮，代之以其他毛皮和禽类翎羽。他解释道：

> 自臣祖先以来，所领属民向在库苏古尔泊并阿礼克河地方游牧。附近绝无貂鼠。我等从前俱将所捕各物进贡。[99]

后来的一项调查证实了他的说法：他的领地"不产貂鼠"。一开始，清廷考虑了两个选项：要么把唐努乌梁海人迁徙到貂更多的地方，要么让他们根据旧例缴纳替代贡品。[100] 他们选择了后者。不过，这种弹性政策并不常见。最重要的是，阿勒坦和阿勒坦淖尔乌梁海每年每户的进贡定额

减少了——从 3 张减至 2 张——但也有一个非常小的替换范围；因为他们住在通常被认为貂的数量相对较多的地区，所以直到 1842 年，朝廷仅允许阿勒坦乌梁海用狐皮、阿勒坦淖尔乌梁海用松鼠皮代替貂皮。

尽管捕貂是家庭义务，但在实际上保证获取贡品则是狩猎精英的工作。在冬季，这些猎手组成 4—10 人的小队，有时多达 25 人。其中包括当地最优秀与最贫穷的猎户；有钱人为这些小队提供给养，最后把半数毛皮赏给猎户。白天不能骑马时，猎人们就穿着有铁钉的鞋和滑板行进。如果猎狗闻到了猎物的气味，他们就展开追踪并射杀目标。晚上，他们围着篝火扎营，喝加了盐的茶水，把白天捕获的松鼠烤来吃。[101] 这些猎手都是神枪手：可能早在 17 世纪，他们所能选择的武器就是通过贸易获得的燧发枪。然而很多猎手在当地制造子弹和火药；他们用特殊的石头模子（这种模子被称为 khep 或 ok khevi）浇铸子弹，用硝石、木炭和羊粪的混合物制作火药。[102] 根据捕猎动物的种类，他们也会使用其他武器：冷杉或落叶松制作的弓、落叶松或柳木的弩，以及一种更复杂的 M 形复合弓。陷阱的使用相对较少。[103]

尽管狩猎活动具有机动性，但是为了保护边境不被侵犯，朝廷仅允许乌梁海人在指定地区捕猎。朝廷还严密监视生活在卡伦边界以南的唐努乌梁海猎手，因为后者每年冬天都要前往北部山区寻找毛皮。这些生活在南方的人群到了冬季就派出一支由 25 人组成的小队前往北方。在库苏古尔泊南部的哈特呼勒博穆（蒙：Qatgulbom，即现代的哈特噶勒），边防士兵负责将他们的名字、马匹和枪支总数登记造册。[104] 在边界内，猎人们收到严厉的命令"扫尽踪迹"，不得留下痕迹。[105] 狩猎完成，他们需要回去应卯。任何触犯法律之人都会被责罚：例如在规定地域之外捕貂者要鞭四十。

以上过程的每一个环节都遵循一个设定好了的流程。唐努乌梁海的贵族每年秋季聚在一起决定某个特定旗下每个家庭的进贡义务。他们估计富裕家庭每户可以缴纳多达 20 张貂皮；贫穷人家的任务仅有 10 张松鼠皮。

狩猎季节一过，打猎小队返回，各旗当局将规定数量的毛皮全部收齐，把完整的账目交给乌里雅苏台将军衙门。在某些年份，他们亲自把毛皮带到驻防；其他时候则由将军衙门派员收取。[106] 一旦送到乌里雅苏台，将军就奏报皇帝，然后解往北京。

和珍珠、人参垄断制度一样，围绕贡貂事务形成了汗牛充栋的公文。例如将军衙门登记唐努、阿勒坦和阿勒坦淖尔乌梁海的毛皮总数，并将其分类，再把毛皮和满文奏折呈交朝廷。大约一个月之后，毛皮送抵北京，内务府再将所有收到的贡品登记造册，这时（通常）使用汉文；然而和满文记录不同，内务府的统计不区分唐努、阿勒坦和阿勒坦淖尔乌梁海，仅保留总数。一年之后，朝廷把内务府皮库存贮的从未用过或虫蛀的毛皮交给六个食盐专营地区——两淮、长芦、浙江、苏州、江宁和淮关，它们必须以市价（有时高于市价）收购。这样我们就获得了有关乌梁海毛皮进贡数量的多种记录，包括乌里雅苏台将军衙门和北京内务府各自编写的档案。尽管有些文献保存在台北"故宫博物院"，但这两种记录都可以在中国第一历史档案馆查到。这两种档案之完整令人诧异：清政府记录了 152 年的纳贡情况，仅有 13 年的档案遗失（见附录）。[107] 这样，我们就有了两套关于乌里雅苏台进贡貂皮、松鼠皮、猞猁狲皮、水獭皮以及其他动物毛皮的记录，时间跨度大约是 1759 年—1911 年。

尽管这个进贡制度形成了某种固定模式，朝廷仍然需要不断地出手干预。特别是来自乌里雅苏台的满文档案将管理进贡描绘成一场持续不断的斗争。例如在 1800 年，唐努乌梁海某旗因百合（蒙：*tömüsü*）、鱼、动物生长得太少了，同时他们"地少"，以至于不能维持生计，因而发起抗议。他们的报告引起了朝廷的快速反应：朝廷恩赐他们一块位于库苏古尔泊岸边的新领地。在仅仅两年之后的 1802 年，更多有关动物稀少的报告迫使朝廷改弦易辙；这次不再赏赐新土地了，而是禁止他们在塔尔沁图卡伦（Darkintu karun），即今钱德曼温都尔县（Chandmani-öndör Sum）的旧猎区设陷阱（扫 261 页二维码，见示意图 3）。[108] 朝廷在赐予新土地和停止打

唐努乌梁海地区景观，今属俄罗斯图瓦共和国

猎两种选择之间摇摆，希望猎人们能保证完成每年的进贡任务，同时动物数量还能恢复。

然而有关动物数量减少的报告持续出现。1805年，清廷继续推行另一项策略，并对贡品的需求加上了限制，取消了对人均征收数量的要求。在两代人的时间里，朝廷根据能够承担进贡任务的户数制定贡品需求，但朝廷做不到每年进行人口普查，同时又希望动物数量逐年直线上升，所以贡品需求量也相应增长。仅仅因为这个机制，在1774年—1804年间，朝廷对唐努、阿勒坦和阿勒坦淖尔乌梁海的毛皮需求就增长了26%，从年均3281张增至4144张。这样，在1805年，谙班承认征收毛皮不可能像收取其他贡赋那样：人口固然在增长，但"貂等小兽数目每年不一"。

结果,满足贡品需求变得"窒碍难行",这些负担又导致乌梁海人陷入贫困。[109] 1805 年后,贡品数量被定在每年 4144 张。[110] 实际上,这种改革代表了一种从对人户生产量征税向对土地生产量征税的转变,前者有无限的增长潜力,后者则有生态方面的限制。

然而乌梁海人仍然不满。确定了进贡限额三年后的 1808 年,朝廷收到了一份报告。报告称在哈特呼勒博穆卡伦附近的额赫河流域"近来小兽日渐稀少"。从库苏古尔泊到塔尔沁图卡伦,动物"稀少"(满:seri)。一开始,谙班衙门希望朝廷允许唐努乌梁海人去更东边的阿拉浑博勒尔(Arhun Booral)卡伦附近打猎。然而这样做也被证明是"不便"的,因为阿拉浑博勒尔比哈特呼勒博穆更靠近中俄边界,而且边防士兵已经占据此处。[111] 当局询问阿拉浑博勒尔卡伦的士兵时,他们证明这里距离中俄边界(满:kilin i ba)只需要骑马走半天。因此为了防范战略威胁,朝廷决定,在 6 年禁猎之后,乌梁海仍然可以使用塔尔沁图附近的土地以保证进贡。[112] 1802 年的暂停狩猎走到了尽头。

然而,情况每况愈下,经历了 19 世纪初期短暂的禁猎之后,局面又开始恶化。例如在 1822 年,25 名猎手中只有 18 名在完成官方狩猎之后回到了哈特呼勒博穆。乌里雅苏台将军下令展开调查,狩猎小队的首领楚勒图穆衮布(Cultumg'umbu)承认另外 7 个人在别的地方打猎。尽管这 7 个人最终平安无事地回来,并且缴纳了毛皮,但有司仍然下令每人鞭责四十,并且威胁楚勒图穆衮布说,如果再有猎人离开划定的区域,就要将他降职。[113] 同时,乌梁海猎人继续恳请当局给与他们新土地,允许他们增加可以合法越过卡伦防线的狩猎小队的规模;搜捕动物越来越难,而传统上的 25 人狩猎队现在似乎有些"弱小"。1830 年夏季,情况"更堪忧虑"(满:ele facihiyašara),生活在卡伦以南的唐努乌梁海人要求将每个狩猎队的人数扩充至 30 人。然而乌里雅苏台将军驳回了他们的请求:既然他们仍然能满足定额,那就没有必要改变现状。[114] 此后再未出台改革措施,直到 1836 年乌梁海地区的腐败案件被揭露出来,朝廷发现有些奉派征收贡品的官员与唐努乌梁海人进行非法贸易，收取昂贵的茶叶、烟草等礼物。案发之后，皇帝下令让乌梁海人自己把毛皮送到乌里雅苏台。[115]

这一年冬天，随着猎人和边防士兵之间爆发争执，进贡的问题恶化到了极点。双方的对立始于乌梁海人布设的陷阱意外地杀死了一名边防士兵的马，此事引发了争执。猎人们究竟能在哪里狩猎？在这个争议出现之前，当地还有一个季节性的惯例：乌梁海人在夏天将呼格河（Khög River）河谷的南坡作为牧场，冬天从关口向南迁徙。这个做法在过去并不存在显著的问题，一如在库伦的蒙古谙班多尔济拉布丹（Dorjirabdan）向皇帝简报的那样：“奴才等看得两方游牧（满：nukte），兵丁之地虽狭，但多有放牧草场；乌梁海地方多森林丘陵。”

然而1836年的争端最终引发朝廷高层的回应：1837年初夏，谙班多尔济拉布丹亲自骑马前往当地评估局势、接手工作并且制定了一项长期的解决方案。就像在蘑菇危机中一样，这种来自高层的干涉显示帝国具有严重的危机感，对当地官员日趋不信任并需要划定边界。[116]多尔济拉布丹向皇帝保证，饱受蹂躏的边地"关系亟重"，他将"肃清边地"（满：jecen be bolgo obure）。同时，他还会确保乌梁海人的"生计"（满：banjire were）；他们应该永远保持猎人的身份。

1837年春，谙班率领笔帖式、随从和向导踏上前往库苏古尔泊的7日旅途，他们在途中散发烟草、茶叶和白银作为礼物。[117]最后，一位名叫满达尔瓦（Mandarwa）的乌梁海首领同意将传统的冬季边界永远固定下来，实际上将河谷南坡让给边防士兵。然而，多尔济拉布丹仍然认为这个让步力度不够，因为他提出的方案"于乌梁海生计并无妨碍"。于是双方同意不越过新边界，还用白纸黑字的誓言来维护领地划分。因为担心牲畜会越过边界，所以多尔济拉布丹命令乌梁海猎人不得在边界线以南的谷地设陷阱，并在双方之间设立了一个扩大了的缓冲区。以上建议一经认可，他就聘请了一位名叫扎穆楚（Jamcu）的当地喇嘛绘制边界线地图，还下令在分水岭设立五个敖包以示分隔。笔帖式起草新协议,最终连同誓词和地图交给谙班;谙班上奏北京;朝廷随后将文书返还谙班在库伦的衙门存档。[118]

在扎穆楚的原版彩色地图中,有一条红线贯穿东西,将南面的乌梁海和北方的边防区截然分开(见图4-2)。五个黑色三角——敖包——表示边界。红线以北有圆锥形的符号,给出的是卡伦的位置,在地图的左上角还有库苏古尔泊岸边的哈特呼勒博穆卡伦。黑色的虚线贯穿地图,并将卡伦连在一起;这表示从北方分水岭穿过库格河(Kükge River)抵达南部的兵丁巡逻路线。[119]这条边界虽然清晰,但它所代表的隔离区根本不存在;它体现的是帝国的需求。

一如笔者在第三章讨论的一样,在这个时期,划定边界是清代蒙古地区的典型现象。帝国的权威在当地是有限的,人们频繁越境。当地主政者的注意力集中在本土的问题上,对新边界的需求来自他们而不仅仅是朝廷。帝国当局实际上是局外人,其出现标志着当地政治节奏被打断。从意识形态角度讲,它是调停者,而非参与者:它主张尊重两个辖区的一致性和完整性——即便到了最后边防兵丁获胜。当地人的身份、地方以及环境得到了支持:乌梁海人和兵丁各自占据一片领地。

实际上,1800年—1837年历次改革的目的,都是为了划定边界、维持理想化的乌梁海人身份和恢复当地毛皮动物种群。禁止将毛皮染色或出售的法令进一步说明,对于朝廷而言从乌梁海获取毛皮本身不是最重要的,获取真货才是要紧的:乌梁海人自己捕获毛皮,后者直接来自他们老家。相比让边界蒙古化或促进汉人的商业活动,帝国的目标是维持他们各自的独特性:隔离、划界和分配资源。然而与满洲、蒙古地区一样,在这个过程的中心隐约可见一个变化的自然环境。恼人的狩猎困难与采珠、蘑菇一样,上升至帝国事务的顶端。

图 4-2　1837 年的乌梁海边界线。这张地图以上为北

来源：乌兰巴托国家中央档案馆

毛皮危机的角度——对数量的考察

　　毛皮进贡制度熬过了整个 19 世纪的事实——仿佛没有任何变化——使朝廷的干预显得更加引人瞩目。如果我们仅仅依据内务府的档案，乌梁海朝贡体系的重大变化就会被档案中记载的接收毛皮的翔实数字掩盖，似乎乌梁海并没有受时光流逝的影响。然而如果将内务府的档案与乌里雅苏台将军衙门的满文奏折对照起来研究，我们就会看到另一种画面。似乎一种接一种的动物从森林中消失：最早是在 19 世纪二三十年代灭绝

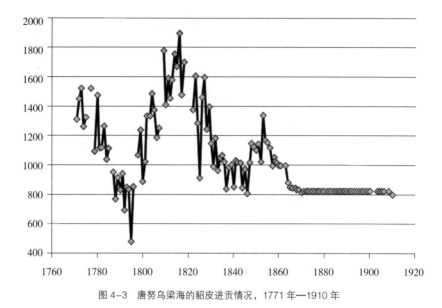

图 4-3 唐努乌梁海的貂皮进贡情况，1771 年—1910 年

来源：《军机处满文录副奏折》、《军机处档折件》。参见附录

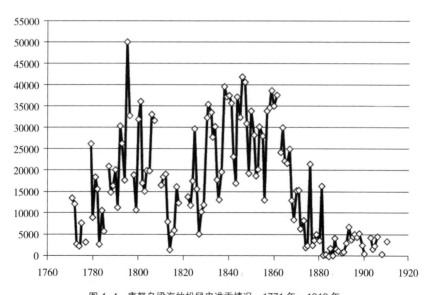

图 4-4 唐努乌梁海的松鼠皮进贡情况，1771 年—1910 年

来源：《军机处满文录副奏折》、《军机处档折件》。参见附录

的貂，然后是 19 世纪 60 年代的松鼠，最后其他有价值的毛皮动物也很快消失了。

乌梁海三部进贡貂皮的数量从 1816 年多达 3800 张，跌至 1831 年的 1878 张，此后年均最多 1200 张（通常达不到这个数量）。贡品数量衰减的一半来自唐努乌梁海：1816 年的 1896 张是峰值，但到 1831 年就降至 992 张（见图 4-3）。[120] 对毛皮动物稀少的报告反映了这些时期贡品数量的锐减：1795 年—1805 年间，貂皮数量急剧减少，此时有关动物减少的报告首次变得频繁；19 世纪 30 年代，当多尔济拉布丹出手干预库苏古尔泊事件时，同样的情况也出现了。

至少唐努乌梁海人还有别的选择，因为朝廷允许他们用其他毛皮代替貂皮：如果貂皮数量少，猎人们会专注于其他种类的毛皮。不过在实际操作中，贡品的总数说明猎人最喜欢的替代品是松鼠皮，因为貂皮贡品与松鼠皮有密切关联，在 1800 年—1832 年，皮尔森系数（Pearson coefficent）是 -0.85（见图 4-4）。这一现象是说得通的：只有获得松鼠皮和貂皮，猎人才能得到朝廷的奖励——10 张貂皮赏 1 匹丝绸，20 张松鼠皮赏 1 匹棉布。似乎用貂皮换丝绸更划算：松鼠皮进贡数量最大的年份也是当地对动物稀缺报告最多的时期。

19 世纪二三十年代貂皮数量下降的事实说明阿勒坦和阿勒坦淖尔乌梁海地区也同样存在的问题：从 1814 年开始，阿勒坦乌梁海贡貂数量持续下滑，阿勒坦淖尔乌梁海的数量在 1830 年骤减。为了补上空缺，两地不得不进贡仅有的替代品：阿勒坦淖尔乌梁海进贡松鼠皮，阿勒坦乌梁海进贡狐狸皮（见图 4-5 和 4-6）。在 1842 年，为了增加贡品的数量，清廷允许唐努乌梁海人——当地进贡貂皮数量缩水超过 90%——上缴雪豹皮、水獭皮、猞猁狲、扫雪皮、狐狸皮、沙狐皮和狼皮。[122] 然而以上几种动物在阿勒坦淖尔乌梁海分布很少，所以在他们进贡历史的最后 20 年中上缴的毛皮每种不超过几十张。

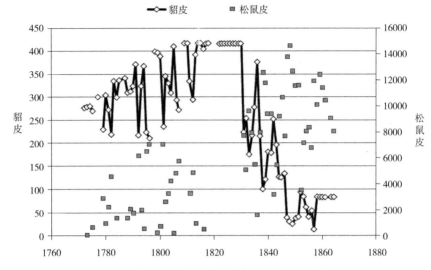

图 4-5 阿勒坦淖尔乌梁海的貂皮和松鼠皮进贡情况，1772 年—1864 年

来源：《军机处满文录副奏折》、《军机处档折件》。参见附录

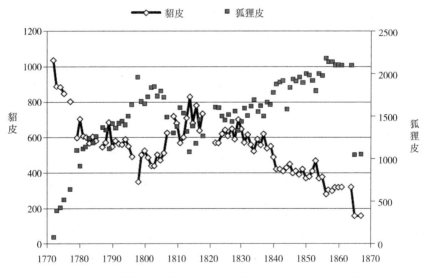

图 4-6 阿勒坦乌梁海的貂皮和狐狸皮进贡情况，1772 年—1867 年

来源：《军机处满文录副奏折》、《军机处档折件》。参见附录

然而随着时间的推移，乌梁海人的选择减少了，特别是在19世纪30年代之后。1832年之前，我们可以准确地预测当进贡貂皮数量下滑时，松鼠皮会增长，反之亦然。1832年之后，两者的关联变得微弱：貂皮数量仍然低迷，但是松鼠皮数量每年都有大幅波动。[121] 乌梁海人转而捕猎其他动物以取代貂：狐狸、猞猁狲、沙狐等。因为貂皮和松鼠皮数量在19世纪60年代以后都下降了，唐努乌梁海人就一直大量用沙狐皮和扫雪皮充数，直到80年代这些动物也消失为止（见附录）。

当时究竟发生了什么？乌梁海人进贡貂皮、松鼠皮越少，他们收到的赏赐就越少。或许他们为了换个好价钱把毛皮拿到公开市场出售了？例如我们知道乌梁海人有越境与汉商、俄国商人进行贸易的历史。他们也有如此做的动机：朝贡贸易并不划算。根据当铺记录，19世纪40年代，每张松鼠皮的价格高达银0.08两，同时乌梁海"黄"貂皮的价格为1两，是松鼠皮价格的12倍。[123] 松鼠皮远不如貂皮值钱，但对于消费者来讲，这是一种廉价的替代品，所以市场需求量大。然而在朝贡贸易中，貂皮的价格是松鼠皮的40倍。恰克图——位于库苏古尔泊以东200英里——貂皮的市场价并不比松鼠皮贵40倍。1794年，卖家可以在恰克图的公开市场以高于进贡价20倍的价钱出售1张松鼠皮；贩卖狼皮和沙狐皮的话，价格比进贡价格翻一番。[124] 如果单纯考虑商品价格，只要在进贡时用松鼠皮代替貂皮，乌梁海人反而吃亏了。

相反，朝廷通过这种不公平的兑换比例牟利。内务府每年都将库存的剩余毛皮卖掉，而且根据法律要求，帝国六个盐业专营地区的负责人要以市价收买。在现实中，内务府有时将比率定得更有利可图，一张松鼠皮价格是一张貂皮的1/15。而乌梁海人每用40张松鼠皮顶替1张貂皮，内务府在交易中就获利1.6两银。这样，随着进贡貂皮减少、松鼠皮增多，对于内务府而言，乌梁海进贡贸易的总价值从1809年的2722两增长至1847年的5322两。

这种利润有助于解释档案记录中出现的某些异常。例如内务府在1844

年上报乌梁海的毛皮数量满足定额：三个部落缴纳了1503张貂皮、8张雪豹皮、3张水獭皮、59张猞猁狲皮、49张扫雪皮、2255张狐皮、670张沙狐皮、70张狼皮和36360张松鼠皮。如果计算兑换价值，乌梁海进贡的毛皮相当于4144张貂皮，正好符合他们的定额。[125] 然而，当年乌里雅苏台将军衙门的奏折显示了不同的数字：1503张貂皮、8张雪豹皮、3张水獭皮、59张猞猁狲皮、49张扫雪皮、1955张狐皮、670张沙狐皮、70张狼皮和46360张松鼠皮。[126] 如果计算兑换价值，其总价值相当于4244张貂皮。这些数目并不吻合：尽管两方呈报的数字完全符合进贡定额，但内务府报告的数字比乌梁海报告的多300张狐皮，少了10000张松鼠皮。此外，就这一点而言，1844年的情况并非仅见：类似的数目差异也出现在1800年、1816年、1818年、1823年、1829年—1832年、1834年、1837年—1844年和1848年。[127] 这种异常几乎成了常态：内务府比乌里雅苏台将军衙门少报松鼠皮，多报貂皮和狐皮。这个现象可以用灰色收入解释：在公开市场上，松鼠皮比貂皮卖得更好，如果一名贪官从库房中拿走一些松鼠皮再用貂皮补上，他们一年就能挣几百两银子。总之，司法衙门的记录证明这是内务府的痼疾。他们的数字不可信。[128]

那么乌梁海人为什么仍然和市场利益对着干呢？即便到了19世纪末期，猎人们仍然更喜欢捕猎松鼠超过其他动物，松鼠皮甚至在当地的猎人间成为通货。[129] 生态似乎是最有力的解释：一如他们报告的那样，个中原因是动物减少。此外，在边界内外同步出现的动物数量锐减说明本地问题与更广泛的危机存在联系：在19世纪二三十年代，从阿尔泰山脉到库苏古尔泊、满洲地区以及更远的地方，野生貂的数量锐减。

貂和人不一样，不会因为越境遭到惩罚。它们关心自己的领地；20世纪，人们打算把貂限定在保护区，结果不成功，因为貂直接迁徙走了。[130] 它们的繁殖速度快——在理想环境下，它们的种群数量可以在6年内增长3倍——但如果面临被狩猎的压力就鲜能如此。[131] 这样，一个区域的狩猎行为会影响貂在另一个区域的分布数量，同样，猎人跨区域狩猎的目标是一个共同的动物聚集地。如果我们设想某些猎人和皮货商也会越过帝国边疆狩猎或贸易,那么这个假设就更有力了:加强对一个地区的狩猎(或保护)会影响另一个地区。因为在俄罗斯的猎人为恰克图市场捕貂,所以我们甚至可以认为在恰克图交易的貂皮数量和乌梁海进贡貂皮的数量之间存在着关联,用于贸易的貂皮增加则进贡的貂皮数量就减少。从另外一方面讲,如果俄罗斯猎人没有完全投入毛皮市场——如1812年法国入侵时期——恰克图贸易量低(或不存在)的情况可能会让人产生貂的种群数量上升的错觉,而且我们也不会设想进贡貂皮数量与贸易之间存在任何关系。

实际上,在1792年—1830年之间,恰克图贸易的规模和进贡数量之间的关联非常清晰,只有在拿破仑战争期间才出现贸易下滑、进贡量达到顶峰的情况。[132] 唐努乌梁海、阿勒坦、阿勒坦淖尔乌梁海地区毛皮进贡量同时减少并非偶然,当时在满洲地区和库页岛也有同样的情况:毛皮危机超越了地域。实际上,恰克图市场和广州市场的一体化,加上更大地理范围内同步出现北美海獭数量的崩溃,说明在满足中国和全球化的市场的需求、维持生态极限时出现了全新的、普遍的困境。所有地区都要做出应对。但是清帝国的北方边疆和美国西部、俄国远东不一样,库苏古尔泊也不是另一个加利福尼亚。[133] 当然,看起来北美海岸就像库苏古尔泊、蒙古草原或满洲地区的贝床:它们都以各自的方式成为以清帝国为中心的生态系统的外围。

本章小结

今天,库苏古尔泊已经成为一个观光胜地兼国家公园。它虽然不像其他更著名的景点那样吸引游客,但重点就在这里:来此的游客想暂时逃避现代生活的紧张节奏和喧嚣。不久之前,游人和当年的帝国开发者一样发现了库苏古尔泊,二者的精神是基本相同的。在1910年由英国组织的探险

166　活动中，道格拉斯·卡拉瑟斯（Douglas Carruthers）① 捕捉到了当时的气氛：

> 在沼泽的底部，一半是湖泊一半是森林，这里看起来如此神秘，假如有个史前怪兽抬起它蛇一般的头凝视我们，那也没什么奇怪的。我们应该感到它的存在与周围的环境非常协调。实际上，它比我们自然得多。

毫无疑问，在这片与世隔绝的土地上生活着土著。但正如卡拉瑟斯的冷眼旁观：“我们可以估计在这样的隐蔽地区生活着当地人。”[134] 他们就是唐努乌梁海人，和他们的家乡一样似乎来自另一个时代。在卡拉瑟斯的世界里，未被开发的自然和土著是一回事；在一个充满帝国阴谋、工业输出和革命的时代，他们代表的是一种重返原始时代的现象。对于一个英国冒险家而言，似乎清帝国从未真正管理或改变过这里。

然而乌梁海地区既非与世隔绝，也不是一成不变的。当然，权力有延长时间的方法：拥有权力之人自视为变革的代理人；无权之人就被当成顽固不化的象征。[135] 在库苏古尔泊的例子中，将其视为一个永恒不变的事物是一种一厢情愿的幻想：乌梁海人和他们故乡的自然环境更多反映了帝国的改造，而非长期的忽视。如果乌梁海人生活在另一个世界，那也是因为帝国保护了他们的独特性；如果他们的土地看起来未被破坏，那要归功于边防士兵和官僚。这个地区完全不是"荒野"（满：*bigan*）；用满语讲这里是一片"*bolgo jecen*"，即"净土"。越过边境进入乌梁海地区的现象从未消失：边界本身和受保护的环境一样，是帝国对全球危机的回应。

---

① 道格拉斯·卡拉瑟斯（1882年—1962年），英国探险家、博物学家。1910年前往外蒙古探险，于1913年出版两卷本《未知的蒙古》（*Unknown Mongolia*）。

结　论

旗人破坏参场；采菇人被押上刑部大堂；谙班们"肃清"边疆：我们应该如何理解历史上的这些插曲？很多清史研究者关注朝廷如何通过促进生产、推进文化事业和让汉人移民实边实现边疆转型。然而以上事件均不符合本书前面所叙述的故事。那么这些故事告诉了我们什么？它们属于哪部分历史？

满洲、蒙古地区和清帝国的其他北部边疆都对朝廷具有特殊意义；它们的地位与帝国其他地域迥异。[1] 尽管朝廷在每个地区都采用不同的统治策略，但在18世纪末、19世纪初，帝国的多种管理手段最终统合为一。在满洲地区，朝廷试图把满洲根源与东三省连在一起，理想中未被破坏的满洲故里开始与驻防将军的辖区重合。在蒙古，朝廷对蒙汉"杂居"的焦虑促使其付出新的努力以"肃清"和防卫边疆。在边疆地区，朝廷重新绘制乌梁海边界地图。帝国代表们在当地设立卡伦、对人民实行登记、散发银两、改革进贡制度并授权地方当局接手以上事务。朝廷没收非法移民的土地，并惩罚其合作者。

在以上诸多方面，帝国的边疆计划包含着重塑臣民的目的。[2] 这项事业所需的不仅仅是赶走珍珠盗采者、无证移民和采菇人；还需要心灵的变革。似乎在外来者的影响下蒙古人和满洲人有可能放弃他们的传统，这是比"杂居"和移民更隐蔽的威胁。在朝廷看来，这些边疆地区的人民是淳朴的；他们是猎人、牧民和旗人，本性温和而诚实。为了保护他们的本性，朝廷只允许他们有限度地参与市场；这些臣民理所应当是朴素的。[3] 在帝国的话语中，像"淳朴"（满：gulu；蒙：silugun）这样的字眼能唤醒蒙古人、满洲人和"猎人们"的斯巴达精神。而屈服于时代诱惑的人是堕落的；他们"疏忽""盲目""鲁莽"。

然而，在现实中，朝廷强化边疆管理、改造臣民的努力与一项环境计划密不可分。朝廷认为乌梁海人以捕猎毛皮动物为生，满洲地区是人参和珍珠的产地，蒙古人需要蘑菇、扫雪和鱼。然而人、地和物产之间的纽带似乎最终断开了：毛皮动物被从贡赋（taiga）中剔除，蚌从河床消失，盗猎盗采者将口蘑、扫雪和鱼掠夺一空。这种转型前所未见：历史上没有如此粗放开发的先例。它破坏了臣民的生计，扰乱了贵重商品的流动，也违反了帝国对自然事物例如贝床的"仁慈"原则。

人、地、物产：在经济繁荣时期天翻地覆的变革之下，帝国重塑并捍卫了三者。在理想情况下，三者被证明是不可分割的整体；朝廷在边疆和族群的框架内保护纯净和堕落之间的区别。当地人开始和外来者产生交集或发生改变，在对"纯净"的追求中，清政府创造了一种自然：一个从未被岁月侵蚀的古朴世界。

讽刺的是，我们只有通过阅读多语种的多种档案才能揭示这个过程。清朝的精英和朝廷对何谓真正的汉人、满洲人、蒙古人、乌梁海人有很强的意识，并竭尽全力地制造并保持它们的界限。宫廷档案文献揭示了这些理想是如何破灭的。在档案中出现的很少是理想的臣民：蒙古人把蘑菇贩卖一空、乌梁海人在黑市做买卖、乌拉牲丁盗窃珍珠、贪婪的商人、放债人、非法移民、种植秧参的农民、盗采者、跨族群婚姻、流浪汉。正是在清帝国的边疆，构成帝国的各种区别最为清晰。

沿着以上路径，我们可以读出秧参、胡作非为的采菇人的幽灵，以及其他帝国噩梦；它们迫使帝国采取行动，所以在档案中得以频繁出现。在蒙古地区，净化族群和环境的一套话语是至关重要的；在东北，"肃清"这个词用得很少。然而帝国的需求在这两种条件下引发了意识形态和制度的反映；朝廷将领土重构为一个不受污染的大自然的化身。

或许 nature 这个词不能最贴切地描述这种重建过程。在英语中，这个词可以掩盖它所揭示的内容：它可以指代一切，也可能什么意思都没有；

它能引发一种特殊的基督教目的论、一种浪漫想象,也能描述科学领域的概念。[4]一如威廉·克罗农讲的"错误"自然,即便在更狭义的"不受破坏的地区"(unspoiled place)的概念中,英语的 nature 一词与清朝所建构的自然也有某些细微差别;我们不能把这个现代英语词汇及其精妙之处与清初的任何一个词语画等号。"肃清"也有这个问题:没有哪个英文词能够捕捉到满语 bolgo 和蒙古语 airgun 的全部含义。

同时,清朝使用的术语并不新奇。想知道某些东西、人或地方是"自然的",我们通常会追寻它的历史:它是如何被创造的?它来自哪里?是否有人曾经改造过它,或它是否免于人类的破坏?这些问题以及它们如何向我们描述历史,深深地影响了朝廷对环境危机的应对方式:无论在满洲、蒙古还是其他边疆,似乎理想化的原有秩序都被改变了。每份奏折都将这种时代变化诉诸笔墨;政府每次围捕不法分子和推行改革都为其注入坚实的意义。当我们阅读清朝的档案并从其他多种文献中寻找材料时,就会更清楚地看到早期的肃清行动其实只是个幻影:采菇的汉人已经从业好几代,狩猎毛皮动物、挖参可追溯至几个世纪之前;蒙古人和满洲人从来都不是淳朴的;汉人从来都不是外来的;这片大地也并非一直这么原始。然而这种对历史的重构绝不独特:当时在整个欧亚大陆,其他帝国对自然和国家的重构与此方式一致。简而言之,清朝并不是独一无二的。[5]

清帝国的纯净故土

如果我们退一步,从一个更广阔的历史背景下思考清朝对自然的塑造,将会看到什么图景?欧洲的历史学家或许会在德国的历史中找到雷同的经验。一如清帝国的世界中存在对"纯洁"的追求,德国人和蒙古人也差不多,他们强调物产、贸易在他们与 Heimat(即故乡)的自然之间所扮演的纽带角色。作为回应,浪漫主义者重新认识了自身与故乡的自然奇迹,并试图寻回他们失去的生活方式。15 世纪之后,德国人努力将自己和更古老、更原始的世代重新联系起来。[6]例如他们发现塔西佗（56年—117年）的《日耳曼尼亚志》将罗马人描述成奢侈、追求感官享乐之人，而日耳曼人是更淳朴的，"没有虚伪或狡诈"。[7] 18世纪，与启蒙运动的理性化趋势相反，赫尔德（Johann Gottfried Herder）①能从德国"未经破坏的自然景观"中获得灵感。[8]一种新的环境保护主义诞生了：Heimatschutz（保护家园），它在19世纪末的第二次工业革命时期获得了力量，并赢得了大众的支持。这场运动持续到纳粹时期，这是一个国家的韧性和质朴的顽强精神重新搅在一起的时代。和在任何别的地区一样，德国的国家运动和环境运动携手同步发展。[9]边境问题、环境危机、道德堕落和政治认同让清朝创立了"肃清"的话语。它们在德国的景观保护主义者中产生了类似的效果；对于二者而言，重塑人群和地域是重中之重。[10]

类似被建构出来的人地关系也充盈了现代波兰人和立陶宛人的内心，他们将比亚沃维耶扎（Białowieża）的森林视作国家的生命线。1820年，朱利叶斯·冯·布林肯（Julius von Brincken）首次目睹这片森林时将其比作"真正古代萨尔马提亚风光：一片森林中的世外桃源"。[11]在1830年—1831年的十一月暴动（November Uprising）②期间，诗人亚当·密茨凯维奇（Adam Mickiewicz）③同样赞美森林是他天真无邪的童年和国家原生历史的背景。[12]古代波兰贵族曾经像游牧人一样穿着"萨尔马提亚服饰"，他们的早期现代继承人赞美这一点。[13]（或许我们不应该对清朝皇帝在波兰人身上看到自己的影子而大惊小怪：清代的进贡国家人物图册——《职

---

① 赫尔德（1744年—1803年），德国哲学家、神学家、诗人、文学批评家。

② 十一月暴动是处于分裂中的波兰武装反抗沙皇俄国的战争。因暴动于1830年11月29日发生在华沙，故名。该暴动遭镇压，沙皇尼古拉一世趁机吞并波兰。

③ 亚当·密茨凯维奇（1798年—1855年），波兰诗人、戏剧家、散文家、出版家、翻译家、斯拉夫文学教授、政治活动家。被波兰、立陶宛、白俄罗斯尊为民族诗人。

贡图》——将波兰人［满：*bo lo ni ya gurun i niyalma*①］描述成"仿佛蒙古"，还注意到他们以耍狗熊、穿狐皮、獾皮闻名。[14]）

这种将自然和民族的过往连在一起的尝试并非仅见：很多人感到某些重要的东西已经丧失了。在欧洲大陆，歌德（1749年—1832年）在人类世界的"第二创造"中看到了浮士德与魔鬼的交易；在英格兰，威廉·华兹华斯（William Wordsworth）②思考了人类出卖灵魂的问题：

> 获取和消费，我们挥霍力量；
> 自然界中则少有其侔；
> 我们放弃了自己的心，一个卑鄙的利益！[15]

拥有权力和野心的人将自己与一种古典生活方式重新连接在一起：他们打猎，穿着毛皮衣服炫耀自己，大清的蒙古、满洲，以及德国、法国、波兰和英国的精英都把毛皮当成彰显精英身份、淳朴品质、尚武精神和男性气概的工具。和皇帝一样，德国的贵族消耗了数量惊人的野味，把很大一部分精力投入他们的 Jagdschlössen，即狩猎行宫上。他们的狩猎活动铺张浪费：例如在1782年，符腾堡的卡尔·尤金（Karl Eugen）公爵为了迎接俄罗斯大公保罗来访举行了狩猎活动，猎获了6000头鹿、2500头野猪。据说路易十五曾经在3个小时内打死318只鹧鸪；路易十六在一年内猎杀了8424只动物。[16] Vivre en roi, c'est chaser, et chaser régulièrement（一个国王的生活就是打猎，并且要定期打猎）。[17] 在整个欧亚大陆的确如此：清帝国、莫卧儿帝国、萨法维帝国和欧洲君主都会认可这种说法。[18]

早期美国人对自然环境的情感并不弱于今日：他们被更广泛的身份和

---

① 即"波罗泥亚国夷人"。
② 威廉·华兹华斯（1770年—1850年），英国著名的浪漫主义诗人，开创了英国文学的浪漫主义时代。

权力问题所困扰。在殖民与工业变革的图景中，亨利·大卫·梭罗（Henry David Thoreau）① 也向往一个更纯净、简单、刚健的过去："我认为那些高贵的动物已经在此灭绝——美洲狮、豹、猞猁狲、狼獾、狼、熊、驼鹿、鹿、海狸、火鸡等——我不禁感到我生活在一个被驯化、阉割了的国家。"[19] 当然，这片土地在殖民者踏足之前就已经被驯化了，美洲的原野同样需要清帝国肃清政策那样的重构历史和政治的行动。一如安塞尔·亚当斯（Ansel Adams）② 在约塞米蒂被辟为国家公园时所写："很不幸，为了保持它的纯洁，我们不得不先占领它。"[20] 在美国，如果没有政府，纯洁而未受破坏的自然难逃厄运。

未被破坏的自然仅仅是一种理想和雄心的产物；在地球上没有哪块土地未被人类接触过。我们甚至不能理解没有人类影响的史前风光，现代人努力将人类从环境中抽离出去而不试图理解我们在本地生态系统中扮演的角色，最终引发了难以解决的问题。[21] 一如威廉·克罗农论证现代的荒野时所说："荒野根本不是自然与人类隔绝之地，相反，它受人类创造力的深远影响——在人类历史中每个特殊时代创造了非常独特的人类文化。"[22] 尽管我们会以为自然和历史这两个世界有天壤之别，但二者实际上是不可分割的。[23] 从美国的森林公园到德国的森林、苏维埃的保护区，现代自然之所以能够维持下来，正如 A.R. 阿加西提出的，政府无论出于参与政治（participatory politics）、原生论（primordialism）还是技术统治论（technocratic rule）的原因，实际上都对自然实行了"严格的保护"。[24] 未被接触过的自然是人为创造的，而非被人类破坏的；绝对的荒野只能存在于绝对控制之下。

---

① 亨利·大卫·梭罗（1817 年—1862 年），美国散文家、诗人、哲学家、废奴主义者、博物学家、历史学家，著有《瓦尔登湖》，以反映在自然中的生活闻名。
② 安塞尔·亚当斯（1902 年—1984 年），美国摄影家、环境主义者。他拍摄的美国西部照片被广泛应用于各种出版物。

清朝的经验提醒我们需要抛开欧洲中心范式来重新思考全球自然史。很多人把理解中国和西方"自然"的努力都花在形而上和语义学层面，而在这个问题上，清朝和西方的术语有很多差异：当现代译者将汉语的"自然"和蒙古语的 baigali 对应"nature"时，他们完全改变了这些词的本意。[25] 但是我们没有更好的工具可以用来比较清朝与外部世界的相似之处。虽然在清朝的世界没有等同于"英里"和"世纪"的概念，但他们一样能计算距离和时间。

未被触及的"自然"同样是一种标准：我们用它衡量和区分事物。在社会和历史的比较中，它暗示了对起源、创造、永恒和变化的理解；它既非某个特定领域，也不是一种本质，而是一种与起源的关联；它引发了一种历史。一如卡罗琳·麦钱特（Carolyn Merchant）和威廉·克罗农提出的那样，"故事"将意义赋予大自然。[26] 在欧洲和美国，《圣经》故事和伊甸园神话是我们最初理解自然的起源和人类"二次创造"的依据。[27] 而在清帝国，人们不是这样做的。然而如果我们坚持认为"自然"的发明专属于现代西方，我们也得承认这个"自然"也属于一个更广泛的范式，而清代的"肃清"政策就是这范式的一种类型。无论这个问题对于西方的身份多么重要，对"自然"的讨论并非西方人独有。[28] 我们不能按照德国或美国的范式研究蒙古，也不能认为自然的发明遵循单一的历史轨迹。更恰当地讲，我们会开始看到德国、美国与蒙古如何不同，以及它们如何归属于一个共同的世界。如果不把清帝国考虑在内，那么我们可能会将西方地方化。[29]

帝国的遗产

或许，我们也怀疑中国和蒙古的现代环保主义是否完全是西方的舶来品。像 H.E.M. 詹姆斯和道格拉斯·卡拉瑟斯（Douglas Carruthers）就发现 19 世纪末清代满洲、蒙古地区的自然缺乏历史；它似乎超越时空，一直保持着原始的状态。后来的学者得出了类似的结论：朝廷通过隔绝外部联系的方法保护这些地区，也只有等定居者到来，当地的历史才有了发展。然而，一如本书强调的那样，他们都错了：清帝国的满洲地区、蒙古与当时的汉地相比在开放程度方面并不逊色。

詹姆斯等人目睹了一个时代的终结。19 世纪末、20 世纪初的人口、政治和经济转型是令人瞠目结舌的，从那时开始，它们就掳获了学者们的想象力。19 世纪中期的一系列危机对满洲、蒙古地区的打击尤其重大：1850 年，北方军队开始南下镇压太平天国，参加齐齐哈尔会盟的人数就减少了一半。1858 年和 1860 年第二次鸦片战争期间，《瑷珲条约》和《北京条约》签订，清廷将黑龙江以北、乌苏里江以东的领土割让给俄国。1881 年订立的中俄《伊犁条约》授予俄罗斯商人在蒙古生活和工作的权力。开放条约口岸以及降低关税让中国商人的优势在外国竞争者面前丧失殆尽，整个北方的贸易网络都被扰乱了。[30] 通商口岸地位提高，外国文化影响与日俱增；进入大自然的新途径出现了，它们代表着科学的权力。[31] 清政府想努力夺回控制权。1881 年，朝廷将秧参种植合法化，以便在东北地区创造新的税源，此举标志着一项重大变革。[32] 在接下来的几十年中，政府投资的金矿在蒙古和满洲地区出现，即中央政府加入边疆开发的事业中，这预示了进一步的变化。从 19 世纪 90 年代到 20 世纪 30 年代，粗略估计有 2500 万人从内地前往满洲地区。外国的商业和政府开发者在此修建铁路，开设煤矿，将农场工业化，将本地生态系统与国际羊毛、木材以及肥料市场连起来。刨夫成了农民；捕鹿人开始经营牧场；捕貂人也找到了新营生。[33]

不过，尽管有以上种种变迁，清帝国的北方边疆在大众想象中依然是未被人类触及的自然堡垒。在现代的中华人民共和国，在这些地区的"少数民族"和不曾被破坏的"大自然"之间存在着一套标准话语：人们在公交汽车和夜总会上唱卡拉 OK，赞颂蒙古文化和草原；海报描绘少数民族在原始的雪山下舞蹈的场景；民族风味餐厅提供野生大马哈鱼火锅；教科书说清朝皇帝是森林部落后裔。当然,这些八股套话(stereotype)并非中国人特有:他们与前往蒙古和中国西部旅行的外国游客的期许和想象严丝合缝。[34] 就像清朝的地理边疆在现代获得了新的意义一样,纯洁和堕落之间也早就有了区分。[35]

实际上,在后改革时代令人惊讶的环境变迁中,很多人转而利用蒙古人和其他少数民族的"生态智慧"(ecological wisdom)来批判发展主义。[36] 就像在美洲的原住民一样,"生态少数民族"(ecological minorities)在中国引发了一种特殊的民族遗产观。实际上这样一来,对农业环境的关注就附带了政治意义:中国第一家环保主义的非政府组织(NGO)"自然之友"在保护藏羚羊(Tibetan antelope,又名 chiru)的斗争中找到了政治定位——人们猎杀藏羚羊,用它腹部的毛制作莎图什围巾(shatoosh scarves)。著名的革命作家梁启超之孙梁从诫被藏羚羊濒临绝种的境遇感动,并被毫无节制的过度狩猎激怒,于是在1994年帮助筹建了该组织;此后该组织在中国的工作颇有成效。[37] 环境保护与民族复兴合上了拍子。[38]

民族和自然之间的纠缠无处不在。蒙古国的采矿业受中国市场需求的影响而勃兴,但有人担心最宝贵的自然资源正在流失,而蒙古人也正在变成"中国人":这是一种粗鄙的成见,把后者想象成无根的、城市化的、软弱的人群。[39] 正如弗兰克·比勒(Frank Billé)所说,现在有很多人利用自然回应危机:就像在清朝,蒙古人的身份依然被外界固定在自然环境和乡村中(蒙:*hödöö*),视之为传统、田园和勇武风尚的堡垒。[40] 让我们惊讶的是政府努力通过创建自然保护区保护民族遗产。实际上,蒙古国和中国国家公园、保护区范围的扩大基本上与两国在过去20年经济的高速发展一致:仅仅在中国,这些受国家严格保护空间的数量就从1978年的34处,增加到2014年的2729处。[41]

引人瞩目的是,很多现代森林公园坐落在清廷试图隔离的地区。其中包括中国的长白山国家自然保护区,这里有满洲人神秘的故乡,当年朝廷禁止任何形式的狩猎、挖参或采珠行为。如今,中国政府只允许购买了门票的游客沿着固定路线入内。同样,在蒙古,郭尔齐—特勒尔济国家公园(Gorkhi-Terelj National Park)包括过去的军事围场,当年那里的动物是不能被"惊扰"的,圣山博格达汗乌拉(Bogd Khan Uul)是谙班们努力保护鹿和森林不受商业开发影响的地方,如今也得到了保护。实际上,左翼前旗的大部分地区,也就是当年刘德山非法采菇的地方,现在是蒙古国自然遗产诺穆洛格严保区的一部分。尽管在那里还能听到对中国盗采者的怨言,但旅行者想进去可不容易:蒙古军队在附近设立了边境检查站,只有持证的生物学家可以入内。当年狩猎毛皮动物的库苏古尔泊也被保护起来:这里现在属于库苏古尔国家公园,设有蒙古主要的科研基地——库苏古尔长期生态研究点(Khövsgöl Long-Term Ecological Research Site);游客通常从哈特噶勒进入园区。哈特噶勒原来有卡伦,乌梁海猎人每年在此登记。21世纪的观光者可以花钱和唐努乌梁海人的后裔合影:他们住在国家公园里的圆锥形帐篷内,以牧放驯鹿为生。[42] 以上这些地区的现代"自然"都与清帝国的肃清政策有关。

　　在以上所有方面,清帝国仍然对我们现代全球化的世界产生影响。在环境史学界的开创性作品《无尽的边疆》(The Unending Frontier)中,作者约翰·理查兹(John Richards)让我们看到在早期现代一直存在的环境困境如何超越了民族和帝国的边界。沿着类似的研究脉络,以彭慕兰为代表的学者提出清代社会逐渐在19世纪初期达到其生态极限。在整个帝国边疆——也在整个被约翰·理查兹描述为"无尽的边疆"的早期现代世界——自然资源产品飞速发展。在从内陆亚洲到东南亚,从太平洋到美洲的跨地区贸易中,中国消费者处于支点的位置。随着一系列商业浪潮席卷了这个幅员辽阔而多样的地区,消费者能够买到的商品种类空前丰富:夏威夷的檀木、婆罗洲的鸟、苏禄的珍珠母、云南和越南的铜、新疆的软玉、缅甸的翡翠、苏拉威西和斐济的海参、加利福尼亚的海獭皮、乌梁海的貂皮、蒙古的蘑菇、满洲地区的珍珠和人参。通过这些贸易发家致富的商人对政府发出挑战。夏威夷的卡美哈梅哈一世、屯武里(Thonburi)、阮氏王朝（Nguyen）和琅勃拉邦王国（Konbaung Kingdom）、荷兰东印度公司、沙皇俄国，以及清帝国都从当时的巨大挑战与机遇中获取支持，并努力宣示权威。它们以各自的方法应对背后共同的推动力：贸易扩张，加强了的生产，土地面临的新压力，以及最惊人的后果——物种灭绝。[43]

不了解清帝国，我们就无法理解这段历史；反之亦然：说到底，边疆史"是"世界史，只不过去掉了民族国家的目的论和欧洲的国家体系。[44] 对泛太平洋地区的深入研究有助于我们了解如何突破中国历史中外部与边疆、南方与北方、沿海与内陆根深蒂固的差异。很多被我们与控制太平洋沿岸边界联系在一起的机构，不久之前才出现在清帝国的领土上。从加利福尼亚到澳大利亚再到蒙古，本土主义者甚至都想象出了同样的他者：中国的非法移民。[45]

这样，我们就能更多地了解当时帝国的做法。边界和护照，盗采和走私，移民和交易：我们重视彼此的差异，但让我们与众不同的因素似乎总是受到威胁。我们可以比过去更自由地越过边界，但是我们走得越远，就受到越多监视和检查。一些人跨过边界的同时，另一些人加紧努力建立壁垒。虽然天下所有人是一个统一体，但事实没那么简单，其中也充满矛盾。环境的变化迅速、剧烈、反常；帝国面临的问题延续至现代世界。

附录　1771年—1910年的毛皮进贡

北京的第一历史档案馆和台北"故宫博物院"保存了唐努乌梁海、阿勒坦淖尔乌梁海和阿勒坦乌梁海在整个进贡历史上缴纳毛皮数量的记录。尤其值得一提的是，1759年—1910年唐努乌梁海的记录见于《军机处满文录副奏折》。台北"故宫博物院"保存了1850年，以及1889年—1898年的录副奏折；其余档案均收藏在第一历史档案馆。[1]只有以下14年的档案丢失：1776年、1778年、1786年、1797年、1808年、1819年—1821年、1862年、1901年—1902年、1907年和1909年。

笔者在第四章提到，乌里雅苏台将军衙门在将贡品解送北京之前会将全部毛皮的统计数据造册，内务府接收时则另行统计、登记。在乌里雅苏台，将军把他的数据附在满文奏折后面，而在北京，军机处的笔帖式再抄录副本存档。在笔者做研究时，这些档案属于《军机处满文录副奏折》缩微胶片的一部分，但今天已经可以查阅电子版。内务府的数据是汉文的，可通过第一历史档案馆《内务府奏销档》的缩微胶片利用。奏折比内务府的记录更详细：前者包括乌梁海三部（唐努、阿勒坦淖尔和阿勒坦）各自上缴毛皮的数量和种类，但内务府的记录只包括贡品的总数（见第四章）。

第一历史档案馆还保存了1785年—1899年黑龙江将军在齐齐哈尔举行会盟时形成的满文档案。这批档案也收在满文录副奏折缩微胶片中。2001年，民族出版社出版的《清代鄂伦春满汉文档案汇编》公布了其中大部分档案。[2]奇怪的是该书不包括1821年的档案，但是在第一历史档案馆可以查阅；1889年—1894年、1896年—1898年的档案在台北的"故宫博物院"可以阅览，但也没有出版。[3]综合以上两地档案可知，1785年—

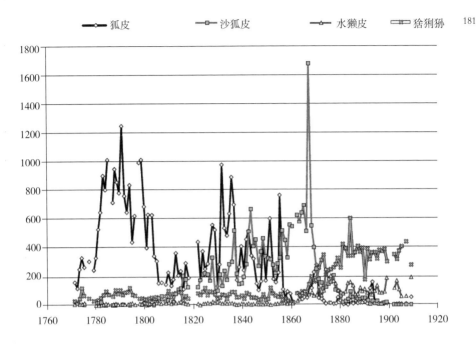

图 A-1　唐努乌梁海进贡狐皮、沙狐皮、水獭皮和猞猁狲皮的情况

来源：《军机处满文录副奏折》，《军机处档折件》

1899 年间 22 年遗失的齐齐哈尔会盟档案分别是：1786 年、1790 年、1799 年—1813 年、1819 年、1822 年、1857 年、1863 年、1876 年。

对于唐努乌梁海人而言，貂皮的主要替代品是松鼠皮，狐皮（yellow fox）是第二选择。狐皮进贡的变化轨迹和貂皮差不多：1791 年（1294 张）和 1832 年（977 张）达到顶峰，但在 19 世纪 30 年代出现了明显下滑，并持续走低，到了 70 年代年均只有 10 张或更少。沙狐皮、扫雪皮、狼皮成为貂皮的主要替代品，19 世纪 60 年代开始被松鼠皮和沙狐皮取代。1868 年，沙狐皮进贡数量达到峰值的 1681 张，但是从 1872 年开始锐减到年均不足 200 张；19 世纪 80 年代，每年都不超过 100 张，而从 1893 年之后通常连 10 张都达不到。狼皮的进贡峰值在 1871 年出现；扫雪皮在 1864 年。

在清帝国的最后几十年中，其他貂皮替代品数量稀少，而猞猁狲皮、水獭皮进贡量激增：1875年进贡的水獭皮最多（248张）、1885年猞猁狲最多（604张）。图A-1显示在唐努乌梁海代替貂皮、松鼠皮的四种最主要毛皮的变化情况：分别是狐皮、沙狐皮、猞猁狲皮和水獭皮。

注　释

前言

[1] James, "A Journey in Manchuria", 539, 542–543.
[2] Agassiz, "Our Commercial Relations", 538.
[3] 这是一种鲟鱼。
[4] Peschurof et al., "Notes on the River Amur", 387.
[5] Ravenstein, *The Russians on the Amur*, 96. 以上引文来自1846年前往乌苏里江流域旅行的法国天主教传教士袁文明神父（M.de la Bruniere）。
[6] Peschurof, 419, 427.
[7] Agassiz, 540.
[8] 引用并译自Elliott, "The Limits of Tartary", 615。
[9] 同上，第616页。
[10] 中国的历史教科书同样以人类起源或农业文明诞生开篇。有关以人类起源作为起始的中国史，见Roberts, *A History of China*; Bai, *Outline History of China*, 32–34. 近期以农业文明为起始的著作，见Huang, *China*, 6, 23; Ropp, *China in World History*, xiv。
[11] 对该地区名称在历史上变化的讨论，见Elliott, "The Limits of Tartary", 603–646。满洲地区在现代中国民族主义中的位置，及其被称为中国东北时产生的共鸣，见Mitter, *The Manchurian Myth*。
[12] Uyama, "Research Trends," 51。Uyama提出："主要的研究趋势是中央极权主义的，而不仅仅是民族主义的。"
[13] 运用这个范式进行的研究，见林士炫《清季东北移民实边政策之研究》、许淑明《清末黑龙江移民与农业开发》、杨余练《清代东北史》、赵中孚《近世东三省研究论文集》、关捷《东北少数民族历史与文化研究》、魏影《清代京旗回屯问题研究》。从中央集权角度考察相关问题的著作，见王建中《东北地区食生活史》、

184　　杨旸《明代东北疆域研究》；Isett, *State, Peasant, Merchant*; Reardon-Anderson, *Reluctant Pioneers*; Gottschang and Lary, *Swallows and Settlers*; Lee, *The Manchurian Frontier*。中国学者对"东北"地区农业兴起的时间看法不一，很多人认为早在史前时期当地就已经有了农业，因此这里一直是汉地。

[14] 最近将满洲视作拥有以上可比较元素地区的著作，见 Richards, *The Unending Frontier*。对美国西部历史地理学研究模式的评价，见 Cronon, *Nature's Metropolis*; Cronon et al., *Under an Open Sky*; Worster, *An Unsettled Country*; White, "It's Your Misfortune and None of My Own"; White, *The Middle Ground*。另见 Tsing, "Natural Resources and Capitalist Frontiers", 5101。

[15] 在过去 20 年中，中国环境史研究领域有了快速发展。有关该领域最新的总体评价见 Marks, *China*; 王利华《中国历史上的环境与社会》、钞晓鸿《生态环境与明清社会经济》，1—54 页。近期有关中国北方边疆环境史的著作，见赵珍《清代西北生态变迁研究》、珠飒《18—20 世纪初东部内蒙古农耕村落化研究》、韩茂莉《草原与田园——辽金时期西辽河流域农牧业与环境》。英文的权威著作，见 Elvin and Liu, *Sediments of Time*; Elvin, *The Retreat of the Elephants*; Marks, *Tigers, Rice, Silt, and Silk*; Perdue, *Exhausting the Earth*。

[16] 见 Burke 和 Pomeranz, *The Environment and World History*。

[17] Ho, *Studies on the Population of China*, 279。何炳棣估计从 1700 年代到 1850 年，中国人口大概从 1.5 亿增长到 4.3 亿。对耕地面积的估算，见 Wang, *Land Taxation*, table 1.1, p. 7。

[18] "发展主义"的理论框架由 Burke 和 Pomeranz 建立，3–32, Pomeranz, "Empire and 'Civilizing' Missions", 34–45。

[19] Friedrich Ratzel 最早在他影响深远的著作 *Politische Geographie* (1897) 中正式提出自然边界（natural borders）的概念。当代学者对这一概念的接受，见 Brunhes and Vallaux, *La Géographie de l'histoire*, 329–364; Curzon, *Frontiers*。August Lösch 这样描述这个课题："有感于国家以偶然的方式建立和崩溃，我们寻找一种更自然和具有长久空间性的秩序……我们现在讨论的独立经济区域并非来自，而是等同于那些政治、文化、地理单元。" Lösch, "The Nature of Economic Regions", 107。对"自然边界"的总体性批判评价，见 Fall, "Artificial States", 140–147。

[20] 见 Boldbaatar, "*Mongolchuudyn Baigal*," 80–98; 葛根高娃、乌云巴图《蒙古民族的生态文化》、盖志毅《制度视域下的草原生态环境保护》、何群《环境与小民族生存——鄂伦春文化的变迁》、乌峰、包庆德《蒙古族生态智慧论——内蒙古草

原生态恢复与重建研究》。汉族文化遗产中的生态保护，见 Tucker and Berthrong, *Confucianism and Ecology*。有关德国的问题，见 Lekan, *Imagining the Nation in Nature*; Schama, *Landscape and Memory*。

[21] 西南地区的情况，见 Giersch, *Asian Borderlands*; Herman, *Amid the Clouds and Mist*。明朝的情况，见 Shin, *The Making of the Chinese State*。

[22] 有关清代边疆的国家建成以及身份形成的模式，见 Crossley et al., *Empire at the Margins*, 1–24。

[23] 这并不是说汉人和蒙古人适用不同的统治模式。见 Atwood, "Worshipping Grace", 86–139。

[24] Merchant, "Shades of Darkness", 381。"真空"一词来源于费正清："尽管汉人移民迁入东三省的浪潮势不可挡，但满洲地区直到19世纪末实际上还是一片真空。" Fairbank, *Trade and Diplomacy*, 41。

[25] 该领域的主要著作包括 Elliott, *The Manchu Way*; Crossley, *A Translucent Mirror*; Perdue, *China Marches West*; Rawski, *The Last Emperors*。相关评论文章，见 Guy, "Who Were the Manchus?", 151–164。受此观点影响的学术著作，见 Waley Cohen, "The New Qing History", 193–206。中华人民共和国的近期学术著作，见刘凤云《清代政治与国家认同》。

[26] Burbank and Cooper, *Empires in World History*.

[27] 近期学者对伊斯兰教和清帝国关系的考察，见 Brophy, "The Junghar Mongol Legacy"。解构中国历史中的民族，见 Duara, *Rescuing History*。

[28] 19世纪思想家的观点与此相反：军事力量在于大量的兵员，所以人口密集的边疆地区是最有利于防守的。

[29] Farquhar, "The Origins of the Manchus' Mongolian Policy", 198–205; Di Cosmo, Bao, *Manchu–Mongol Relations*.

[30] Elliott, "The Limits of Tartary".

[31] 见 Bello, *Across Forest, Steppe, and Mountain*。这是一部利用了满文档案研究清代环境史的佳作。

[32] 近期利用满文文献撰写的满洲地区历史著作，见佟永功《满语文与满文档案研究》、王佩环《一个登上龙廷的民族——满族社会与宫廷》、定宜庄等《辽东移民中的旗人社会》。利用满蒙文献研究内蒙古的作品，见梁丽霞《阿拉善蒙古研究》、乌仁其其格《18—20世纪初归化城土默特财政研究》、乌云毕力格《十七世纪蒙古史论考》。

[33] Bartlett, "Books of Revelations", 33; Crossley and Rawski, "A Profile of the Manchu Language", 63–102.

[34] 史学家从多个角度研究这个问题，见 Miyazaki, "Shinchō ni okeru kokugo mondai no ichimen" [A look at the question of national language during the Qing], 1–56; Mosca, *From Frontier Policy to Foreign Policy*; Atwood, "Worshipping Grace", 86–139。

[35] Elliott, "Manwen dang'an yu xin Qingshi", 1–18。

[36] 对档案和《库伦办事大臣衙门档》的简要介绍，见 Miyawaki, "Mongoru kokuritsu chuō monjokan shozō no Manjugo, Mongorugo shiryō" [On the Mongolian National Central Archive's Manchu and Mongol language historical materials, especially documents from the Khüree ambans' yamen], 135–141; Miyawaki, "Report on the Manchu Documents", 6–13。

[37] 对满文档案的重要介绍，见 Elliott, "The Manchu-Language Archives", 1–70。

[38] 笔者使用"18世纪"指代中国"漫长的18世纪"，大致从1681年至1840年。

[39] 关于消费品如何成为人们担心的问题，见 Brook, *The Confusions of Pleasure*; Clunas, *Superfluous Things*。对清代全盛时期医药文化的精彩考察，见 Bian, *Assembling the Cure*。

[40] 有关商品史的动态研究很多。该领域最近的研究，见 Beckert, *Empire of Cotton*。

[41] Lattimore, *Inner Asian Frontiers*; Khazanov, *Nomads and the Outside World*; Barfield, *The Perilous Frontier*; Di Cosmo, *Ancient China and Its Enemies*。

[42] 见 Cronon, *Nature's Metropolis*。

[43] 同上，48–49。

[44] 有关的经济观点和游牧经济依赖性的假设，见 Di Cosmo, *Ancient China and Its Enemies*。

[45] Richards, *The Unending Frontier*。

[46] Puett, *The Ambivalence of Creation*, 1–21。

[47] 对以上观点的考察，同上；Cronon, *Changes in the Land*; Guha, *Environmentalism*; Soulé and Lease, *Reinventing Nature?* Descola, *Beyond Nature and Culture*; Morton, *Ecology without Nature*。

[48] Weller, *Discovering Nature*, 1–18; Bol and Weller, "From Heaven-and-Earth to Nature", 473–502。尽管在清代通用的一系列术语与现代人的"自然"观念遥相呼应——包括天（满：*abka*；蒙：*tengri*）、"风水""性"（满：*banin*）、"环境"（蒙：*baigali*）和"气"——一如 Weller 非常肯定地认为，不能简单地将欧洲文化中语意丰富且有

多种隐喻的 nature 与中国文化中的"自然"画等号。从科技史和思想史角度对该问题所做的多种比较，见 Vogel et al., *Concepts of Nature*。

[49] Merchant, *Reinventing Eden*; Cronon, "The Trouble with Wilderness", 69–90.

[50] 有关清代人的身份和来源关系的著作很多。族群和种族方面，见 Crossley, "Manzhou Yuanliu Kao", 761–790; Crossley, *A Translucent Mirror*; Elliott, *The Manchu Way*。有关族群、相似性和协作之间的关联，见 Faure, *Emperor and Ancestor*; Szonyi, *Practicing Kinship*。

[51] Williams, *Keywords*, 169.

[52] Cronon, "A Place for Stories", 1347–1376.

[53] Latour, *We Have Never Been Modern*, 1–48.

[54] Elvin, *The Retreat of the Elephants*; Burke and Pomeranz, *The Environment and World History*。"中国中心"史观这一重要概念来自 Cohen, *Discovering History*。

[55] 最近利用满汉文档案的著作，见 Bello, *Across Forest, Steppe, and Mountain*。阐明清帝国环境政策多元性特点的著作，见 Perdue, "Nature and Nurture", 245–267。

第一章　北京的视角

[1] 朴趾源：《热河日记》，第 189 页。

[2] 这种辫发是一种发式，剃去前额，脑后留一条细辫子。

[3] Finnane, "Fashion in Late Imperial China".

[4] 从这种角度看，满汉之间的主要区别更多是血统方面的。见 Crossley, *Orphan Warriors*, 267。

[5] Pomeranz, *The Great Divergence*; Wong, *China Transformed*.

[6] 有关晚明时期商业和社会源动力的概述，见 Clunas, *Superfluous Things*; Brook, *The Confusions of Pleasure*; 全球维度下的晚明史，参见 Brook, *Vermeer's Hat*。

[7] 引自 Finnane, *Changing Clothes in China*, 47。

[8] Brook, *Vermeer's Hat*, 70–71.

[9] Struve, *Voices from the Ming-Qing Cataclysm*, 51.

[10] Clunas, *Superfluous Things*, xv.

[11] 欧立德对以上问题有深入的研究，详见 *The Manchu Way*，以及 Crossley, *A Translucent Mirror*。有关质朴（满：*gulu*）和纯洁（满：*nomhon*）的品质，见欧立德，同书，284。

[12]　有关"白银链"以及 16、17 世纪普遍的贸易动力，见 Kawachi, "Mindai tōhoku Ajia chōhi bōeki" [Sable trade in Northeast Asia in the Ming period], 93–100.

[13]　Kawachi, "Mindai tōhoku Ajia chōhi bōeki" [Sable trade in Northeast Asia in the Ming period], 62–102.

[14]　Di Cosmo, "The Rise of Manchu Power".

[15]　Elliot, *The Manchu Way*, 50。后金国冶铁业的出现不晚于 1599 年；见 Wakeman, *The Great Enterprise*, vol. 1, p. 47。有关毛皮贸易为农业提供支持的讨论，见 Kawachi, "Mindai tōhoku Ajia chōhi bōeki" [Sable trade in Northeast Asia in the Ming period], 93–100。

[16]　对以上事件的简要叙述见 Wakeman, *The Great Enterprise*。

[17]　这种情形并不仅限于清朝；在整个欧亚大陆都可见到。Allsen, *The Royal Hunt*, 见结论部分.

[18]　见 Spence, *Emperor of China*, 9。

[19]　Elliot, *Emperor Qianlong*, 8。该书记载的所有年龄都是虚岁，即从母亲怀胎开始作为 1 岁，出生后第二年为 2 岁，以此类推。

[20]　Spence, *Emperor of China*, 123.

[21]　Elliot, *The Manchu Way*, 186.

[22]　吴正格：《满族食俗与清宫御膳》，第 27 页。

[23]　同上书，第 28 页。

[24]　Spence, *Emperor of China*, 98.

[25]　有关赏给内务府人员的鹿肉盘，见《内务府奏销档》132.461.76（嘉庆十八年九月初五日）；赏给皇后和太监的礼物，见 132.461.7（嘉庆十八年九月初九日）。鹿尾作为帝国礼物所蕴含的特权意义，见 *Monarchs and Ministers*, 58, 220。

[26]　《内务府奏销档》132.461.163（嘉庆二十八年十月四日），135.472.18（嘉庆二十年十月十六日）。内务府（满：*dorgi baita be uheri kadalara yamun*）掌管皇帝的个人财务，管理皇室和内廷成员，以及其他各种活动。见 Torbert, *The Ch'ing Imperial Household Department*；祁美琴《清代内务府》。

[27]　《内务府奏销档》132.460.177（嘉庆十八年七月十九日），134.471.133（嘉庆二十年七月二十二日）。

[28]　《内务府奏销档》132.461.79（嘉庆十八年九月初五日）。

[29]　《内务府奏销档》133.462.236（嘉庆十八年十二月十五日）。

[30]　1778 年 10 月 16 日（乾隆四十三年八月二十六日）中午，皇帝品尝了口蘑炒肉。

[31] 《嘉庆东巡纪事》,《辽海丛书》第一册,第 2547 页下。

[32] 御膳单,多处。

[33] 吴正格:《乾隆皇帝御膳考述》,第 125 页。又见第 33 页。

[34] 《满文老档》1.45.653。

[35] Cammann, China's Dragon Robes, 21; Cammann "Origins of the Court," 199–200.

[36] 昭梿:《啸亭杂录》卷 1,第 392 页。

[37] 谈迁:《北游录》,第 349。

[38] 徐珂:《清稗类钞》,第 6126 页。雍正皇帝的由 108 粒东珠制成的念珠在 2010 年苏富比香港拍卖会上拍出了 870 万港币。见 "A Very Important and Magnificent Imperial Pearl Court Necklace"。

[39] 徐珂:《清稗类钞》,第 6129 页。

[40] 如《满文老档》3.32.1360–1361。

[41] 《大清会典事例》卷 4,第 835 页上下。

[42] 《内务府奏销档》3.17.233(康熙三年十二月二十七日)。

[43] 《内务府奏销档》3.17.183(康熙三年十月初三日)。

[44] 《满文老档》1.10.160。引用并译自 Elliot, The Manchu Way, 68。

[45] 《内务府奏销档》134.467.229(嘉庆十九年十二月初八日),133.463.279(嘉庆十九年正月初二日)。

[46] 《内务府奏销档》133.462.110(嘉庆十八年十二月十二日)。和珍贵的毛皮一样,这些羊毛也存在内务府的皮库中。档案中出现了 3 种羊毛,分别是粗羊毛、羊毛缎(wool sateen)和西藏羊毛。

[47] 《内务府奏销档》3.17.233(康熙三年十二月二十七日)。与这些毛皮一同作为标准礼物的还有挂在腰带上的牙签筒(满:kaiciri)。

[48] 可参考《内务府奏销档》3.19.71(康熙四年七月初三日)中的礼单。

[49] 有关每年每人进贡物品的详细清单,Daicing gürün ü dotuġadu yamun 2: 209, 218, 243, 245, 278, 383, 386, 473, 475, 477–480。例如在 1680 年(康熙十九年),喀喇沁、弘吉剌特、科尔沁、扎赉特蒙古都以捕获的禽类作为贡品。

[50] Matsuura, 409。狐皮的价格是 262.1 两。

[51] 《军机处满文录副奏折》3667.47.171.2651(嘉庆九年四月初八日)。

[52] 同上。该份档案没有提到这些老虎被送到北京之后的情况。类似进贡的活动物在北京如何生活,尚待进一步研究。

[53] 《军机处满文录副奏折》3724.25.176.2118(嘉庆十二年五月二十日)。两个月后,

嘉庆皇帝收到名单，最后颁发给5名猎手一大匹绸缎；9个人获得尺幅小一点的绸缎（《军机处满文录副奏折》3724.32.176.2160，嘉庆十二年七月）。

[54] 《军机处满文录副奏折》3727.28.176.2985（嘉庆十二年八月十七日）。

[55] Elliott, *The Manchu Way*, 284   290.

[56] Mitamura, *Shinchō zenshi no kenkyū* [A study of the Ch'ing dynasty in the Manchu period], 174–177.

[57] Sonoda, *Datta hyōryūki* [Record of castaways in Tartary], 21, 27.

[58] 《满文老档》1.45.653.。

[59] 同上，1.40.592。

[60] 同上，3.12.1056–1057。

[61] 福格：《听雨丛谈》卷2，第47页。帝国的额驸（满：*efu*）的帽顶上也有一颗东珠。徐珂，《清稗类钞》，第6132页。

[62] 何秋涛：《朔方备乘》卷1，第27页下。

[63] Finnane, *Changing Clothes in China*.

[64] 《库伦办事大臣衙门档》，M1D1–3833.35（道光六年九月二十九日）。

[65] 同上，M1D1–33（道光六年十月初一日）。

[66] 《钦定理藩院则例》（满文版）卷55，第12页上。

[67] 《库伦办事大臣衙门档》，M1D1–3697.34a（嘉庆二十五年三月初一日）。

[68] 詹姆斯·霍华德-约翰斯顿（James Howard-Johnston）提出在起源于呼罗珊的阿拔斯革命之前，古典地中海帝国不像哥特人、匈奴人、法兰克人和维京人一样将毛皮与权力合法性联系在一起。Howard-Johnston, "Trading in Fur", 70–74.

[69] Appadurai, "Introduction", 3–63. 有关物质文化研究视野更宽广的重要切入点，见Miller, "Materiality", 1–50。

[70] Finnane, "Barbarian and Chinese", 33–43。引文见第37页。

[71] 同上，37。Rorex, Fong, *Eighteen Songs of a Nomad Flute*。

[72] 译文见Franke, "Chinese Texts on the Jurchen", 127。

[73] 欧阳询：《艺文类聚》卷67，第1184页。

[74] Schafer, *The Golden Peaches of Samarkand*, 107. 又李颀《塞下曲》有"千骑黑貂裘"。该诗见于《全唐诗》第2函第9册第1卷，第1页上。作者使用的"鞑靼"一词是文学而非史学意义上的；"鞑靼边疆"（Tatar frontier）是唐代出现的时代错误。

[75] Finnane, *Changing Clothes in China*, 46; 作者引用陈宝良《明代社会生活史》，第

[76] 《世宗实录》卷 50。三年前的 1427 年,朝鲜国王和大臣在讨论貂皮在王廷中的角色时提到"前朝貂皮极贵"。同上,卷 38。禁止奢侈消费的规定,见 Kawachi, "Mindai tōhoku Ajia chōhi bōeki"[Sable trade in Northeast Asia in the Ming period], 67。

[77] 邱仲麟:《保暖、炫耀与诠释》,第 555—631 页。见 Farquhar, "Oirat-Chinese Tribute Relations", 60–68。

[78] Kawachi, "Mindai tōhoku Ajia chōhi bōeki" [Sable trade in Northeast Asia in the Ming period], 64–65.

[79] 李时珍:《本草纲目》,卷 51,第 2910 页。李时珍还引用了宋代学者罗愿(1136 年—1184 年)的话描述貂的特点:"此鼠好食栗及松皮,夷人呼为栗鼠、松狗。"有关《本草纲目》使用的分类法以及经验主义的观察法,见 Nappi, *The Monkey and the Inkpot*, 12–49。

[80] 李时珍:《本草纲目》,卷 51,第 2910 页。

[81] 同上,卷 51,第 2896 页。

[82] Kawachi, "Mindai tōhoku Ajia chōhi bōeki" [Sable trade in Northeast Asia in the Ming period], 66.

[83] 三田村泰助对这个问题的考察,见 *Shinchō zenshi no kenkyū* [A study of the Ch'ing dynasty in the Manchu period], 174–177。

[84] 《皇明条法事类纂》,《中国珍稀法律典籍集成》22.16, 4.988。笔者在此感谢宋怡明慷慨提供信息。

[85] 有关蒙古人成为汉人在早期现代时期的主要反抗对象,见 Atwood, "The Mongol Empire"。

[86] 谈迁:《北游录》,第 383 页。

[87] D'Orléans, *History of the Two Tartar Conquerors of China*, 24.

[88] Rutt, "James Gale's Translation", 102。金昌业于 1712 年—1713 年以冬至使的身份抵达北京,并且在《稼斋燕录》一书中记录下沿途见闻;其兄金昌吉是使团的正使。见 Ledyard, "Hong Tae-yong", 85。

[89] Rutt, "James Gale's Translation", 102.

[90] 译文见 Rutt, "James Gale's Translation", 111–112。

[91] 同上, 143。

[92] Finnane, *Changing Clothes in China*, 19–41.

[93] Hong, **Tamhŏn yŏngi**, in *Yŏnhaengnok chŏnjip*, 49: 93–95.

[94] 尽管根据蒙古语语源，"猞猁狲"一词的前身应该在元明时期出现，但笔者在清朝之前的文献中未能发现该词的使用。

[95] 有关沈启亮，见 Saarela, "*Shier zitou jizhou*", 10–11。

[96] 《大清全书》卷3，第7页上；卷3，第8页上；卷3，第41页上；卷3，第43页上；卷4，第4页上；卷4，第28页下；卷5，第7页下；卷5，第8页上；卷5，第32页下；卷6，第7页上；卷6，第38页上；卷6，第43页下；卷11，第48页上；卷11，第59页下；卷13，第8页上；卷13，第22页上；卷13，第38页下。

[97] 图理琛：《异域录》（满文版）（满：*lakcaha jecen de takūraha babe ejehe bithe*），第23页。文中用来指"鲈鱼"的"鳟"字不见于《汉语大词典》。

[98] 同上，第52、54、61页。庄吉发注意到 isi 和杉松的差别，提出翻译成落叶松更准确。图理琛，第54n53页。

[99] 同上，第52页。

[100] 同上，第54页。

[101] 以下考察基于《满蒙文鉴·兽部兽类》，2–4。有关文本的介绍，见 Volkova, *Opisanie Man'chzhurskikh khisolografov*, 103。1717年的双语版以1708年满文版为基础。在此感谢内蒙古大学的宝音特古斯为笔者提供的信息。

[102] Struve, *Voices from the Ming-Qing Cataclysm*, 1–2.

[103] Elliott, *The Manchu Way*, 23.

[104] 有关"满洲民族隔离"，见 Wakeman, *The Great Enterprise*, vol. 1, 476。

[105] 同上，647–650。

[106] Struve, *Voices from the Ming–Qing Cataclysm*, 64. 与之相比，某位传教士认为满洲人"更"有人味儿。

[107] 福格：《听雨丛谈》卷2，第47页。东珠除了作为帽子和簪子的装饰，还被列入珠宝和装饰品及宗教仪式用品，如念珠。

[108] 《清世祖实录》卷57，第451页。

[109] 《清高宗实录》卷746，第211页。

[110] 《清太宗实录》卷40，第524页；卷45，第593页；卷62，第850页。

[111] 《清世祖实录》卷81，第637页。

[112] 《清圣祖实录》215，第181页；《清世宗实录》76，第1126页；《清高宗实录》卷104，第563页；卷116，第544—545页；《清仁宗实录》卷109，第818页；卷109，第818页；卷177，第768页；《清宣宗实录》卷55，第712页；卷89，第173—174页；卷132，第19页。

[113] 如《清世宗实录》卷113，第509页；卷111，第476页；卷112，第495—496页；卷113，第509页；卷116，第544—545页；《清仁宗实录》卷109，第818页；卷109，第818页；卷177，第768页；《清宣宗实录》卷55，第712页；卷89，第173—174页；卷132，第19页。

[114] 17世纪，只有很少几个汉人文官获赏貂皮的特例。1646年，刚刚定鼎的清廷用貂皮奖励投靠北京的明朝杰出的学者型官僚，其中洪承畴得到貂皮200张（《清世祖实录》卷8，第85页）。（该条记载见于《清世祖实录》卷27, 赏赐对象为洪承畴之妻而非本人。——译者注）

[115] 《清世宗实录》卷17，第284页。

[116] 同上，卷40，第586页。从《清世宗实录》的该条记载无法判断此次赏赐的《通鉴纲目》是满文版、汉文版还是满汉合璧版。有关这部文献中的内陆亚洲历史，请见Mosca, "The Manchu *Zizhitongjian gangmu*"。

[117] 《清高宗实录》卷61，第9页。

[118] 《大清会典事例》卷4，第462页下。

[119] 《清高宗实录》卷385，第540。

[120] 以上奏折皆公布于《宫中档雍正朝奏折》。见《宫中档雍正朝奏折》402003433（雍正十三年五月二十八日）；402009004（雍正五年五月十二日）；402008079（雍正二年闰四月二十一日）；402017576（雍正七年正月初八日）；402001497（雍正五年八月十二日）；402001498（雍正七年正月二十四日）；402003919（雍正十三年六月二十六日）；402008503（雍正五年五月二十六日）；402013700（雍正四年十二月二十九日）；402001067（雍正十三年二月初二日）；402005221（雍正七年九月十五日）；402012234（雍正七年六月十二日）；402001060（雍正十一年二月二十四日）；402012139（雍正元年十二月初三日）；402018465（雍正二年二月十八日）；402001746（雍正七年七月初八日）；402002398（雍正十一年正月二十日）；402003678（雍正二年八月初四日）；402008792（雍正七年四月二十六日）；402002055（雍正十三年二月十二日）；402003512（雍正十三年闰四月二十一日）；402014194（雍正七年十二月初二日）；402005336（雍正三年八月）；402005278（雍正十三年正月初四日）；402011892（雍正六年十月二十七日）；402012074-1（雍正七年十一月十六日）；402015705（雍正七年正月十七日）；402009487（雍正元年六月初三日）；402011572（雍正七年三月初三日）；402008984（雍正六年正月二十六日）；402014524（雍正七年十一月十二日）；402014526（雍正七年十二月二十四日）；402014951（雍正三年

二月十六日）；402004569（雍正七年四月十一日）；402004553（雍正十一年三月初七日）；402009440（雍正二年五月十八日）；402009532（雍正六年十二月二十五日）；402009536（雍正七年七月二十二日）；402009547（雍正七年十一月二十六日）；402021491—402021492（雍正七年闰七月二十八日）；402001427（雍正九年正月初六日）；402001718（雍正三年二月初一日）；402001738（雍正十三年三月二十日）；402016168（雍正十二年正月初六日）；402016177（雍正十二年十月二十五日）；402004206（雍正七年九月二十八日）；402002419（雍正七年七月初九日）；402020722（雍正二年正月二十五日）；402002442（雍正七年九月二十八日）；402001740（雍正十二年三月十二日）；402009269（雍正五年正月二十五日）；402010327（雍正四年七月十三日）；402002135（雍正七年七月十八日）；402006208（雍正四年十二月二十一日）；402012575（雍正二年十一月二十一日）；402012576（雍正二年十二月二十二日）。

[121] 《清世宗实录》卷 71，第 1066 页。

[122] 《清高宗实录》卷 879，第 772 页；卷 917，第 296 页；卷 1100，第 734 页；卷 1102，第 752 页；卷 1119，第 944 页。

[123] 同上，卷 1130，第 112—113 页；卷 1309，第 646 页。

[124] 同上，卷 383，第 39 页。与获赏的母亲一样，大多数得到貂皮作生日礼物的长者都是高官的父亲；普通人得到赏赐的记录相对较少。

[125] Chun, "Sino-China Tributary Relations". 90–111.

[126] 《清高宗实录》卷 201，第 582 页。

[127] 《大清会典事例》卷 6，第 866 页上下，第 897 页上，第 875 页下，第 899 页下。

[128] Crossley, *Orphan Warriors*, 228. 该书最后称这些人"对内有着差异却无外在表征"。

[129] Du Halde, *The General History of China*, 120. 杜氏的名著《中华帝国全志》第一版以法语出版于 1735 年。笔者引用的是 1741 年的英译版。

[130] Ripa, *Memoirs of Father Ripa*, 49.

[131] 同上，49–50。

[132] 乐平：《粗言》（满：*muwa gisun*），第 15 页。该文献保存在哈佛燕京图书馆，尚未编目。不过将该书断代在 18 世纪或 19 世纪前半期是比较合理的。见 Elliott and Bosson, "Highlights of the Manchu-Mongolian Collection", 85。

[133] 徐永年：《都门纪略》，第 333 页。

[134] 同上，第 594 页。

[135] 同上，第 619 页。

[136] 同上，第 285—288、297 页。东四牌楼附近的马聚兴和前门外的永增居专门贩卖冬帽。马聚源和东兆魁也坐落于前门外，专营围脖。琉璃厂的雷万春堂出售鹿茸和虎骨膏药。

[137] Abe, *Shindaishi no kenkyū*[Research on Qing history], 371–409. 当铺普及全国是清朝的特点。18 世纪中期，大约有 19000 家，至 19 世纪初增至 25000 家。

[138] 译自老舍，*Blades of Grass*, 74。

[139] Vorha, *Lao She and the Chinese Revolution*, 11。见 Muscolino 对金融机构和信贷机构的讨论，其中包括当铺"克服……环境与业务周期之间的变动"。Muscolino, *Fishing Wars*, 70。

[140] 《内务府奏销档》3.12.226（康熙三年十二月初四日）。

[141] 同上。

[142] Elliott, *The Manchu Way*, 284.

[143] 《清世宗实录》卷 35，第 534 页。

[144] 同上。

[145] 李绿园：《歧路灯》，全书。

[146] 西周生：《醒世姻缘传》第一回，第 12 页。

[147] 同上，第 66 页。

[148] 《红楼梦》的原作者曹雪芹大约于 1763 年、1764 年去世，当时手稿尚未完成。1791 年，这部手稿得到整理、重印。

[149] 曹雪芹：《红楼梦》第六回，第 116 页；第十九回，第 300 页。

[150] 同上，第六十三回，第 988—989 页，"耶律"是辽代契丹皇室的姓氏。

[151] 同上，第一百五十回，第 1601 页。（应为第一百零五回。——译者注）

[152] Clunas, *Superfluous Things*, 12.

[153] 西周生：《醒世姻缘传》，第 861 页。

[154] 《顺天府志》（光绪十二年初版，光绪十五年再版）卷 50（食货志二），第 1490 页。

[155] 《论皮衣粗细毛法》，第 129—168 页。

[156] 同上，第 158—161 页。奇怪的是，国产毛皮似乎还有更多优势；例如一件长袍需要 180 张"进口貂皮"，但是国产黑貂皮仅需 150 张。

[157] 何秋涛：《朔方备乘》卷 5，第 17 页。

[158] 《论皮衣粗细毛法》，第 129—168 页。清代的穿窝和骚鼠并不明确对应某种现代分类的动物，因此笔者采用了音译。

[159] 阮葵生：《茶余客话》，收录于《笔记小说大观》卷 1.3, 第 9.3—4 页。有关阮葵生

及其生活世代背景，请见 Mosca, *Empire and the Circulation of Frontier Intelligence*, 178–179。

[160] 阮葵生：《茶余客话》，收录于《笔记小说大观》卷 1.3，第 9.3—4 页。

[161] 有关绘制地图工程，见 Millward, "Coming on to the Map", 61–98。

[162] 柯九思：《辽金元宫词》卷 2，第 51、62 页。请注意在卷 2 第 51 页中，主角穿着海獭皮衣、戴着貂皮帽。

[163] 顾嗣立：《元诗选·初集》，第 54、66、97、109、364、405、879、904、925、974、1079、1085、1195、1238、1269、1326、1336、1459、1489、1525、1763、1891、1896、2082、2190、2218、2301 页；《二集》，第 163、466、522、590、680、827、1363 页；《三集》，第 328、447、578 页。有关元代个人传记中的貂皮，见李昉《太平广记》卷 323，第 2562 页。

[164] 见叶隆礼：《契丹国志》卷 10，第 102 页；卷 26，第 246 页；《大金国志校正》卷 1，第 11 页；脱脱：《宋史》卷 145，第 3407 页。晚明时期，朝廷认为这种牡蛎是从盐水中采集的，所以称之为"海珠"，见《明神宗实录》卷 519，第 9775 页；卷 284，第 7223 页。

[165] 叶隆礼：《大金国志校正·附录》卷 3，第 613 页。

[166] 同上，有关海东青，见 Allsen, *The Royal Hunt*, 246。

[167] 《钦定热河志》卷 92，第 32 页下。辽宁小镇建平位于赤峰与朝阳之间，是采菇活动的中心。《建平县志》(1931 版) 提到了以上三种蘑菇，但增加了一种"马粪包"，详细地说明这是一种秋季出现的白色蘑菇。见《建平县志》卷 3，第 9 页上。

[168] 《钦定热河志》卷 92，第 32 页下。

[169] 《承德府志》卷 18，第 11 页上下。

[170] 吴锡麒：《有正味斋词集》卷 8，第 9 页上。

[171] 斌良：《抱冲斋诗集》卷 13，第 82 页上。

[172] 同上。

[173] 崔述：《无闻集》卷 3，第 15 页上。引文来自历史学家崔述（1740 年—1816 年）的著作。尽管他提到张家口的口蘑"名最噪"，但他个人认为河北当地出产的鸡腿菇味道更胜一筹。

[174] 直隶的丰润、米脂（疑有误——译者注）、霸县、徐水、宁河、顺义、顺天、海龙和朝阳的地方志都把当地的蘑菇和口蘑相比，认为两者或不相上下，或本地蘑菇更美味。《丰润县志》卷 9，第 45 页上；《米脂县志》（疑有误——译者注），第 9 页；《霸县县志》卷 4，第 43 页；《宁河县志》卷 15，第 34 页上；《顺义县志》

卷 9，第 9 页上；《顺天府志》卷 50，第 6 页上；《海龙县志》卷 15，第 6 页下；《朝阳县志》卷 27，第 5 页上。

[175] Worster, "Transformations"。

[176] 近期学者对农业扩张及其环境背景的综述，见 Marks, *China: Its Environment and History*, 169–222。Perdue, *Exhausting the Earth*, 仍然堪称有关研究的典范。

[177] Wang, *Land Taxation*, 6–7。

[178] 有关学术界近期对高消费造成的"生态阴影"的评价，见 Marks, *China: Its Environment and History*, 224–227。

[179] Korsak, *Istoriko-statisticheskoe obozrienie* [Historical-statistical review], 67, 73, 97, 105.

[180] Giersch, *Asian Borderlans*, 107.

[181] 同上，172–173。

[182] 有关交趾支那，见 Li, "The Water Frontier", 3; 有关苏禄王国，见 Warren, *The Sulu Zone*, 9; 有关沿海贸易的总体情况，见 Blussé, "Junks to Java", 211–258。

[183] Cranmer-Byng and Wills, *Trade and Diplomacy*, 236–237.

[184] Millward, *Beyond the Pass*, 185。有关软玉与翡翠，同上，180。1821 年，道光皇帝因为宫廷收藏的玉石积压过多，取消了陆路的玉石朝贡。

[185] Sun, "From Baoshi to Feicui", 212–214。有证据表明，中国与缅甸之间玉石贸易可追溯至 1719 年。

[186] High and Schlesinger, "Rulers and Rascals", 289–304.

[187] Sun, "Ch'ing Government and the Mineral Industries before 1800", 840–842。清朝的政策在这方面非常关键：如果旧矿不能在 1777 年完成限额、为产量增长做贡献，就会鼓励开设辅助矿（auxiliary mines）。

[188] Li, "Between Mountains and the Sea", 71–72.

[189] Reid, "Chinese Trade and Southeast Asian Economic Expansion", 23–25.

[190] Chun, "Sino-Korean Tributary Relations", 108。有关朝贡问题，见 Rutt, 136, 139。

[191] 《珲春副都统衙门档》14 册，第 236 页；16 册，第 80、219、316 页；23 册，第 90 页；28 册，第 64 页；29 册，第 156 页。

[192] 见 Sutherland, "A Sino-Indonesian Commodity Chain", 185–188。在苏禄王国，由"50 到 100 艘小艇组成的船队"挤满了初夏的海岸，有 2 万人参与生产。Warren, *The Sulu Zone*, 70。

[193] Macknight, *The Voyage to Marege*', 14, 16, 97.

[194] Sutherland, "The Sino-Indonesian Commodity Chain", 177–178, 185。这项贸易早在

[195] Warren, *The Sulu Zone*, 62。清朝与婆罗洲的燕窝贸易与其他贸易一样，出现不晚于 18 世纪初。

[196] Gibson, *Otter Skins*, 255。

[197] 同上, 254–257; Warren, *The Sulu Zone*, 72–74, 83; McNeill, "Of Rats and Men", 322; Matsuda, *Pacific Worlds*, 189。

[198] Marks, *China*, 224。有关"生态阴影"（shadow ecologies）的概念，见 Dauvergne, *Shadows in the Forest*。

[199] 我们可以把东南亚的"中国世纪"、太平洋地区"广州制造的世界"和清朝平定准噶尔后的边疆历史拼合起来。见 Matsuda, *Pacific Worlds*, 176 以及 Blussé, "Junks to Java", 223。

[200] Du Halde, *The General History of China*, 120。

第二章　珍珠窃贼与完美的秩序

[1] 《军机处满文录副奏》4045.37.197.1818（道光七年三月二十五日）。

[2] 使用该研究范式的著作包括林士炫《清季东北移民实边政策之研究》、杨余练《清代东北史》、赵中孚《近世东三省研究论文集》、关捷《东北少数民族历史与文化研究》、魏影《清代京旗回屯问题研究》; Reardon-Anderson, *Reluctant Pioneers*; Gottschang and Lary, *Swallows and Settlers*; Lee, *The Manchurian Frontier*。

[3] 见 Timothy Mitchell 对蚊子是否能"说话"的分析，Mitchell, *Rule of Experts*, 19–53。

[4] Elliott, "The Limits of Tartary", 615–617。《御制盛京赋》文本的复本见于 Klaproth, *Chrestomathie Mandchou*。

[5] Millward, *Beyond the Pass*, 51。

[6] 有关朝廷对旗人汉化的忧虑及其意义，见 Elliott, *The Manchu Way*; Crossley, *A Translucent Mirrror*。

[7] Pomeranz and Topic, *The World That Trade Created*, 41。

[8] 有关这条降水线的意义，见 Lattimore, *Nomads and Commossars*, 29。20 英寸降水线差不多也将美国不适宜农耕的土地与其他地区划分开来。

[9] 现在华北平原的风光以及施坚雅（G.William Skinner）所描述的空间仍然是这个样子。见 Skinner, "Marketing and Social Struture", 3–43。

[10] 韩茂莉：《草原与田园——辽金时期西辽河流域农牧业与环境》。
[11] 《钦定盛京通志》卷 33。引自 Kawakubo, "Shinmatsu ni okeru kirinsho seihokubu no kaihatsu" [The opening of northwestern Jilin in the late Qing], 154–166。有关清中期移民现象和开荒问题更全面的论述，见韩茂莉：《草原与田园》，第 17—203 页。
[12] Kawakubo, "Shinmatsu ni okeru kirinsho seihokubu no kaihatsu" [The opening of northwestern Jilin in the late Qing], 149–154。为了满足驻军之需，各驻防也扮演农业基地的角色，周围是已经开垦的土地，部分土地由农奴耕种。
[13] 以满文文献为基础的概述，见魏影《清代京旗回屯问题研究》。
[14] 淡水蚌也在面积较小的图们江流域大量繁殖。
[15] Mitamura, *Shinchō zenshi no kenkyū* [A study of the Ch'ing dynasty in the Manchu period], 174–177.
[16] 金鑫：《论清代前期达斡尔、鄂温克的商品经济》，第 129—135 页；Kim, "Marginal Constituencies", 141–142。
[17] Matsuura, *Shinchō no Amūru seisaku to shōsū minzoku* [Ethnic minorities and policies of the Qing Amur], 146–187.
[18] 松浦茂非常生动地指出了这一点。有关满洲地区与朝鲜的贸易联系，见 Terauchi, "Kyŏngwŏn *kaesi* to Hunchun" [The Kyŏngwŏn kaesi and Hunchun], 85。
[19] Di Cosmo, "The Rise of Manchu Power", 47:30.
[20] Mitamura, *Shinchō zenshi no kenkyū* [A study of the Ch'ing dynasty in the Manchu period], 156–157, 168–176。三田村泰助认为，努尔哈赤告诫自己手下如何正确地保存人参的故事证明了前者学习如何掌管市场：他的诀窍是想办法把价格抬到最高。岩井茂树将三田村泰助的讨论继续下去，见 Juroku, "Jūroku, jūnana seiki no Chūgoku henkyō shakai" [Frontier society in sixteenth- and seventeenth-century China], 635–636。有关满洲地区更早期历史的研究仍有深入的必要；明朝之前的"早期现代动力"在多大程度上发挥作用尚待研究。
[21] 以下征服模式来自 Yanagisawa Akira 的考察，见 "Shinchō tōchiki no kokuryūkō chiku ni okeru shominzoku no keisei saihen, katei no kenkyū" [Research on the form and process of re-organization of the various nationalities of Heilongjiang territory under Qing rule], 7–9。
[22] 有关八旗的总体考察，见 Elliott, *The Manchu Way*, 及定宜庄《清代八旗驻防研究》。
[23] 1741 年，齐齐哈尔"买卖街"失火，据估计有 355 间房屋被毁，由此可见当时商业发展的规模。见金鑫：《论清代前期达斡尔、鄂温克的商品经济》，第 129—130 页。

[24] 1776 年，有人在上奏中将盛京称为"省"，因此遭到乾隆帝申斥。乾隆帝气愤地说："（盛京）非各省可比"，将东北的三个地区称为"东三省"是错误的。《清高宗实录》卷 1007（乾隆四十一年四月）。盛京、宁古塔和黑龙江后来成为我们今天所说的辽宁、吉林和黑龙江三省。然而清代的辖区和现代的省不同；前者由说、写满文之人管理，古今省界亦不相同。因此为了避免给读者带来不必要的困扰，笔者遵循档案的习惯没有将地名译为汉文，在行文中使用相应的满语地名（在英文原著中，作者使用黑龙江、吉林、盛京的满文名称 sahaliyan ula、girin、mukden，但如果在中译本中沿用满文则会给中国读者造成不便，因此译文仍使用汉文地名。——译者注）

[25] Elliott, "The Limits of Tartary", 603–617。一如作者展示的，在耶稣会士和日本人绘制的地图中，盛京被标注为或"中国的鞑靼领地"或"满洲"。同上，619–632。

[26] 何秋涛：《朔方备乘》卷 6，第 17 页上；卷 8，第 7 页下。康熙帝认为"黑龙江松花江走廊"（Sahaliyan-Sunggari corridor）以及中俄争夺的黑龙江"距我朝发祥之地甚近"。

[27] Elliot, "The Limits of Tartary", 618–619.

[28] Lee, *The Manchurian Frontier*, 32, 50, 56.

[29] 同上，50。从 1727 年—1821 年，清廷公布了 6 份文献，估计黑龙江的正身旗人（他们的身份与布特哈旗人不同）人口在 6000 人—7000 人之间。见 Sutō, "Shinchō ni okeru Manshū chūbō no tokushūsei ni kansuru ichi kōsatsu" [An examination of the particular nature of banner garrisons in Manchuria during the Qing], 185–194.

[30] 很难把这个词所涵盖的多种行为说清楚。根据语境，朝贡包括有意愿参与其中的外国人，或受法律强制不得不进贡的清朝臣民；朝贡可以成为剥削或赠与的方式；也可以包括不定期赴京或由朝廷派遣官员定期前往当地收缴贡品。最新的学术观点见何新华《最后的天朝》；Kim, "Tribute Data Curation"。对清帝国在内陆亚洲的朝贡体系的专门讨论，见 Di Cosmo, "Nomads on the Qing Frontier", 351–372; Onuma, "Political Relations", 86–125。

[31] Matsuura, *Shinchō no Amūru seisaku to shōsū minzoku* [Ethnic minorities and policies of the Qing Amur], 227。朝鲜文献将"虎尔哈"称为"Orangkae"（在汉语普通话中发音为 wu-rang-hai）；在本书第四章将探讨他们在语源学上的近亲——乌梁海人。有关乌梁海人，参考 Crossley, "An Introduction", 3–24. 有关虎尔哈，见 Terauchi, "Kyŏngwŏn *kaesi* to Hunchun" [The Kyŏngwŏn kaesi and Hunchun], 76–77。

[32] Matsuura, *Shinchō no Amūru seisaku to shōsū minzoku* [Ethnic minorities and policies of the Qing Amur], 224.

[33] 据《满文老档》对被洗劫的瓦尔喀村落的调查。《满文老档》2.60.278（天聪六年十二月十二日），3.5.955（天聪十年三月）；3.7.990（天聪十年四月初十日）；3.8.995（崇德元年四月）；3.8.995（崇德元年四月十五日）；3.9.1023（崇德元年五月二十七日）；3.10.1036（崇德元年五月初五日）。

[34] Terauchi, "Kyŏngwŏn *kaesi* to Hunchun" [The Kyŏngwŏn *kaesi* and Hunchun], 76–90。在1607年努尔哈赤与乌拉、朝鲜的战争中，珲春被摧毁。

[35] 刁书仁认为这些动物是海獭和海貂。见刁书仁《清代延珲地区驻防八旗论略》，第55页。

[36] Matsuura, *Shinchō no Amūru seisaku to shōsū minzoku*[Ethnic minorities and policies of the Qing Amur], 285–300.

[37] 金鑫：《清代达斡尔、鄂温克两族所适用的法律》，第121—128页。"布特哈"旗融合了原本居住在黑龙江上游的人群。他们中的一部分人因17世纪40年代皇太极首次入侵逃难至嫩江流域，并于17世纪七八十年代中俄冲突期间再度南下。在1684年—1691年间，这些移民包括"索伦"联盟的残余及其中人数最庞大的鄂伦春、达斡尔、投靠联盟的巴尔虎蒙古。他们或被编入八旗驻防或被留在"打牲"地区。尽管清廷最初把他们当成蒙古人统治，并由理藩院管理他们的司法案件，但从1695年开始，他们被逐渐迁徙至黑龙江将军统辖的地区，清廷试图用适用于内地（满：*dorgi harangga ba*）的《大清律》管理。1732年，随着雍正时期清朝与准噶尔关系紧张，清廷制定了创建全新"布特哈八旗"的计划。详见金鑫《清代布特哈八旗建立时间及牛录数额新考》，第83、85页。

[38] 金鑫：《清代布特哈八旗建立时间及牛录数额新考》，第77页。

[39] 布特哈八旗由总管（满：*uheri da*）管理，后者地位类似蒙古的扎萨克（蒙：*jasag*）；他们的祖先是崇德时期与朝廷合作之人，具有世袭地位，但从17世纪60年代到1732年被纳入官僚体制。见金鑫《清代前期布特哈总管沿革探析》，第82—95页。

[40] 有关以上人群及其在18世纪中期的概况，见 Ochirin Oyunjargal, *Manzh-Chin ulsaas Mongolchuudig zakhirsan bodlogo*; Yanagisawa Akira, "Shinchō tōchiki no kokuryūkō chiku ni okeru shominzoku no keisei saihen, katei no kenkyū"[Research on the form and process of re-organization of the various nationalities of Heilongjiang territory under Qing rule]; Kim, "Marginal Constituencies"。达斡尔似乎是契丹的后裔，辽朝

灭亡后，他们的祖先被蒙古同化；在契丹语中，契丹国的名称是"daur gurun"（汉：达斡尔国——译者注）。见 Atwood, Encyclopedia, 135–137。

[41] Yanagisawa Akira, "Shinchō tōchiki no kokuryūkō chiku ni okeru shominzoku no keisei saihen katei no kenkyū" [Research on the form and process of re-organization of the various nationalities of Heilongjiang territory under Qing rule], 8–9。毕拉尔人也被纳入布特哈八旗，他们是鄂伦春的分支。

[42] 本文以下主要参考 Matsuura, *Shinchō no Amūru seisaku to shōsū minzoku*[Ethnic minorities and policies of the Qing Amur]。

[43] 同上，297–299, 311–318。或许我们可以想象，在黑龙江下游地区有一个东北亚"赞米亚"（Zuomia, 原指东南亚地区难以被政府管理的民族所生活的地区）。见 Scott, *The Art of Not Being Governed*。

[44] Matsuura, *Shinchō no Amūru seisaku to shōsū minzoku*, [Ethnic minorities and policies of the Qing Amur], 227–232, 265–266。尽管姓长（满：*halai da*）的地位本应是世袭的，但在实际操作中是由家族自行决定如何继承，清廷很难管理。

[45] Matsuura, *Shinchō no Amūru seisaku to shōsū minzoku*[Ethnic minorities and policies of the Qing Amur]. 146–187。

[46] 同上，175、179、213。

[47] 这种安排是不同寻常的：朝廷宣称对整个帝国的珍贵商品拥有垄断权，例如新疆的软玉、江西的木材、北方的毛皮。东北地区的其他物产也不例外，包括鲟鱼。有关玉，见 Millward, *Beyongd the Pass*, 18; 有关木材，见 Chang, "The Economic Role of the Imperial Household", 255; 有关鲟鱼，见《军机处满文录副奏折》3555.18.163.620（嘉庆元年十一月初八日）、3555.31.163.685（嘉庆元年十一月十二日）、3574.31.164.144（嘉庆二年十月二十六日）、3574.48.164.1541（嘉庆二年十一月初四日）、3587.34.165.2156（嘉庆三年十一月初二日）；3589.47.165.2199（嘉庆三年十一月初十日）。

[48] Mitamura, 174–175。三田村泰助引用张涛（1560 年—1621 年）："东珠紫貂，天下之厚利也，利从江夷来，是卜占台之部落也。"有关张涛，见 Brook, *The Confusions of Pleasure*, 1–13。

[49] Hummel, *Eminent Chinese of the Ch'ing Period*, 17。

[50] Mitamura, 174, 176。这个时期保留下来的唯一满文史料《满文老档》从个人恩怨和道德角度描述努尔哈赤与布占泰的冲突；张涛将二者的冲突理解为争夺利益和对开原、辽阳贸易的控制权。见《满文老档》,《太祖朝卷》1—2, 多处。

[51] 此后乌拉旗人分为两种：一种是作为内务府包衣的上三旗旗人；另一种是为满洲贵族服务的下五旗旗人。与根据族群划分的索伦和达斡尔不同，乌拉驻防的人群是多样的。清廷于 1742 年、1792 年将索伦和达斡尔旗人调入乌拉驻防，以增强其兵力。同时将乌拉旗人调往三姓、阿勒楚喀和宁古塔。1726 年由国家系统建立的乌拉船厂与此无关。《大清会典事例》卷 7，第 38 页上，第 120 页上下；卷 12，第 211 页上；卷 12，第 1110 页下。

[52] 有关乌拉旗人的行政机构的历史，见金鑫《清代的打牲乌拉总管衙门》，第 56—61 页；金恩晖《关于打牲乌拉志典全书校释出版以及乌拉史料文库的建议》，第 59—62 页；赵雄《关于清代打牲乌拉东珠采捕业的几个问题》，第 79—85 页；王雪梅、翟敬源《清代打牲乌拉的东珠采捕》，第 76—80 页。Kawakubo, "Shin shiryō 'dasheng wula zhidian quanshu' no hakken ni yosete" [The discovery of new historical material: the dasheng wula zhidian quanshu], 148–151。

[53] 1729 年，雍正帝下令总管需要从在京的官员内挑选，但是笔帖式来自当地。《大清会典事例》卷 12，第 1080 页下—1081 页上。

[54] 有关事例见《军机处满文录副奏折》3541.36.162.872（嘉庆元年四月初九日）和 3549.30.162.2717（嘉庆元年九月十三日）。

[55] 《军机处满文录副奏折》3667.47.171, .2659（嘉庆九年四月三十日）。

[56] Graf, "Palearctic freshwater mussel", 71–72。其他种类包括 *Lanceolaria acroorrhyncha, Lanceolaria cylindrical, Nodularia douglasiae, Anondonta beringiana, Anemina arcaeformis, Anemina uscaphys, Inversidens pantoensis, Lamprotula coreana, Lamprotula gottschei*。

[57] 同上，71-88。科学家仍然对淡水蚌进行系统分类，并将其作为一个单独的品种。学者对黑龙江流域的淡水珍珠种类的数量尚未达成一致意见，甚至没有公认的描述标准。欧洲、美国学者青睐"生物种概念"（biological species concept, BSC），使用进化范式和谱系作为基本的组织模式；俄罗斯学者常用"比较法"（comparatory method, CM），即根据贝壳上的纹理进行分类。俄罗斯学者在黑龙江流域识别出了 56 个品种，而美国学者识别出了 14 种。MUSSEL 计划数据库（http://mussel-project.uwsp.edu）提供兼采 BSC 和 CM 两种方法的物种信息。

[58] 笔者使用的是清代双语档案中常用的译名。《大清全书》将 *tana* 翻译为"东珠"或"大珠"，*nicuhe* 则直接译为"珠"，*tahūra* 译为"蚌"。《大清全书》卷 8，第 1 页上；卷 3，第 37 页下；卷 8，第 2 页下。《清文鉴》将 *tana* 译为"东珠"，

nicuhe 为 "珍珠", tahūra 为 "蛤蜊"。《御制满珠蒙古汉字三合清文鉴》卷 21，第 60 页上；卷 31，第 44 页上。

[59] 《钦定盛京通志》卷 27，第 36 页下。《吉林通志》采用了同样的说法，并逐字引用了《钦定盛京通志》。《吉林通志》卷 34，第 27 页下。《钦定盛京通志》没有提供更多信息——仅提到混同江孕育蚌蛤，人们于阴历四月、八月捕捞，次年正月进贡。

[60] 《黑龙江志稿》卷 15，第 32 页上下。

[61] 《军机处满文录副奏折》3572.24.164.966（嘉庆二年九月十三日）、3587.32.165.1553（嘉庆三年九月二十七日）。

[62] 《军机处满文录副奏折》3549.30.162.2717（嘉庆元年九月十三日）、3667.47.171.2659（嘉庆九年四月三十日）。瑷珲和宁古塔两地的统计是分别造册、发送的。

[63] 在已经公布的珲春档案中，只有1806年的统计对后面四种东珠做了分类。见《珲春副都统衙门档》卷 25，第 64 页（嘉庆十一年八月初十日）。对珍珠的记载见于 1786 年和 1790 年。1786 年，采珠人在布尔哈图收获了 65 颗珍珠，噶哈哩 63 颗，海兰 73 颗。1790 年，收获量锐减，布尔哈图仅有 11 颗，噶哈哩 10 颗。见《珲春副都统衙门档》卷 15，第 155 页（乾隆五十一年八月十五日）；卷 18，第 311 页（乾隆五十五年八月初十日）。

[64] 1701 年之前，每队珠轩需要交 20 颗。

[65] 《大清会典事例》卷 10，第 278 页上、第 282 页上。

[66] 同上，卷 10，第 278 页上—279 页下、283 页下。新增珠轩来自原本负责其他贡品（如蜂蜜）的采集小队。

[67] 《军机处满文录副奏折》3541.36.162.872（嘉庆元年四月初九日）、3549.30.162.2717（嘉庆元年九月十三日）。例如在 1796 年，拉林和阿勒楚喀的珠轩于 5 月 16 日启程，但直到 8 月 7 日才抵达额尔楚克河（Elcuke River）的贝床。他们采集珍珠一直到 9 月 4 日，然后就返程了。

[68] 《珲春副都统衙门档》卷 21，第 69 页（嘉庆三年七月初九日）。

[69] 《军机处满文录副奏折》3775.28.179.3221（嘉庆十四年十月十三日）。

[70] 乾隆朝，从水路前往宁古塔的珠轩走海兰河、善西河（Šansi River）（1786 年）；海兰、善西河以及玛尔胡礼河（Malhūri River）（1790 年）；小海兰河以及玛尔胡礼河的支流呼兰沟（1795 年）。《珲春副都统衙门档》卷 15，第 19 页（乾隆五十一年五月二十日）；卷 18，第 311 页（乾隆五十五年八月初十日）；卷 19，第 375 页（乾隆六十年三月十四日）。

[71] 《珲春副都统衙门档》卷 21，第 6 页（嘉庆三年五月初一日）；卷 23，第 167 页（嘉庆十年四月初五日）；卷 25，第 64 页（嘉庆十一年八月初十日）；卷 25，第 263 页（嘉庆十二年五月初一日）；卷 26，第 117 页（嘉庆十七年四月初一日）；卷 27，第 468 页（嘉庆十九年八月初十日）；卷 28，第 298 页（嘉庆二十年四月二十四日）；卷 29，第 271 页（嘉庆二十三年八月二十五日）；卷 32，第 302 页（嘉庆二十四年八月初十日）。

[72] 《珲春副都统衙门档》卷 15，第 155 页（乾隆五十一年八月十五日）；卷 16，第 226 页（乾隆五十二年八月二十一日）；卷 18，第 311 页（乾隆五十五年八月初十日）；卷 25，第 64 页（嘉庆十一年八月初十日）；卷 29，第 271 页（嘉庆二十三年八月二十五日）；卷 15，第 19 页（乾隆五十一年五月二十日）。

[73] 《内务府奏销档》131.560.125（嘉庆元年十月二十六日）、131.455.45（嘉庆六年九月二十八日）、132.462.1（嘉庆十八年十一月初一日）、133.466.93（嘉庆十九年十月二十九日）、135.473.142（嘉庆二十年十一月初三日），《军机处满文录副奏折》3572.24.164.966（嘉庆二年九月十三日）、3587.32.165.1553（嘉庆三年九月二十七日）。

[74] 以下的考察来自 Bauer, "Reproductive Strategy", 691–704。

[75] 它们的宿主包括大马哈鱼、鳟鱼、鲟鱼。这些鱼类在 19 世纪的满洲地区数量庞大。

[76] 笔者感谢乔治·R. 特朗布尔（George R. Trumbull）指出这种可能性。有关蚌作为水下生态环境的参照物的作用，见 Carrell et al., "Can Mussel Shells Reveal Environment History?" 2–10。

[77] 《大清会典事例》卷 10，第 280 页上。

[78] 因为东珠的价值取决于尺寸和光泽，所以采珠人获得的赏赐也是不同的。

[79] 《大清会典事例》卷 10，第 279 页。

[80] 同上，卷 10，第 279 页上。

[81] 《清高宗实录》卷 142，第 1045 页。

[82] 《大清会典事例》卷 12，第 1081 页上。

[83] 同上，以及《大清会典事例》卷 10，第 105 页上；卷 12，第 686 页下。

[84] 《大清会典事例》卷 2，第 950 页下；卷 12，第 210 页下。

[85] 《珲春副都统衙门档》卷 19，第 468 页（乾隆六十年六月十四日）。

[86] 菲利普·勒·比林（Philippe Le Billon）将"偷盗的特性"定义为"易被不法分子获得"，即物质资源具有可获取的特性，且其分布远离权力中心。例如，对于盗

采者而言，在满洲地区获得人参和珍珠，比在内地资本集约型的矿山里挖铜更容易。Le Billon, *Wars of Plunder*, 5。

[87] 《珲春副都统衙门档》卷 19，第 458 页（乾隆六十年六月十四日）。

[88] 同上。

[89] 《军机处满文录副奏折》3541.24.162.814（嘉庆元年四月初十日）。

[90] 同上，《军机处满文录副奏折》3562.5.163.2235（嘉庆二年四月初九日）、3562.10.163.2255（嘉庆二年四月初九日）、3571.28.164.742（嘉庆二年九月初六日）。这一年，各珠轩成功地采集到 742 颗东珠和普通珍珠。

[91] 《清仁宗实录》卷 56，第 741 页；《大清会典事例》卷 12，第 1081 页下。

[92] 同上。

[93] 《珲春副都统衙门档》卷 15，第 155 页（乾隆五十一年八月十五日）；卷 16，第 226 页（乾隆五十二年八月二十一日）；卷 18，第 311 页（乾隆五十五年八月初十日）；卷 25，第 64 页（嘉庆十一年八月初十日）；卷 29，第 271 页（嘉庆二十三年八月二十五日）；卷 15，第 19 页（乾隆五十一年五月二十日）。

[94] 《珲春副都统衙门档》卷 33，第 333 页（道光二年二月初五日）。

[95] 《大清会典事例》卷 1，第 515 页上。

[96] 《珲春副都统衙门档》卷 37，第 50 页（道光五年二月二十二日）。

[97] 《军机处满文录副奏折》4045.37.197.1818（道光七年三月二十五日）。

[98] 上谕的满文版，见《珲春副都统衙门档》卷 38，第 68 页（道光八年四月二十一日）；卷 39，第 8 页（道光八年五月初一日）；卷 43，第 338 页（道光十四年十月十五日）。《清实录》也收录该上谕，见《清宣宗实录》卷 222，第 319 页。

[99] 《珲春副都统衙门档》卷 46，第 286 页（道光十八年十一月二十八日）。一个萎缩的进贡体系至少在表面上一直延续到 1911 年。1846 年、1848 年，朝廷恢复禁采令，此外 1893 年、1895 年、1899 年、1907 年、1909 年和 1910 年都禁止采珠。《珲春副都统衙门档》卷 58，第 230 页（道光二十六年十一月二十日）；卷 61，第 273 页（道光二十八年四月初九日）；《清穆宗实录》卷 1，第 84 页；《清德宗实录》卷 331，第 252 页；卷 379，第 958 页；卷 452，第 966 页；卷 580，第 679 页；《宣统实录》卷 24，第 458 页；卷 44，第 798 页。

[100] 有关部分问题，见 Mitamura, *Shinchō zenshi no kenkyū*, 172–173。

[101] Kawachi, "Mindai tōhoku Ajia chōhi bōeki" [Sable trade in Northeast Asia in the Ming period], 66。为了断绝女真人的财富来源，朝鲜王朝谴责戴饰以毛皮的御寒耳帽的朝鲜妇女。

[102] 《打牲乌拉志典全书》，第 149 页。

[103] 有关清代人参的研究颇多。今村均的《人参史》仍为基础性研究；综合性考察请见蒋竹山《清代人参的历史——一个商品的研究》。英文著作请见 Symons, *Ch'ing Ginseng Management*。以满文为基础的研究，见佟永功《满语文与满文档案研究》，第 258—278 页；王佩环《清代东北采参业的兴衰》，第 189—192 页。

[104] 有关森林垦伐，见 Elvin, *The Retreat of the Elephants,* 19—85。华北的原始森林和现在出产人参的北卡罗来纳、田纳西的大烟山（The Great Smokey Mountains）没有什么区别。诗人加里·斯奈德（Gary Snyder）进行了富有想象力的比较，见 *The Practice of the Wild*, 138。实际上，现在大烟山的人参被盗采至中国市场。见 Zucchino, "Smokey Mountains National Park"。

[105] 蒋竹山：《清代人参的历史》，第 39—44 页。

[106] 同上，第 45 页。

[107] 同上，第 103—124 页。

[108] 同上，第 117—119 页。

[109] 同上，第 127—130 页。在这一时期的满洲地区，雍正的朝廷做了很多工作；皇帝经常派遣钦差大臣查办案件，其中一人前往库页岛为贡貂部落人丁注册，另一人去乌苏里江监督采参。

[110] 同上，第 131、137 页。

[111] 《军机处满文录副奏折》900.1.19.126（雍正十年正月初六日）。同样，在 1738 年，《墨尔根副都统衙门档案》记录了 10 名盗采人参的罪犯，为首是张济惠（Zhang Jihui, 音译），他们在马鞍山（满：*enggumu alin*）被捕。政府没收了他的 2 两人参根、半两须根。张济惠和同伙拥有 6 匹马、6 张弓、1 囊箭、2 口锅和 2 个帐篷；这些装备被分给了拿获他们的兵丁。《军机处满文录副奏折》905.4.19.1437（乾隆三年十月初一日）。

[112] 有关 1744 年作为改革转捩点的重要性以及对此次改革的全面介绍，见佟永功《满语文与满文档案研究》，第 264—269 页。

[113] 《军机处满文录副奏折》3546.46.162.2041（嘉庆元年七月十七日）。

[114] 户部在北京颁发照票，然后将照票通过水路送到盛京、吉林和宁古塔，再由地方政府分发；所有未领取的照票都要送回户部销毁。

[115] 佟永功：《满语文与满文档案研究》，第 266—267 页。

[116] 《军机处满文录副奏折》3651.37.170.1514（嘉庆七年十二月二十八日）。

[117] 以上论述基于对档案的总结：《军机处满文录副奏折》3541.22.162.802（嘉庆元

年四月初十日）、3544.16.162.1465（嘉庆元年五月二十七日）、3546.46.162.2041（嘉庆元年七月十七日）、3562.14.163.2270（嘉庆二年四月二十日）、3564.35.163.2794（嘉庆二年五月二十九日）、3567.2.163.3194（嘉庆二年闰六月初六日）、3575.34.164.1729（嘉庆二年十二月初七日）、3580.42.164.3211（嘉庆三年四月十六日）、3583.3.165.230（嘉庆三年五月二十八日）、3584.38.165.718（嘉庆三年七月十五日）、3612.22.167.952（嘉庆五年六月二十一日）、3627.2.168.1519（嘉庆六年六月初十日）、3651.37.170.1514（嘉庆七年十二月二十八日）、3669.45.171.3196（嘉庆九年六月初六日）、3675.10.172.1205（嘉庆九年十月二十七日）、3683.17.173.214（嘉庆十年五月二十四日）、3691.8.173.2768（嘉庆十年十一月初四日）、3703.14.174.2967（嘉庆十一年六月十一日）、3710.14.175.1710（嘉庆十一年十一月初四日）、3720.28.176.1232（嘉庆十二年五月二十一日）、3723.33.176.1852（嘉庆十二年七月初三日）、3726.24.176.2667（嘉庆十二年八月二十一日）、3730.49.177.420（嘉庆十二年十一月二十五日）、3742.8.177.3022（嘉庆十三年五月二十一日）。

[118] 例如，秀林因为没能报告人参情况遭到参奏，可见帝国对控制人参贸易的吉林官员存在焦虑情绪。《军机处满文录副奏折》3637.37.169.1217（嘉庆七年三月二十三日）。

[119] 一份 1847 年（道光二十七年）的档案给出的数目是 44325 两，591 张参票价值白银 75 两。

[120] 王佩环：《清代东北采参业的兴衰》，第 191 页。

[121] 蒋竹山：《清代人参的历史》，第 151—152 页。

[122] 《军机处满文录副奏折》3627.2.168.1519（嘉庆六年六月初十日）、3669.45.171.3196（嘉庆九年六月初六日）、3541.22.162.802（嘉庆元年四月初十日）、3544.16.162.1465（嘉庆元年五月二十七日）、3562.14.163.2270（嘉庆二年四月二十日）、3564.35.163.2794（嘉庆二年五月二十九日）、3580.42.164.3211（嘉庆三年四月十六日）、3583.3.165.230（嘉庆三年五月二十八日）、3669.45.171.3196（嘉庆九年六月初六日）、3683.17.173.214（嘉庆十年五月二十四日）、3703.14.174.2967（嘉庆十一年六月十一日）、3720.28.176.1232（嘉庆十二年五月二十一日）、3742.8.177.3022（嘉庆十三年五月二十一日）。在 1796 年—1808 年间，宁古塔参票颁发量减少的现象主要出现在 1797 年、1798 年，吉林地区在 1798 年—1801 年。在此时期，阿勒楚喀、伯都讷和三姓地区的参票从 99 张跌至 67 张。1798 年的报告显示阿勒楚喀、伯都讷和三姓共发放了 211 张参票。《军机

处满文录副奏折》3583.3.165.230（嘉庆三年五月二十八日），3669.45.171.3196（嘉庆九年六月初六日）。从 1804 年开始，拉林的参票数目被纳入阿勒楚喀参票总数中。

[123] 有关例子可参考蒋竹山对盗采者登记的考察，《清代人参的历史》，第 132—135、139 页。我们还要注意，在 1746 年，生活于乌苏里江流域的七姓赫哲被发现非法庇护盗采人参者。Matsuura, *Shinchō no Amūru seisaku to shōsū minzoku*[Ethnic minorities and policies of the Qing Amur], 327。

[124] 《清高宗实录》卷 1045，第 988 页上。

[125] 同上，卷 1244，第 726 页上。

[126] 有关 1762 年的贪污案，见同上，卷 789，第 694 页下。

[127] 同上，卷 1444，第 271 页下—272 页上。

[128] 同上，卷 1444，第 272 页上。

[129] 《军机处满文录副奏折》3596.16.166.0150（嘉庆四年五月二十八日）。

[130] 同上。

[131] 《军机处满文录副奏折》3730.47.177.408（嘉庆十二年十一月二十五日）。

[132] 《军机处满文录副奏折》3575.34.164.1725（嘉庆二年十二月初七日）。

[133] 见《军机处满文录副奏折》3557.7.163.1051（嘉庆元年十二月十八日）、3558.17.163.1332（嘉庆二年正月二十一日）、3575.34.164.1725（嘉庆二年十二月初七日）、3576.47.164.2023（嘉庆三年正月十九日）、3590.13.165.2228（嘉庆三年十一月二十六日）、3590.29.165.2315（嘉庆三年十二月）、3621.28.167.3574（嘉庆六年正月十一日）。

[134] 《军机处满文录副奏折》900.2.19.127（雍正十年正月初六日）。

[135] 蒋竹山：《清代人参的历史》，第 163 页。

[136] 丛佩远：《中国栽培人参之出现与兴起》，第 262—269 页。

[137] 蒋竹山：《清代人参的历史》，第 170 页；Kuriyama, "The Geography of Ginseng and the Strange Alchemy of Needs"。

[138] 有关该案的档案公布于《嘉庆朝参务档案选编》（《历史档案》，2002 年第 3 期，第 51—72 页；《历史档案》，2002 年第 4 期，第 22—42、63 页）。

[139] 蒋竹山：《清代人参的历史》，第 179—180 页。

[140] 《军机处满文录副奏折》3621.28.167.3574（嘉庆六年正月十一日）。

[141] 《军机处满文录副奏折》3651.36.170.1503（嘉庆七年十二月初八日）。

[142] 丛佩远：《中国栽培人参之出现与兴起》，第 268 页。

[143] 引自蒋竹山,第 168—169 页。上谕原文,见《嘉庆道光两朝上谕档》第 8 卷,第 26 页(嘉庆八年正月二十四日)。

[144] 引自同上,第 183 页。原文见《清仁宗实录》卷 226,第 39 页。该份上谕发布于 1810 年(嘉庆十五年二月)。

[145] 引自同书,第 163 页。

[146] 我们甚至不清楚当时的消费者是否将"人参"理解为某种单一的商品。和秧参与野生参一样,美国和满洲地区的品种拥有完全不同的市场:一如 1802 年波士顿商人沙利文·多尔(Sullivan Dorr)所写,中国买家"说鞑靼地区人参的一条根也比我们的一斤人参效力高",而且"尽管从美国来的货很多,但中国人参的价值并未因此降低,因为他们认为自己的人参比进口货好得多"。美国博物学家 J.C. 莱因哈特(J.C.Reinhardt)于 1845 年乘坐军舰"宪法"号抵达中国,他发现中国人认为两国人参"全然不同",也颇感惊讶。他听说天然的满洲人参生长在有老虎的地区,具有超自然的力量——他还被告知"白天看不到人参,但是到了晚上它会发出荧光"。Reinhardt, "Report", 554。

[147] Anderson, *Imagined Communities*.

[148] 满洲人和清朝的发祥之地并不必然和某一边疆地理单元结合在一起。例如图理琛在他的《异域录》中将"龙腾凤翔之地"限定为"东北"(满:*dergi amargi ergi*)。图理琛:《异域录》,第 5 页。对这一地区更常见的称呼为"关外"(满:*jasei tulergi*);例如有关毛皮非法交易的条例将"关外"和"蒙古草地"并列。该奏折见于《宫中档乾隆朝奏折》75.496–497.1。笔者在此感谢本杰明·利维(Benjamin Levey)提供信息。

[149] 有关满洲人对二者的建构,见 Elliott, "The Limits of Tartary", 603–624。

[150] 《雍正上谕内阁》卷 89(雍正七年十二月初七日)。

[151] 《清高宗实录》卷 576,第 345 页。

[152] 同上,卷 142,第 1045 页。

[153] 同上,卷 674,第 543 页;卷 676,第 555 页。

[154] 《打牲乌拉志典全书》,第 118 页。

[155] 如《清仁宗实录》卷 113,第 501 页;卷 256,第 455 页;《清宣宗实录》卷 25,第 445 页;卷 37,第 670 页;卷 476,第 1001 页。

[156] 《东华续录》,道光朝卷 14,第 8 页下—9 页上;《清朝续文献通考》,第 8590 页上;《吉林通志》卷 3,第 16 页上,第 20 页上。

[157] 《吉林通志》卷 2,第 17 页上。引自 1816 年奏折;见《吉林通志》卷 3,第 16 页上。

[158] 如《清朝续文献通考》，第 8590 页上。

[159] 贺长龄：《清经世文编》卷 80，第 11 页；魏源：《圣武记》卷 14，附录。

[160] 很多这类出版物非常关切地方和外交问题，包括治国概要《清经世文编》、19 世纪末外交人员的游记《西巡大事记》《庚子海外纪事》。换句话说，清廷发祥之地范围的扩大，从一开始就被包含在新的中国国家空间形成之中。

[161] 《清高宗实录》卷 1035，第 868 页；稍晚的例子，见《清仁宗实录》卷 113，第 496 页。

第三章　蘑菇危机

[1] 《清宣宗实录》卷 161，第 488 页上。

[2] 《续增刑案汇览》卷 6，第 4192 页。

[3] 根据《理藩院则例》："口内居住旗民人等不准出口在蒙古地方开垦地亩。违者照私开牧场例治罪。"还有类似的一条禁令："台吉等越旗私开公中牧场分别治罪"（满：siden i ongko ba；蒙：alban u belciger ġajar）。《钦定理藩院则例》（蒙古文版）卷 34，第 8 页上；卷 10，第 9 页上—第 10 页下；《钦定理藩院则例》（满文版）卷 10，第 1 页上下；第 34 卷，第 8 页上，第 14 页上—第 15 页上。（译文引自《钦定理藩院则例》汉文版，《清代各部院则例》，蝠池书院，2004 年，第 559、266 页。——译者注）

[4] 在旗之下为佐领（满：niru；蒙：sumu）。各旗下佐领的数量、各部落下旗的数量无一定之规；内蒙古一个旗平均管辖 23.6 个佐领；而在外蒙古，旗本身是地方政府下最小的单位，全部 86 个旗中有 55 个无佐领。见 Farquhar, "The Ch'ing Administration of Mongolia", 71。有关蒙古地方行政的全面介绍，见 Oka, *Shindai Mongoru monki seido no kenkyū* [Research on the league-and-banner system of Qing Mongolia]。这一研究是必不可少的：我们需要从最基层进一步考察蒙古地区的环境史。

[5] Sneath, *The Headless State*.

[6] 喀尔喀蒙古自称是达延汗（1480？—1517？年在位）之子格列森札赉尔珲台吉（死于 1548 年）的后裔。现在，大多数生活在蒙古国的蒙古人都被认定是喀尔喀族群（蒙：yastan）的成员。Atwood, *Encyclopedia of Mongolia*, 299–301。

[7] 我在文中通常将蒙古文的 obuġa（敖包）翻译为 cairn（石堆），但这个翻译不是很贴切。和英语的 cairn 不同，蒙古文的 obuġa 在蒙古文献中被赋予精神和文化

的重要意义，这一层含义是 cairn 所不具备的。见 Bawden, "Two Mongol Texts", 23–41。

[8] 李毓澍：《外蒙政教制度考》，第 750 页。

[9] Elverskog, *Our Great Qing*, 127–165。处于佛寺管辖之下的蒙古人属于另一个独立的阶层系统。

[10] 李毓澍：《外蒙政教制度考》，第 109—110 页。

[11] 张正明：《晋商兴衰史》，第 43、46、73—74 页。这一时期，商税部门的检查站增加了一倍。

[12] 为了逃避追踪，有些人甚至试图让自己的脚印看起来像兽迹。此信息来源于与萨雅娜·纳穆萨拉耶娃（Sayana Namsaraaeva）的个人交流。

[13] 《库伦办事大臣衙门档》-M1D1–3840.55a（道光七年九月）。朝圣者和商队一样应当是这条道路上常见的景色。见 Charleux, *Nomads on Pilgrimage*; Tuttle, "Tibetan Buddhism", 163–214。

[14] 见《库伦办事大臣衙门档》M1D1–3840.32（道光七年二月初七日）。

[15] 例子见《库伦办事大臣衙门档》M1D1–3840.18（咸丰七年九月二十日）。

[16] Sanjdorji, *Manchu Chinese Colonial Rule*, 70–82.

[17] 引自《库伦办事大臣衙门档》M1D1–3935.15b（道光十一年七月二十八日）。

[18] 《库伦办事大臣衙门档》M1D1–4079.53（道光十七年二月二十九日）。谙班的大印为这些文件赋予权威。有关清代蒙古地区的官印，见 Mostaert, "L'ouverture du sceau", 315–337。

[19] 逗留时间的长短会根据旅行的次数和预期的贸易时间做出调整。如果从归化城到喀尔喀盟旗旅行，那么申请一年期是适宜的。政府规定从库伦到恰克图路程 100 天，剩下的 200 天是从库伦到乌里雅苏台的时间，所以一年期逗留许可通常批给前往特定旗的商人。《库伦办事大臣衙门档》M1D1–4079.13a（道光十七年十月初四日）；《库伦办事大臣衙门档》M1D1–4079.15a（道光十七年十二月二十四日）；《库伦办事大臣衙门档》M1D1–4079.26（道光十七年三月三十日）。

[20] 《库伦办事大臣衙门档》M1D1–4319.45a（道光二十七年十二月）。

[21] 《库伦办事大臣衙门档》M1D1–3696.6（嘉庆二十四年十二月二十日）。

[22] 《库伦办事大臣衙门档》M1D1–4079.53（道光十七年二月二十九日）。

[23] 《库伦办事大臣衙门档》M1D1–4079.15a（道光十七年十二月二十四日）。政府从

这种安排中获益;每年,政府把恰克图的土地租给商人,年均收取租金400两。如果在库伦就是300两。《库伦办事大臣衙门档》M1D1–3697.16a(嘉庆二十五年十月)。

[24] 张正明:《晋商兴衰史》,第80页;《库伦办事大臣衙门档》M1D1–843.1(道光四年八月初九日)。一份名册记载的全是由汉人父亲、蒙古人母亲组成的蒙汉混合家庭;蒙古母亲一方都是佛寺的属民。姓名、属地(汉人用"县"、蒙古人用 *otoġ daruġa*)、年龄以及所有儿童和亲属,包括养子、女婿、儿媳、侄子、侄女的姓名、性别(男、女、婴儿)、年龄等信息都被一一登记在案。他们的孩子都以蒙古名注册,籍贯随母。

[25] 对有关案件的讨论,见《库伦办事大臣衙门档》M1D1–3833.23a(道光六年三月二十日);《库伦办事大臣衙门档》M1D1–3833.27a(道光六年四月初六日);《库伦办事大臣衙门档》M1D1–3874.12b(道光八年三月二十三日)。

[26] 《库伦办事大臣衙门档》M1D1–3874.13a(道光八年十一月二十一日)。

[27] 《库伦办事大臣衙门档》M1D1–3913.9a(道光九年正月二十日)。

[28] 《库伦办事大臣衙门档》M1D1–3874.9b(道光八年十二月十五日)。

[29] 《库伦办事大臣衙门档》M1D1–3913.9a(道光九年正月二十日)。

[30] 《库伦办事大臣衙门档》M1D1–3913.9b(道光九年正月二十九日)。最后一个短语将满文的 *urse*(众人)和 *irgese*(民)并列。

[31] 《库伦办事大臣衙门档》M1D1–3874.9b(道光八年十二月十五日),《库伦办事大臣衙门档》M1D1–3913.9a(道光九年正月二十日)。

[32] 《库伦办事大臣衙门档》M1D1–4144.3(道光十年八月)。

[33] 有关围场及"净化"问题将在最后详细讨论。

[34] 《库伦办事大臣衙门档》M1D1–4144.2a(道光十年十月初七日)。

[35] 《库伦办事大臣衙门档》M1D1–4166.15a(道光二十一年十二月二十八日)。

[36] 鹿茸并非一直被当作独特的珍贵商品;《钦定盛京通志》记载鹿茸是麋鹿身体上有价值的部分,但该书将其与鹿的其他部分并列,例如鹿尾似乎也有同样的重要性。《钦定盛京通志》卷27,第30页上。

[37] 《库伦办事大臣衙门档》M1D1–3697.1(嘉庆二十五年五月十三日)。

[38] 如《库伦办事大臣衙门档》M1D1–3697.2(嘉庆二十五年四月二十八日);《库伦办事大臣衙门档》M1D1–3697.1(嘉庆二十五年五月十三日);《库伦办事大臣衙门档》M1D1–3935.3(道光十一年十二月十四日)。仅在1820年5月31日至1820年6月20日,贸易监督衙门登记了涉及9个不同商家的33宗鹿角交

易。每副鹿角的价格从 11 到 165 份砖茶不等，平均价格是 90 份。11 年之后的 1831 年，鹿角的售价和数量有了显著增加，但是专营鹿角的商家减少到 3 家：林生源（Lin Shengyuan，音译）、邢隆永（Xing Longyong，音译）和田春永（Tian Chunyong，音译）（蒙古语名为布彦达赉、桑艾达赖和巴彦多尔济）。在从 5 月 14 日到 8 月 10 日的 83 天中，他们总共用 6259 份砖茶交易了 59 对鹿角。1820 年，平均每架鹿角卖 90 份砖茶，但是 1831 年达到 106 份（每对价格从 20 到 202 份不等）。价格上涨应是供应量锐减的结果，因为当时鹿的数量日益稀少。1820 年平均每天可生产 1.65 架；1831 年每天 0.71 架，即便在旺季也不过 0.85 架，日产量减少一半。

[39] 《库伦办事大臣衙门档》M1D1-4320.54（道光二十七年十二月二十日）。

[40] 鄂托克是蒙古的统治单位，其出现早于清朝统治蒙古地区，并主要作为佛寺下属牧民群体的形式存在（蒙：šabi）。有关这一制度，见 Atwood, *Encyclopedia of Mongolia*, 430–431。

[41] 《库伦办事大臣衙门档》M1D1-3822.23（道光六年四月二十日）。

[42] 我们应当注意，切不可从"唯发展论"的角度看待外蒙古地区商业限票的增多。从这个角度讲，市场对鹿角的需求也在新疆和东北引发了买卖热潮，但原因完全不同。在东北，朝廷于 1831 年批准了署理盛京将军富俊发放鹿角贸易限票的建议，以便通过给与旗人把狩猎技巧资本化的机会，进而培养满洲之道（Manchu Way）。而在新疆伊犁河流域发放限票的作用完全不同。伊犁将军特依顺保于 1833 年提议施行，他认为如果能正确实施并利用税收系统征税，当地蒙古人会获益，政府也能为修建公共灌溉系统筹措经费。在蒙古地区，朝廷的目标是杜绝在禁地盗猎；在满洲地区，朝廷的希望是帮扶贫困旗人；在新疆，则是为了征收赋税。《清宣宗实录》卷 202，第 1171 页上下；卷 249，第 761 页上下。

[43] 赤峰的蒙古语名称是 *Ulaganqada*，满文是 *ulan hada*。

[44] 在刘德山抵达之时，直隶北部的人口以指数方式增长；仅仅在 1776 年—1820 年之间，承德县公布的人口就从大约 50 万翻了一倍，达到 100 万。Li, *Fighting Famine*, 80。有关清政府通常将贫穷的流民视为恶棍的情况，请见 Kuhn, *Soulstealers*; Sommer, *Sex, Law, and Society*。

[45] 《库伦办事大臣衙门档》M1D1-3913.5a（道光九年十一月十五日）；《库伦办事大臣衙门档》M1D1-3913.10（道光十年四月十六日）。这不是第一起涉及空印的腐败案件。四年之前的 1825 年，有人非法签发了 20 张有官方抬头的假文件，其中

12 份被使用。见《库伦办事大臣衙门档》M1D1-3913.10（道光十年四月十六日）。

[46] 《朝阳县志》卷 27，第 5 页上。

[47] 近期的一项调查列举了蒙古地区的 217 种蘑菇，其中仅有 26 种可以在草原见到。Combobaatar et al, *Convention on Biological Diversity*, 26–27。

[48] 同上，26。在 2013 年，蒙古国政府将蒙古口蘑加入红色濒危物种名单，采取措施在划定区域内进行保护。然而，受中国市场需求量大的影响，盗采依旧是一个问题；在公开市场中，蒙古口蘑售价每公斤 70 美元。见 PIRE 蒙古博客，"The Bounty of the Steppe"，2011 年 7 月 25 日。

[49] 一些中国现代指南书甚至宣称这种蘑菇可以抗癌。Tanesaka et al, "Mongoru sogenni jiseisuru *tricholoma mongolicum* Imai"[*Tricholoma mongolicum* Imai in Mongolian grasslands (steppe)]，33；见卯晓岚《中国大型真菌》，第 69 页。

[50] 今井三子在记录中详细地描述了蘑菇独特的解剖结构，但没有提及其生长的环境及口味，仅提到"从 6 月到 11 月，这种真菌在草地上成长，特别是在 8 月初到 9 月初……味道和气味柔和宜人"。今井三子："On an Edible Mongolian Fungus 'Pai-mo-ku'"，280–282。

[51] Reading et al, "*The Commercial Harvest*"，59。

[52] 根据笔者与克里斯托弗·阿特伍德的个人交流，目前，蒙古草原的旅游业受到的困扰主要来自蚊子。但一项报告显示，有关当地存在邪恶的、无处不在的吸血昆虫的说法"几乎都是传闻"。Kaczensky, "First Assessment"，11。

[53] Kaczensky, "First Assessment"，9。

[54] 《库伦办事大臣衙门档》M1D1-3874.25。

[55] 《库伦办事大臣衙门档》M1D1-3742.2-5（无年月）。最受欢迎的地点是德勒格尔河（14 个营地，146 人）、哈丹台（8 个营地，67 人）、布彦河源（6 个营地，56 人）、平巴勒（5 个营地，36 人）、默赫格尔图（4 个营地，25 人）、海龙台（3 个营地，25 人）、阿鲁巴勒噶勒（3 个营地，24 人）以及巴清图（3 个营地，25 人）。以上受欢迎地区的地名含有词汇如"河"（蒙：*gool*）、"河源"（蒙：*gool un ekh*）、"泉"（蒙：*bulag*），说明在草原和森林交界地带，河流系统所处的中心地位。有关这些地区的地图，见 Haltod, *Mongolische Ortsnamen*, 2: 80。

[56] 以下讨论主要基于《库伦办事大臣衙门档》M1D1-3874.1-7（无年月）。

[57] 《库伦办事大臣衙门档》M1D1-3874.2。

[58] 因为口供使用满文记录，我们不知道这些店铺名对应哪些汉字。德裕和锡泰位于守备胡同。这条胡同我未能准确定位，但它位于"*sŭbei*"门外（该词有误——

译者注），即在崇文门外，在北京城墙的西南。

[59] 《顺天府志》卷50，第6页下。

[60] 吴正格：《满族食俗与清宫御膳》，第102页。

[61] 同上。

[62] 袁枚：《随园食单》卷3，第30页。

[63] 有关旗人的收入及其复杂性，见 Elliott, *The Manchu Way*, 192; 当时人的平均收入，见 Pomeranz, *The Great Divergence*, 100–102。

[64] 蘑菇的价格并不固定。民国时期的地方志显示，口蘑是最有价值的菌类，政府对其征税比例是木耳的3倍、牡蛎（elm oyster）的2倍；以重量计算，口蘑的税收价值是海参——这是一种难得的美味——的1.5倍。见《农安县志》卷6，第8页下；《宾县志》，第150页。岫岩（属于辽宁省）的地方志记载，在1927年口蘑比任何可对比的商品价值都高；每斤木耳的价格是0.008元，海参是0.05元，而口蘑的价格是让人震惊的18元，约为木耳的2000倍。《岫岩县志》卷3，第20页下。

[65] 商税是比较固定的，所以不能完全反映口蘑的市场价值。1669年（康熙八年）和1780年（乾隆四十五年），100斤口蘑征税0.402两。一件新貂裘或豹皮袄的税额与此相同，1斤海参的税额为其一半。1902年，商税为100斤0.9两——仍然是海参税率的一倍、低等野生人参税率的1/100。见《崇文门商税衙门现行税则》卷6.1, 6.2, 7。

[66] 《库伦办事大臣衙门档》M1D1–2875.2（乾隆二十七年六月初四日）。

[67] 因此，戴维·斯尼思将由当地贵族统治的蒙古描述成"群龙无首之国"。见 Sneath, *The Headless State*。

[68] 车臣汗部左翼前旗的扎萨克达什格楞是获此头衔的车布登（Cebden）的第四世孙。包文华、齐朝克图：《蒙古回部王公表传》，第165页；金海等：《清代蒙古志》，第101页。

[69] 引自《库伦办事大臣衙门档》M1D1–3744.7a（道光二年十月）。

[70] 《库伦办事大臣衙门档》-M1D1–3744.7a（道光二年十月）；《库伦办事大臣衙门档》M1D1–3913.20（道光九年正月十九日）。

[71] 《库伦办事大臣衙门档》M1D1–3744.8a（道光二年六月二十七日）。

[72] 索诺木达尔扎是车臣汗部左翼前旗的扎萨克，车布登第六代孙。多尔济伯拉穆（Dorjibolam）于1820年—1822年间短暂代理此职务。包文华、齐朝克图：《蒙古回部王公表传》，第303页；金海等：《清代蒙古志》，第101页。

[73] 《库伦办事大臣衙门档》M1D1-3744.7a（道光二年十月）。
[74] 同上。
[75] 《库伦办事大臣衙门档》M1D1-3811.5a（道光五年八月二十日）。
[76] 《库伦办事大臣衙门档》M1D1-3811.4a（道光五年四月）。这种安排在之前已经以非正式的形式存在了。
[77] 《库伦办事大臣衙门档》M1D1-3811.5a（道光五年八月二十日）；《库伦办事大臣衙门档》M1D1-3811.4a（道光五年四月）。
[78] 《库伦办事大臣衙门档》M1D1-3811.5a（道光五年八月二十日）；《库伦办事大臣衙门档》M1D1-3833.15（无年月）。
[79] 《库伦办事大臣衙门档》M1D1-3811.5a（道光五年八月二十日）。
[80] 同上，《库伦办事大臣衙门档》M1D1-3833.25a（道光六年正月二十一日）。档案中，以上地区的满文名为"为舍勒讷克匡巴齐之霍特杜克"（满：šereneke kūwangbaci i hotduk）（此处地名疑有误。——译者注）以及萨尔齐图（salkitu）。
[81] 《库伦办事大臣衙门档》M1D1-3833.58a（道光六年六月初九日）。
[82] 《库伦办事大臣衙门档》M1D1-3913.14b（道光九年正月？）。
[83] 同上，《库伦办事大臣衙门档》M1D1-3913.17a（道光八年十一月初一日）。
[84] 《库伦办事大臣衙门档》M1D1-3913.14b（道光九年正月？）。
[85] 《库伦办事大臣衙门档》M1D1-3913.17a（道光八年十一月初一日）。贸易监督衙门在早先的一份登记中发现了许万宗的名字和籍贯。此人来自山东（莱州府）的chang'ai县。（清代莱州府辖一州三县，分别是平度州、掖县、潍县、昌邑县，chang'ai疑似昌邑之误。——译者注）他和刘德山一样是从山东到赤峰的流民。
[86] 《库伦办事大臣衙门档》M1D1-3913.18a（道光九年五月初二日）。有两名工头为许万宗工作，分别是焦十（Jiao Shi，音译）和魁秋凡（Kui Qiufan，音译），他们二人被判枷号两个月。
[87] 《库伦办事大臣衙门档》M1D1-3913.10（道光十年四月十六日）。
[88] 《库伦办事大臣衙门档》M1D1-3913.18a（道光九年五月初二日）。
[89] 《库伦办事大臣衙门档》M1D1-3913.10（道光十年四月十六日）。
[90] 《库伦办事大臣衙门档》M1D1-3913.5a（道光九年十一月十五日）。
[91] 许万宗本来被判处更严格的肉刑而不是徒刑，因其有拒捕情节，处罚相应加重。《库伦办事大臣衙门档》M1D1-3913.10（道光十年四月十六日）。
[92] 同上。

[93] 根据《大清律》:"其律例无可引用,援引别条比附者,刑部会同三法司,公同议定罪名,于疏内声明:律无正条,今比照某律、某例科断,或比照某律、某例加一等、减一等科断。详细奏明,恭候谕旨遵行。"(引自《大清律》卷《断罪无正条》——译者注) Morris and Bodde, *Law in Imperial China*, 176。

[94] 同上。

[95] 《库伦办事大臣衙门档》M1D1–3697.29(嘉庆二十五年二月初七日);《库伦办事大臣衙门档》M1D1–3697.26(嘉庆二十五年九月十三日);《库伦办事大臣衙门档》M1D1–3913.10(道光十年四月十六日)。以上处罚可与类似严重罪名进行比较。汉人辱骂谙班,枷号一个月,杖一百,发遣内地。同样,一个汉人刚被逐出蒙古地区就潜回,会被判处在市场当众枷号二个月,期满鞭一百,再次驱逐。

[96] 《库伦办事大臣衙门档》M1D1–3744.7a(道光二年十月)。

[97] 《库伦办事大臣衙门档》M1D1–3822.58a(道光六年六月初九日)。

[98] 《库伦办事大臣衙门档》M1D1–3855.7a(道光七年六月初四日);《库伦办事大臣衙门档》M1D1–2874.14(道光八年十二月初六日)。

[99] 《库伦办事大臣衙门档》M1D1–3744.8a(道光二年六月二十七日);《库伦办事大臣衙门档》M1D1–3744.7a(道光二年十月);《库伦办事大臣衙门档》M1D1–3855.11a(道光七年十月)。

[100] 《库伦办事大臣衙门档》M1D1–3913.20(道光九年正月十九日)。

[101] 《库伦办事大臣衙门档》M1D1–3874.25(道光八年正月二十二日);《库伦办事大臣衙门档》M1D1–3913.22(道光十年八月初五日)。

[102] 《库伦办事大臣衙门档》M1D1–4031.2(道光十一年九月十六日);《库伦办事大臣衙门档》M1D1–3874.25。

[103] 《库伦办事大臣衙门档》M1D1–3833.13(道光六年九月二十八日)。

[104] 《库伦办事大臣衙门档》M1D1–3833.11(道光六年十一月三十日);《库伦办事大臣衙门档》M1D1–3855.9a(道光七年七月三十日);《库伦办事大臣衙门档》M1D1–3874.1(道光八年十一月二十一日);《库伦办事大臣衙门档》M1D1–3913.24(道光十年闰四月初十日);《库伦办事大臣衙门档》M1D1–4031.5(道光十五年六月十四日)。

[105] 《库伦办事大臣衙门档》M1D1–3833.11(道光六年十一月三十日)。

[106] 这种用词在采菇危机十年之间的档案中非常普遍。

[107] 《库伦办事大臣衙门档》M1D1–3874.50(道光八年八月十三日)。

[108] 同上。

[109] 同上,《库伦办事大臣衙门档》M1D1-3913.14b（道光九年正月?）。

[110] 有关案例见《库伦办事大臣衙门档》M1D1-3874.14（道光八年十二月初六日）,《库伦办事大臣衙门档》M1D1-3874.14（道光八年十二月初六日）；（此条注释中的两条档案编号和年月相同，疑有误。——译者注）

[111] 《库伦办事大臣衙门档》-M1D1-3874.25,《库伦办事大臣衙门档》M1D1-3913.22（道光十年八月初五日）。

[112] 摘引并译自 Elliott, *The Manchu Way*, 287. 满文原文见《上谕八旗》（满：dergi hese jakūn gūsade wasimbuhangge）卷5，第36页下。

[113] 《乌梁海志略》，第65页。《乌梁海志略》的作者并不完全相信蒙古人的做法都是正确的。他记录了由喇嘛施行的蒙古医术，为我们留下了值得期待的内容；同样，他告诉汉人读者，蒙古人的葬制与汉人差异巨大。

[114] 庄吉发：《清代准噶尔史料初编》，第148—149页。

[115] 《库伦办事大臣衙门档》M1D1-3744.7a（道光二年十月）。

[116] 《库伦办事大臣衙门档》M1D1-4031.1（道光十一年二月十一日）；《库伦办事大臣衙门档》M1D1-4031.3（道光十三年二月十一日）。

[117] 《库伦办事大臣衙门档》M1D1-3833.25a（道光六年正月二十一日）。

[118] 《库伦办事大臣衙门档》M1D1-3855.7a（道光七年六月初四日）；《库伦办事大臣衙门档》M1D1-3855.9a（道光七年七月三十日）。

[119] Crossley, "Making Mongols," 58–82.

[120] 《库伦办事大臣衙门档》M1D1-3833.18a（道光六年四月十五日）；《库伦办事大臣衙门档》M1D1-3833.20（道光六年七月十九日）；《库伦办事大臣衙门档》M1D1-3833.24（道光六年八月初二日）;《库伦办事大臣衙门档》M1D1-3833.25a（道光六年正月二十一日）；《库伦办事大臣衙门档》M1D1-3822.58a（道光六年六月初九日）；《库伦办事大臣衙门档》M1D1-3855.3a（道光七年正月）；《库伦办事大臣衙门档》M1D1-3855.9a（道光七年七月三十日）；《库伦办事大臣衙门档》M1D1-3855.3a（道光七年正月）；《库伦办事大臣衙门档》M1D1-3855.7a（道光七年六月初四日）；《库伦办事大臣衙门档》M1D1-3855.3a（道光七年正月）；《库伦办事大臣衙门档》M1D1-3855.12a（道光七年十月）；《库伦办事大臣衙门档》M1D1-3855.6a（道光七年正月十一日）;《库伦办事大臣衙门档》M1D1-3845.15a（道光七年三月）；《库伦办事大臣衙门档》M1D1-3855.11a（道光七年十月）；《库伦办事大臣衙门档》M1D1-3855.7a（道光七年六月初四日）。

[121] 《库伦办事大臣衙门档》M1D1-3822.58a（道光六年六月初九日）。

[122] 《库伦办事大臣衙门档》M1D1–3833.20（道光六年七月十九日）。
[123] 同上。
[124] 同上。有关同他们正面交锋的当局的情况，见《库伦办事大臣衙门档》M1D1–3855.9a（道光七年七月三十日）。
[125] 《库伦办事大臣衙门档》M1D1–3855.7a（道光七年六月初四日）；《库伦办事大臣衙门档》M1D1–3855.9a（道光七年七月三十日）。这份档案的原稿遗漏了"伐木"（满：moo sacime）这个词组，在后来的文稿中被补上了。
[126] 《库伦办事大臣衙门档》M1D1–3833.13（道光六年九月二十八日）；《库伦办事大臣衙门档》M1D1–4031.2（道光十一年九月十六日）。
[127] 《库伦办事大臣衙门档》M1D1–3742.3。
[128] 1827年，他管理一个8人营地，食用的粮食由一个在齐思齐克图（Kiskiktu）名叫丁四（Ding Si，音译）的人提供。
[129] 比较 Lattimore, *Inner Asian Frontiers of China*, 481。拉铁摩尔认为，汉人学习蒙古人的生活方式是在草原生活工作的必须："不改变自身生活方式的汉人群体不适合占有草原"。
[130] 参见两名从赤峰到索诺木达尔扎旗的木材商的案例。《库伦办事大臣衙门档》M1D1–3822.58a（道光六年六月初九日）。
[131] 《库伦办事大臣衙门档》M1D1–3855.8（道光七年闰五月十八日）。
[132] 《库伦办事大臣衙门档》M1D1–3833.13（道光六年九月二十八日）；《库伦办事大臣衙门档》M1D1–3874.28（道光八年F三月[原文如此]二十四日）。
[133] 《库伦办事大臣衙门档》M1D1–3811.5a（道光五年八月二十日）；《库伦办事大臣衙门档》M1D1–3833.15（无年月）。
[134] 《御制满蒙文鉴》卷6，第65页上（忠清部/满：*tondo bolgo i hacin*）。
[135] 《大清全书》卷6，第8页上。第一个定义"清"与"清朝"的"清"是同一个字。然而在满蒙文档案中从来不把国号翻译成"清"，而是从"大清"音译成"daicing"。相反，中古女真人的王朝金朝（1115年—1234年）和后金（1616年—1636年）通常翻译成"金"（满：*aisin*；蒙：*altan*）。见 High and Schlesinger, "Rulers and Rascals", 301n27。有关当时将"清"翻译成 *arigun*，见 Enhbayaryn Jigmeddorj, *Khalkh-Manjin uls töriin khariltsaa*, 27。
[136] 《御制满珠蒙古汉字三合切音清文鉴》卷6，第40页上；Tamamura et al., *Gotai shin bunkan yakukai*, no. 2593、3573、5476。*bolgo* 的第四种定义列在《人部·声响类》之下，被解释为"声清"（蒙：*iragu*）。参见《御制满珠蒙古汉字三合切音清文鉴》

卷14，第23页下。*bolgo* 的近义词显示了更宽泛的语义范围，包括佛教，例如《僧道部·佛类》之下有"斋戒"（满：*bolgomimbi*），表示通过自制达到"洁净"（蒙：*argiulamui*）。《御制满珠蒙古汉字三合切音清文鉴》卷19，第3页下。

[137] "二战"时期，在东南亚有一项肃清（*suqing*）政策——现在以"肃清"（Sool Ching）闻名——是日本军队针对海外华人的族群"清洗"或"净化"。见 Blackburn, "The Collective Memory", 73。在某些语境中，该词的审美意义很重要，就像图理琛描述一座山"秀美"（满：*bolgo saikan*），他使用的汉语是景秀。参见图理琛《异域录》，第96页。

[138] 武木讷在拜谒长白山之后向康熙帝做了汇报，可参见汇报记录的汉译本中"清净圣地"的使用情况。杨宾《柳边纪略》，收入周诚望《龙江三纪》，第30页。

[139] 这个短语出现在蒙古文的律条中，但满文本没有翻译出来。比较蒙古文《钦定理藩院则例》第5页上下和满文《钦定理藩院则例》卷53第5页上—第6页上。对金矿问题的专门考察，见 High and Schlesinger, "Rulers and Rascals", 293–295。

[140] 《库伦办事大臣衙门档》M1D1–3840.27（道光七年）。

[141] 同上，《库伦办事大臣衙门档》M1D1–3675.2（嘉庆二十四年四月初四日）；《库伦办事大臣衙门档》M1D1–3833.39（道光六年七月十八日）。

[142] 现在，这座山成为国家公园并被保护起来。蒙古国总统的官邸在北麓。2009年选举之后爆发骚乱，防暴警察在此处接受训练。此信息来自与布赖恩·鲍曼的私人访谈。

[143] 《库伦办事大臣衙门档》M1D1–3840.27（道光七年）；《库伦办事大臣衙门档》M1D1–3675.30（嘉庆二十四年）。

[144] 《库伦办事大臣衙门档》M1D1–3675.2（嘉庆二十四年四月初四日）；《库伦办事大臣衙门档》M1D1–3840.27（道光七年）。

[145] 有关清朝皇家围场的作品汗牛充栋，但大多仅仅关注皇帝在木兰的私人猎场。有关作品包括罗运治《清代木兰围场的探讨》；Menzies, *Forest and Land*, 55–64；Elliott and Ning Chia, "The Qing Hunt at Mulan", 66–83。有关纵贯欧亚大陆的皇家猎场、包括围场保护的详细研究，见 Allsen, *The Royal Hunt*。

[146] 有若干地点成为军事训练使用的围场。一个位于库伦东北，属于哲布尊丹巴呼土克图的辖区。在车臣汗部最东边与呼伦贝尔交界处还有其他围场，这些地方靠近采菇区域。有关这些地区的说明和地理情况，见《库伦办事大臣衙门档》M1D1–3416.19（嘉庆十年八月），《库伦办事大臣衙门档》M1D1–3416.5（嘉庆十年四月）。

[147] 《库伦办事大臣衙门档》M1D1-3416.7a（嘉庆十年八月）。

[148] 《库伦办事大臣衙门档》M1D1-3834.8（道光六年六月十八日）。

[149] 《库伦办事大臣衙门档》M1D1-4166.9a（道光二十一年正月十九日）。

[150] 《库伦办事大臣衙门档》M1D1-2875.2（乾隆二十七年六月初四日）。

[151] 例子同上。

[152] 《库伦办事大臣衙门档》M1D1-3750.1（道光三年六月初九日）。

[153] 《库伦办事大臣衙门档》M1D1-3416.11（嘉庆十年六月）。

[154] 《库伦办事大臣衙门档》M1D1-3416.1a（嘉庆十年八月）。

[155] 《库伦办事大臣衙门档》M1D1-4079.57（道光十七年?）。

[156] 《库伦办事大臣衙门档》M1D1-3840.6（道光七年八月十八日）。

[157] 《库伦办事大臣衙门档》M1D1-4079.57（道光十七年?）。

[158] 同上。

[159] Humphrey, "Chiefly and Shamanist Landscapes", 142-149。Humphrey 将"主要景观"与"萨满景观"（Shamanist landscapes）做了对比，前者例如与蒙古汗王有关的山，而后者通常与大地（例如洞穴）、女性以及政府控制之外的边缘地带相关。更多有关蒙古文化语境中的性别、权力和宗教景观的考察，见 Humphrey, *Shamans and Elders*。

[160] 从这个意义上说，清朝的"净化"和马里·道格拉斯（Mary Douglas）的设想在精神上是类似的，都是一个划定边界和社会角色的过程。用他的话讲："有关隔离、净化、划分界限和惩罚犯罪的想法主要是在一个固有的混乱经验中强加一个系统。"Douglas, *Purity and Danger*, 4。

[161] 有关这套话语的问题见《库伦办事大臣衙门档》M1D1-3675.1a（嘉庆二十四年五月十四日）；该份文件的复本可在《库伦办事大臣衙门档》M1D1-3675.46 中找到。位于车臣汗部东部边缘的索约勒济（Soyolji）的帝国围场边界，每隔三四十里就有一个卡伦，每座卡伦设 6 名兵丁。见《库伦办事大臣衙门档》M1D1-2875.3（乾隆二十七年七月十七日）。

[162] 《库伦办事大臣衙门档》M1D1-4166.14a（道光二十一年九月初十日），《库伦办事大臣衙门档》M1D1-3750.3（道光三年五月十七日）。

[163] 《库伦办事大臣衙门档》M1D1-3750.8b（道光三年六月十二日）。

[164] 有关案例见《库伦办事大臣衙门档》M1D1-4319.46（道光二十七年六月）。因熏獾引发火灾的例子并不少见。例如在 1762 年，守卫巴图（Batu）在车臣汗部索约勒济的皇家围场引发了一场席卷整个地区、造成重大损失的大火；后来人

们发现当时他在围场北面诺穆洛格河（Nömrög River）岸边的沙滩上熏獾（满：manggisu）。他和其他守卫试图拼命把火踩灭，但是失败了。随后刮起的大风将火吹向东南，到了傍晚大约有方圆60里的草场被焚烧。巴图一开始宣称他当时在吸烟，阴燃的灰烬引发大火，但当局后来发现他当时在熏獾。《库伦办事大臣衙门档》M1D1–2875.3（乾隆二十七年七月十七日），《库伦办事大臣衙门档》M1D1–2875.1（乾隆二十七年九月十六日）。

[165] 《库伦办事大臣衙门档》M1D1–3675.67（嘉庆二十四年三月十三日）。
[166] 《库伦办事大臣衙门档》M1D1–3416.5（嘉庆十年四月）。
[167] 《库伦办事大臣衙门档》M1D1–2875.3（乾隆二十七年七月十七日），《库伦办事大臣衙门档》M1D1–2875.1（乾隆二十七年九月十六日）。
[168] 《清高宗实录》卷 947，第 838 页。
[169] 《库伦办事大臣衙门档》M1D1–3416.19（嘉庆十年八月）。
[170] 同上。在蒙古国家中央档案馆收藏的乾隆朝之后的奏折中，像这种 *nikan* 和 *nikasa* 在同一份文件中出现的仅此一例。奏折通常用来指代"汉人"的词是"*irgen*"（民人）或"*irgese*"（众民人）——从字面上讲他们是来自盟旗之外、接受了教化之人，但在档案的语境下特指由州县管辖的汉人。*irgen*（民人）一词具有一定的弹性，它还可以指向民，而以笔者所见，*nikasa* 则没有这样的包容性。有关 *nikan* 一词使用方法的研究尚待深入。至少在恰克图贸易限票和乾隆初期的档案中出现过这个词，后来的档案中未见。见《库伦办事大臣衙门档》M1D1–128.1（乾隆二十二年），《库伦办事大臣衙门档》M1D1–128.2（乾隆二十二年），《库伦办事大臣衙门档》M1D1–128.3（乾隆二十二年）。见《库伦办事大臣衙门档》M1D1–2875.2（乾隆二十七年六月初四日）。前文已述，乾隆朝典型的用词是：汉人（*nikasa*）采菇引发火灾。
[171] 有关合法性，参见 Scott, *Seeing Like a State*。
[172] Timkovskii, *Travels of the Russian Mission*, 426.
[173] 同上书，427。

第四章　毛皮产地的自然环境

[1] 有关该研究方向的尝试，见 Richards, *The Unending Frontier*, 463–546。
[2] 最重要的例外是赖惠敏的研究。见赖惠敏《乾隆朝内务府的皮货买卖与京城时尚》，第 101—134 页。作为中国历史一部分的唐努乌梁海，见樊明方《唐努乌梁

海历史研究》。

[3] 如何秋涛《朔方备乘》卷3，第21页上；卷5，第1页上—第8页下；祁韵士《皇朝藩部要略》卷5，第2页下。

[4] 有关古典时代晚期的毛皮贸易，见 Howard-Johnston, "Trading in Fur", 66–68; Liu, *Ancient India and Ancient China*, 9、19。

[5] 宋朝的情况，见曾威智《宋代毛皮贸易》。蒙古人管理下的毛皮贸易，见 Martin, "The Land of Darkness", 401–422。

[6] 有关毛皮贸易圈西部的情况，见 Martin, *Treasure in he Land of Darkness*; Veale, *The English Fur Trade*; Bennigsen and Lemerchier-Quelquejay, "Les marchands de la cour ottomane", 363–390。早期现代贸易圈形成中的蒙古统治机构遗产，见 Atwood, "The Mongol Empire", 27。

[7] 关于现代毛皮贸易的著作很丰富。俄国与北美贸易简述，见 Fisher, *The Russian Fur Trade*; Gibson, *Russian Fur Trade*; Bockstoce, *Furs and Frontiers*; White, *The Middle Ground*; Richards, *The Unending Frontier*。

[8] Veale, *The English Fur Trade*, 57–60、171–175。

[9] 东北亚毛皮贸易早期的发展，见 Kawachi, "Min-dai tōhoku Ajia chōhi bōeki" [Sable trade in Northeast Asia in the Ming period], 62–120。"北方丝绸之路"，见杨旸《明清东北亚水陆丝绸之路与虾夷锦研究》。

[10] 以数据为基础的比较，见 Poland, *Fur-Bearing Animals*, xxi–xxxiii; Gibson, *Otter Skins*, 315。

[11] Reidman and Estes, *The Sea Otter*, 31–59,73。

[12] Yazan, "Relations between the Marten", 36–45; Tarasov, "Intraspe-cific Relations", 46。

[13] Monakhov, "*Martes zibellina*", 81。

[14] Gibson, *Otter Skins*, 22–23。有关奥斯特洛夫诺耶集市（Ostrovnoe Fair）在俄国开拓北冰洋毛皮贸易中扮演的角色，见 Bockstoce, *Furs and Frontiers*, 92–102。

[15] 总体考察，见 Gibson, *Otter Skins*, passim; 有关环北太平洋地区各地区环境的联系，见 Jones, "Running into Whales", 349–377。

[16] 恰克图贸易的概述，见赖惠敏《十九世纪恰克图贸易的俄罗斯纺织品》，第1—46页；米镇波《清代中俄恰克图边疆贸易》。

[17] Gibson, *Otter Skins*, 28; Ogden, "Russian Sea-Otter and Seal Hunting", 235; Bockstoce, *Furs and Frontiers*, 5。

[18] Richards, *The Unending Frontier*, 463–516; Gibson, *Otter Skins*, 82、101、179。西班

牙毛皮贸易的情况，见 Ogden, "The Californias", 444–469。

[19] Richards, *The Unending Frontier*, 517–546; Fisher, *The Russian Fur Trade*.
[20] 同上, 315、317。总体而言，根据价格的高低，价格和供应的皮尔森系数在 –0.80 和 –0.77 之间。
[21] 同上, 178–179、204–211, 315; Ogden, "Russian Sea-Otter and Seal Hunting", 235。
[22] Tegoborski, *Commentaries*, v. 2、470–472。
[23] 有关俄美两国的贸易伙伴关系，见 Ogden, "Russian Sea-Otter"。
[24] 有关的详细分析，见 Gibson, *Otter Skins*, 201–202; 周湘《夷务与商务——以广州口岸毛皮禁运事件为例》，第 85—91 页; 周湘《清代毛皮贸易中的广州与恰克图》，第 85—94 页。
[25] 以下的讨论使用的数据来自 Nagazumi, *Tōsen yushutsunyūhin sūryō ichiran*, [A quantitative look at Chinese maritime imports and exports, 1637–1833], 254–328。有关北海道贸易及其意义，见 Walker, *The Conquest of Ainu Lands*, 94–97。
[26] 自 1785 年至 1810 年，广州海獭皮的价格与日本出口之间关联并不紧密，后者在南部沿海海獭皮供应总量中所占比例不超过 1%；这一时期的皮尔森指数为 –0.30（低价）到 –0.34（高价）之间。在 1810 年—1821 年之间，日本出口量达到 15%，每年供应量开始与广州市场价格的波动紧密相关，皮尔森指数为 –0.69（低价）到 –0.70（高价）。当然，有关这些年的数据有限，我们只能从这些证据中得出以上结论。该问题还需进一步研究。
[27] Matsuura, *Shinchō no Amūru seisaku to shōsū minzoku* [Ethnic minorities and policies of the Qing Amur]。其他的相关调查包括丛佩远《东北三宝经济简史》；Huen Fook-fai, "The Manchurian Fur Trade", 41–73。
[28] Matsuura, *Shinchō no Amūru seisaku to shōsū minzoku* [Ethnic minorities and policies of the Qing Amur], 353–354。
[29] 有关通过宁古塔参与进贡的户数、需要缴纳的皮张数量，以及该体系的运行机制，同上, 203、240、248–263、326、384–390、421。
[30] 同上, 408–416。《三姓副都统衙门满文档案译编》和《三姓副都统衙门满汉文档案选编》公布了很多翻译成汉文的满文档案，这些文献提供了进贡毛皮的数据。
[31] 同上, 394–396、405–406、411。
[32] 同上, 196–204、349–354、362、392、446。有关帝国时代后期天花在满洲、蒙古地区历史上的长期重要性，见 Serruys, "Smallpox"。
[33] 同上, 188–220、356–360、370–371、398、441–454。有关库页岛毛皮存量的减少，

[34] 内务府不收第三等以下的毛皮。见 210、211。

[35] 丛佩远：《东北三宝经济简史》，第 207—209 页。

[36] 《钦定理藩院则例》（满文版）卷 53，第 5 页上—第 8 页上；《钦定理藩院则例》（蒙古文版）卷 53，第 5 页上—第 8 页下。清廷特别禁蒙古人在"索伦"地区购买貂皮。对允许蒙古盟旗内非法貂皮、人参贸易的惩罚形同为非法移民提供庇护。一名在黑市上购买了貂皮的蒙古人被打一百五十鞭；贵族罚俸一年，还要罚二九（罚九数是蒙古地区的一种罚款方式，罚马、牛、驼、山羊、绵羊各一只为一九，以此类推——译注）；作为中间商替人买毛皮鞭八十。没能调查走私、盗猎盗采的官员也会被处罚：贵族罚俸一年，旗的官员罚三九。

[37] 有关 1795 年的改革，见丛佩远《东北三宝经济研究》，第 208 页。

[38] 以下对进贡毛皮数量的分析基于保存在北京第一历史档案馆的满文录副奏折、台北"故宫博物院"的满文奏折，以及已经出版的《清代鄂伦春族满汉文档案汇编》。见参考文献。

[39] 在 1814 年—1830 年间，贡貂的个人效率是 0.32；从 1831 年—1850 年是 0.51；1851 年—1870 年是 0.93。

[40] Atwood, *Encyclopedia*, 9.

[41] Vainshtein, *Nomads of South Siberia*, 47–48、188–189。以上生态系统发生变化的海拔高度各异。例如在萨彦岭，草原不会高于 1000 米，但是在唐努乌拉的南坡就推进到 2000 米。同上，47。

[42] 同上，49、121、145–165。

[43] 有关青衮杂卜叛乱的背景，见 Bawden, "Some Documents", 1–23。

[44] 《军机处满文录副奏折》1663.29.46.3298（乾隆二十二年十二月初五日）。

[45] 一份档案提到准噶尔人将定额从此前较高的 6 张减少到 4 张。《军机处满文录副奏折》1663.29.46.3298（乾隆二十二年十二月初五日）。

[46] 同上。

[47] 有关清代 *ejen* 一词在政治关系中的意义，见 Onuma, "Political Relations", 86–125。有关"仁慈"，见 Atwood, "Worshipping Grace"。

[48] 档案中的类似常用词语包括"为大皇帝属民"（满：*amba ejen i albatu obumbi*），《军机处满文录副奏折》1748.35.52.799（乾隆二十四年三月初七日）；"令当差"（满：*alban de dosimbuha*），《军机处满文录副奏折》1786.20.54.2057（乾隆二十四年九月二十九日）。

[49] 《军机处满文录副奏折》1663.29.46.3298（乾隆二十二年十二月初五日）。编旗时统治阿勒坦淖尔乌梁海人的贵族是查达克（Cadak）。

[50] 尤其重要的是，在今天，乌梁海人在蒙古国的地位仍然比较模糊，他们有独特的"族群"（蒙：yastan）身份，但是他们没有像哈萨克人一样被认定是一个民族（蒙：ündesten）。Billé, *Sinophobia*, 81。

[51] 《军机处满文录副奏折》3601.28.166.1520（嘉庆四年九月二十一日）。

[52] 《军机处满文录副奏折》1786.20.54.2057（乾隆二十四年九月二十九日）。

[53] Vainshtein, *Nomads of South Siberia*, 166–167。

[54] 《军机处满文录副奏折》1734.7.51.1373（乾隆二十三年十二月十三日）。

[55] 《军机处满文录副奏折》1786.20.54.2057（乾隆二十四年九月二十九日）。其他人群情况类似，例如宰桑额诺穆属下一个超过20人的特斯乌梁海人群据报"往寻鱼兽"，这些人过于贫穷，因此清廷将额诺穆削爵，将他的属下与30个齐尔吉斯人户合并为一个新的鄂托克。

[56] 该书未说明写作日期，但我们有充足的理由将成书年代定在19世纪前期。有关情况，见 David Farquhar, "The Ch'ing Administration of Mongolia up to the Nineteenth Century", 311–312n92。

[57] 他们的家乡也"地处极边"；《乌里雅苏台志略》记载："暖迟寒早，虽盛暑不热，冬令则遍地霜雪，气候严寒，行动作喘。"《乌里雅苏台志略》，第66页。

[58] 《军机处满文录副奏折》3601.28.166.1520（嘉庆四年九月二十一日）。

[59] 同上。

[60] 《乌里雅苏台志略》，第67页。

[61] Vanishtein, *Nomads of South Siberia*, 224。

[62] 《军机处满文录副奏折》3667.14.171.2447（嘉庆九年四月初三日）。

[63] 《军机处满文录副奏折》3695.35.174.637（嘉庆十一年26）。

[64] 然而作者还加上一条信息："地势辽阔，山川绵延。处处各有土产，若逐一细载，则诸般草木禽兽异物，类数繁多，恐有舛误……"《乌里雅苏台志略》，第70页。

[65] 同上，第70—72页。

[66] Perdue, *China Marches West*, 161–173、409–461。

[67] 值得注意的是，条约也保留了有关毛皮猎人的条款。《布拉条约》和《恰克图条约》正式通过了同样的条款："无论乌梁海人向哪一方进贡五张貂皮，那么他们应当继续向该方进贡。然而向双方各贡一张者，自边界确定之日起，将不被要求进贡。"译自 Mancall, *Russia and China*, 285。

[68] 这些原则成为国内法,被写入清廷管理外蒙古的法律大纲《理藩院则例》,且使用的语言与《恰克图条约》一样。该文献共出版了6次:1789年(12卷,名为《蒙古律例》)、1817年(63卷)、1826年(63卷)、1841年(63卷)、1891年(64卷)、1908年(64卷)。见 Farquhar, "The Ch'ing Administration of Mongolia", 206–207n176; Legrand, *L'Administration*。

[69] 《大清会典》卷66,第2页上。引自李毓澍:《外蒙政教制度考》,第55页。这句话最晚从18世纪中期开始,成为清朝对外蒙古行政语言的标准。

[70] 如《库伦办事大臣衙门档》M1D1–3834.7a(道光六年正月十二日),明确地对比了"边界"(满:*jecen i ba*)和"蒙古地方"(满:*monggo i ba*)。

[71] 后来在19世纪末、20世纪初,俄国外交官指出包括唐努乌梁海在内的清朝边界的这种特殊性,并以此为沙俄帝国的扩张寻找依据。Ewing, "The Forgotten Frontier", 189。

[72] 《钦定理藩院则例》(满文版)卷6,第4页上—第5页上。

[73] 同上,《钦定理藩院则例》(蒙古文版)卷63,第5页上。

[74] 有关边境守卫的问题,见 Jigmeddorji, *Manzhiĭn üeiĭn ar mongol dakh' khiliĭn kharuul*。

[75] 《乌里雅苏台志略》,第45页。某些卡伦也配备了额外的助理官员。

[76] 同上。

[77] 《库伦办事大臣衙门档》M1D1–3750.11(道光三年十月)。

[78] 《库伦办事大臣衙门档》M1D1–176.78a-b(道光十五年闰六月);《库伦办事大臣衙门档》M1D1–177.12a(咸丰元年六月);《库伦办事大臣衙门档》M1D1–177.35b(咸丰二年六月)。以上三份档案使用的语言是雷同的。皇帝皆以知道了(满:*saha*)作为回复。

[79] 《库伦办事大臣衙门档》M1D1–3834.1a(道光六年七月)。

[80] 同上。

[81] 满洲地区和朝鲜也维持着类似的边界,从朝鲜到满洲地区的旅行者经常写到他们被隔离在一片古老而衰败的大草原上:"卧忆家乡,真杳然涯角,四顾无人,惟见积草成林,忽忆老杜'我行胡为在空谷'诗。"张杰:《韩国史料三种与盛京满族研究》,185。

[82] 有关对这种做法的规模和后勤工作的讨论,见 Perdue, "Military Mobilization", 757–793。

[83] 庄吉发:《清代准噶尔史料》,第46页。

[84]　图理琛：《异域录》，第 14 页。

[85]　*taiga* 这个字出现在所有文献中。英文中的 *taiga* 实际上来自蒙古语。

[86]　《钦定理藩院则例》（满文版）卷 63，第 3 页上下；《钦定理藩院则例》（蒙古文版）卷 63，第 3 页上下。

[87]　《满文老档》赞美了努尔哈赤和皇太极擅长利用地形的过人能力。例如他们将倒霉的明军引诱到沼泽中，再群起歼之。而清朝的将领则会不惜一切代价躲开这种泥沼。《满文老档》1.8.126.13、3.38.1484.6、3.4.940.15、3.8.1007.6c。

[88]　《御制满蒙文鉴》(*han i araha manju monggo gisun i buleku bithe*)，《地部》。

[89]　仅在 1815 年夏季，就有三起事件引发外交公函和公文往来。第一起事件是有 5 匹马越境进入中国；第二起事件是俄国儿童为了追赶走丢的头羊越界。这些走失的牲畜和儿童都被按照正常程序送回俄国。见《库伦办事大臣衙门档》M1D1-407.14a（乾隆五十一年）；《库伦办事大臣衙门档》M1D1-307.7（嘉庆二十年五月十四日）；《库伦办事大臣衙门档》M1D1-307.9（嘉庆二十年七月十八日）；《库伦办事大臣衙门档》-307.10。最后一份档案是俄蒙合璧的外交公函，由戍守博拉卡伦的特克苏伦发出。这份档案沿用清朝公文的通行样式，但是落款的时间使用的是儒略历的 1815 年 6 月 8 日（即格利高利历的 1815 年 6 月 20 日），而非清朝的嘉庆二十年五月十四日。

[90]　《库伦办事大臣衙门档》M1D1-3834.1a（道光六年七月）。

[91]　这些蒙古人来自敏珠尔多尔济旗。《库伦办事大臣衙门档》M1D1-3822.1a（道光六年九月初一日）。在 1825 年—1826 年的冬季，整个蒙古地区遭遇天灾。或许哈特呼勒博穆卡伦的兵丁受害最重，当时爆发洪水，接下来是暴雪，库苏古尔泊南端的额赫河源头封冻。翌年春天积雪融化后，一道由泥和岩石组成的墙屹立不倒，导致额赫河在源头受阻。下游的居民——包括哈特呼勒博穆的兵丁——仰赖额赫河水牧养牲畜，他们陷入绝望，唯一的短效解决方法就是前往其他牧地。但是当他们向谙班衙门上书申请时只接到了冰冷的答复：不能离开卡伦。谙班反而斥责他们因为没能以恰当的方式崇敬山神、河神而自讨苦吃。谙班下令该地区的所有兵丁和喇嘛集合起来念经，祈祷好运，对库苏古尔泊、当地高山和额赫河更虔诚地表达尊敬。这样在天神的庇护之下，洪水自会退去。《库伦办事大臣衙门档》M1D1-3834.2a（道光六年三月二十一日）。

[92]　《库伦办事大臣衙门档》-3834.7a（道光六年正月十二日）。

[93]　Kim, "Marginal Constituencies", 141–142.

[94]　《军机处满文录副奏折》1734.7.51.1373（乾隆二十三年十二月十三日）。

[95] 同上。

[96] 《清高宗实录》卷 552，第 1061 页下。

[97] 《库伦办事大臣衙门档》M1D1–3909.2（嘉庆十年）。

[98] 《军机处满文录副奏折》1734.7.51.1373（乾隆二十三年十二月十三日）。

[99] 同上。

[100] 同上。

[101] Vainshtein, *Nomads of South Siberia*, 173–176、187。松鼠是最容易捕获的动物。随着时间的推移，貂或许成为最难抓获的：18 世纪末、19 世纪初，抓一只貂通常需要两周时间。

[102] 同上，168–169。猎手把撒袋（*saadak*）挂在腰带上，这也是他的火药瓶（powder flask）、装药量器（powder measure）和子弹带。20 世纪初，一把来复枪大约价值 200 —250 张松鼠皮。

[103] 同上，169–172、175。没有火枪之人在打松鼠时，更愿使用单体弓或复合弓。一旦猎狗嗅到松鼠的气味，猎人就下马，发射"响箭"惊吓松鼠，让它们跑到开阔之处，然后使用普通弓箭射杀之。捕猎大型动物如狐狸、狼、貂时，多用弩。

[104] 直到 1802 年，他们还通过塔尔沁图卡伦。

[105] 《库伦办事大臣衙门档》M1D1–3976.7b（道光十三年十二月初十日）。

[106] Vainshtein, *Nomads of South Siberia*, 167、236。在 19 世纪末、20 世纪初，当地人可以通过上缴牲畜合法地代替他们的贡赋（满：*alban*）义务。

[107] 有关这些材料的完整目录和解说，见附录。幸得赖惠敏指点我使用保存在第一历史档案馆的《内务府奏销档》，谨此志谢。

[108] 《库伦办事大臣衙门档》M1D1–3427.18a（嘉庆十三年十一月初三日）；《库伦办事大臣衙门档》M1D2–223.2b（嘉庆十三年闰五月二十四日）。塔尔沁图在满文档案中写作 *darkintū*，在现代蒙古语中写作 *Darhintu qaruul*。

[109] 《库伦办事大臣衙门档》M1D1–3909.2（嘉庆十年）。

[110] 《乌里雅苏台将军衙门档》M2D1–176.88b（道光十五年八月）。

[111] 更麻烦的问题在于，实际上阿拉浑博勒尔卡伦由驻扎在大库伦的库伦办事大臣管理，而哈特呼勒博穆卡伦处于乌里雅苏台将军治下。

[112] 《库伦办事大臣衙门档》M1D1–3427.18a（嘉庆十三年十一月初三日）。

[113] 《库伦办事大臣衙门档》M1D1–3976.5a（道光十三年五月二十四日）。

[114] 《库伦办事大臣衙门档》M1D1–3909.1（道光十年七月初六日）。这年春季，官员确认有一个 25 人的狩猎队从哈特呼勒博穆出发。见《库伦办事大臣衙门档》

M1D1–3909.3（道光十年八月十九日）。

[115] 后来的事实证明，这种做法是具有破坏性的，因为乌梁海"屡次"成为劫匪的目标，猎人还得通过借债以弥补旅途所需。1851 年，朝廷谴责这次改革造成贡貂制度"亏损"，故恢复了派遣官员征收贡品的旧制。见《乌里雅苏台将军衙门档》M2D1–177.1a（咸丰元年二月十五日）。直到 1911 年，贡品都被以这种方式送到北京。Humphrey, "Introduction", 24。见《乌里雅苏台将军衙门档》M2D1–177.1a（咸丰元年二月十五日）。

[116] 这样我们可以修正托马斯·尤因（Thomas Ewing）未经查阅档案就做出的论断。他提出："没有证据显示曾有清朝高级官员访问过唐努乌梁海地区（或许除了 1726 年）。"Ewing, "The Forgotten Frontier", 189。

[117] 以下记述根据《库伦办事大臣衙门档》M1D1–4092.1（道光十七年四月二十日）。

[118] 同上，《库伦办事大臣衙门档》《库伦办事大臣衙门档》M1D1–4092.5（无年月）；《库伦办事大臣衙门档》M1D1–4092.7（道光十七年三月）。

[119] 地图右上角写有满文"*asara*"——"收存"。

[120] 从这个角度讲，1853 年是突出的例外，当年进贡量达到 1348 张。

[121] 1833 年—1867 年的皮尔森指数为 –0.21。

[122] 《军机处满文录副奏折》4238.27.211.1940（道光二十二年八月二十九日）。

[123] 《中国古代当铺鉴定秘籍》，第 447 页。

[124] 计算乌梁海朝贡贸易的价值时会被他们获得的赏赐搞复杂：貂皮换丝绸、松鼠皮换棉布。汉地物价的历史很容易重建，当地丝绸的价格不超过上等棉布的 7 倍：18 世纪中期，棉花价格大约是每斤 3 分到 8 分银，同时期的丝绸是每斤 2.08 两银；二者的价格上涨的比率一致，大约在 18 世纪 30 到 90 年代翻了一番。如果将这种 7∶1 的棉、丝交易比例放到乌梁海地区，那么松鼠皮的价值就比官方规定的进贡价值高：14 张而非 40 张松鼠皮等于 1 张貂皮。为了全面了解市场、毛皮和纺织品的价格，及官方通过进贡贸易对当地人的剥削程度，还需要对这一时期乌梁海物价进行进一步研究。见 *Kishimoto, Shindai Chugoku no bukka to keizai* [Economic and price changes in Qing China], 143–153; Pomeranz, *The Great Divergence*, 317–319。

[125] 《内务府奏销档》155.624.199（道光二十四年十月十四日）。

[126] 《军机处满文录副奏折》4264.2.213.931（道光二十四年八月十三日）。

[127] 在 1814 年出现了相反的情况：内务府呈报收到的松鼠皮比乌里雅苏台缴纳的多，貂皮数量也多。但在其他年份，内务府根本没有计算毛皮总数；似乎没有人

[128] 我需要感谢在一开始就提醒我这种可能性的白彬菊（Beatrice Bartlett）。

[129] Vainshtein, *Nomads of South Siberia*, 167–168. 万施坦因注意到在19世纪末、20世纪初，松鼠皮在唐努乌梁海地区有货币的功能，人们给商品估价时以10张松鼠皮为单位。

[130] Tarasov, "Intraspecific Relations", 2.47.

[131] 貂的繁殖周期为2年，平均一窝3只幼崽。一项研究显示，23.4%的雌性在萨彦岭生活两年之后怀孕。据此，在理想环境下，一个100只貂的种群在6年之后可以繁衍至289只。有关貂的繁殖与生态，见 Monakhov, *Martes zibellina*, 80–81。

[132] 基于对《军机处满文录副奏折》（见附录）记载的唐努乌梁海贡貂记录和恰克图贸易总价值的比较，见 Korsak, *Istoriko-statisticheskoe obozrienie* [Historical-statistical review], 67、73、97、105。在1792年—1830年之间，皮尔森系数为0.62；1792年—1810年是0.80。然而相关的数据有限，尚需进一步研究。这个时期日本帆船在海獭贸易中的活跃度最高。见 Nagazumi, *Tōsen yushutsunyūhin sūryō ichiran* [A quantitative look at Chinese maritime imports and exports, 1637–1833], 254–328。

[133] 这种比较并非极端，在19世纪末，人们就是从这种角度看满洲地区的。见 Gamsa, "California on the Amur", 236–266。

[134] Carruthers, "Exploration in North-West Mongolia and Dzungaria", 524、526。

[135] 有关清代的"时代错位"（tropes of anachronism），见 Teng, *Taiwan's Imagined Geography*, 60–80。从历史地理角度对边疆的考察，见 Goody, *The Theft of History*。

结　论

[1] 有关清代的边疆自然观念中文化差异看法的重要性，见 Perdue, "Nature and Nurture", 245–267。

[2] 有关塑造边疆空间、巩固主权和将政府机构合理化之间关联的形成过程，见 Thongchai, *Siam Mapped*, 100–107。

[3] 有关简朴和满洲人的专门讨论，见 Elliot, *The Manchu Way*, 276、347。

[4] 对这一术语之意义的批判观点相应地也涉及复杂而多样的范围。有关检验标

准理论干预（touchstone theoretical interventions），见 Latour, *We Have Never Been Modern*, 1–48; Soulé and Lease, *Reinventing Nature*; Descola, *Beyond Nature and Culture*。

[5] 我们也不应该认为清朝是独特的。有关清帝国历史综合、比较的角度，见 Perdue, *China Marches West*; Crossley, *A Translucent Mirror*; Di Cosmo, "Qing Colonial Administration".

[6] Schama, *Landscape and Memory*, 75–134.

[7] 同上。

[8] 同上, 103; Lekan, *Imagining the Nation in Nature*, 26–28。

[9] Uekoetter, *The Green and the Brown*.

[10] 有关德国的景观保护，见 Lekan, *Imagining the Nation in Nature*, 4。

[11] Schama, *Landscape and Memory*, 48.

[12] 同上，57。

[13] Schama, *Landscape and Memory*, 38.

[14] 庄吉发：《谢遂职供图满文图说小注》，第 73 页。

[15] Hayden, *William Wordsworth*, 166.

[16] Blanning, *The Pursuit of Glory*, 394–395、405，时间为 1775 年。

[17] Salvadori, *La Chasse sous l'ancien régime*, 203，引自 Blanning, *The Pursuit of Glory*, 393。

[18] Allsen, *The Royal Hunt*。清朝的臣民知道康熙帝射杀了多少虎和鹿，莫卧儿帝国和萨法维帝国的臣民中也流传着各自君主的故事：例如我们知道莫卧儿皇帝贾汗吉尔（Jahāngīr，1605 年—1627 年在位）一生射杀了 17167 只动物。

[19] 引自 Cronon, *Changes in the Land*, 4。

[20] 引自 Schama, *Landscape and Memory*, 9。

[21] Martin and Wright, *Pleistocene Extinctions*; Scott, *Seeing Like a State*; Fairhead and Leach, *Misreading the African Landscape*.

[22] Cronon, "The Trouble with Wilderness", 69.

[23] Latour, *We Have Never Been Modern*, 1–48.

[24] 有关作为欧洲保护区的美国荒野，见 Richards, *The Unending Frontier*, 516。俄罗斯的环境保护，见 Weiner, *Models of Nature*。

[25] "自然"和 *baigali* 是有差别的术语。有关"自然"，见 Weller, 20–21。有关 *baigali*，见 Humphrey and Sneath, *The End of Nomadism?* 2–3。

[26] Merchant, *Reinventing Eden*, Cronon, "A Place for Stories," 1347–1376。

[27] 相关整体情况，见 Merchant, *Reinventing Eden*; Hughes, *Human-Built World*, 17–43; Nye, *America as Second Creation*。

[28] Puett, *The Ambivalence of Creation*.

[29] 对这个课题进行分析时使用的理论仍然来自 Chakrabarty, *Provincializing Europe*。在这个理论领域中，欧洲的例外论者仍然占据主导地位。例如 Descola 不仅认为自然完全是现代西方的产物，还宣称在中国和日本"自然的理念仍属未知"。Descola, *The Ecology of Others*, 82。有关日本德川时期的相反观点，见 Thomas, *Reconfiguring Modernity*; Marcon, *The Knowledge of Nature*。

[30] 张正明：《明清晋商及民风》，第 60—63 页。

[31] 涉及这个问题的文艺作品汗牛充栋。相关的重要切入点，见 Rogaski, *Hygienic Modernity*, 以及 Fan, *British Naturalists*。

[32] 丛佩远：《中国栽培人参之出现与兴起》，第 268 页。

[33] 有关以上事件的概况，见 Lee, *The Manchurian Frontier*。有关阿尔泰地区的阿勒坦淖尔乌梁海人后裔驯化鹿和参与鹿角生产的问题，见 Nappi, "National Treasures"。

[34] 对此类表述的总体评价，见 Gladney, *Dislocating China*。

[35] 涉及清帝国遗产的研究很多。有关帝国地理边界、人群划分和法律制度在漫长历史中的重要性，见 Ho, "The Significance of the Ch'ing Period", 189–195; Crossley, *A Translucent Mirror*, 337–361; Cassel, "Excavating Extraterritoriality", 156–182。

[36] 有关生态智慧，见葛根高娃与乌云巴图《蒙古民族的生态文化》、盖志毅《制度视域下的草原生态环境保护》、何群《环境与小民族生存》、乌峰与包庆德《蒙古族生态智慧论》。

[37] Shapiro, *China's Environmental Challenges*, 113.

[38] 电影导演 Su Xiaokang 近期提出，受到保护的自然景观有一种将人与他们的过去连接起来的力量。Su Xiaokang 和 Link, "A Collapsing", 215。

[39] Billé, *Sinophobia*.

[40] 同上，22、102、117。

[41] Harris, *Wildlife Conservation*, 111.

[42] 此为笔者 2004 年的亲身见闻。一本旅游手册对传统驯鹿牧民在市场上的表演的真实性表达了怀疑。Kohn, *Lonely Planet*, 155。

[43] 此处的讨论来自 Richards, *The Unending Frontier*。

[44] Walker, "Foreign Affairs and Frontiers in Early Modern Japan", 44–62.
[45] 尽管有关这些问题的研究有待进一步开展，但是学术界已经朝这个方向发展了。有关将清朝历史融入中国移民发展的历史，见 Kuhn, *Chinese Among Others*。从更广阔角度考察经济繁荣时期"淘金热"政治的著作，见 Ngai, "Chinese Gold Miners", 1082–1105; High and Schlesinger, "Rulers and Rascals", 289–304; Chew, *Chinese Pioneers*。有关这一时期对中国移民的恐惧和现代边境政权，见 McKeown, *Melancholy Order*。

附　录

[1] 台湾收藏的档案，见《军机处档折件》：174661（道光三十年八月二十一日），170779（光绪十五年十一月初一日），171123（光绪十六年十月二十日），171477（光绪十七年十月二十四日），171885（光绪十八年十月二十八日），172227（光绪十九年十月二十九日），172806（光绪二十年十一月初六日），173223（光绪二十二年十一月十三日），173605（光绪二十三年十一月十一日），173869（光绪二十四年十月十二日）。北京保存的档案，见《军机处满文录副奏折》2441.14.94.209（乾隆三十六年五月二十九日），2456.24.95.488（乾隆三十七年五月十七日），2521.24.99.468（乾隆三十八年四月二十日），2854.26.103.11（乾隆三十九年五月十九日），2635.14.106.769（乾隆四十年五月二十四日），2717.7.111.2133（乾隆四十二年五月二十二日），2795.10.116.2662（乾隆四十四年五月十九日），2830.31.118.2902（乾隆四十五年五月十七日），2881.25.121.2676（乾隆四十六年五月二十四日），2932.36.124.3606（乾隆四十七年五月二十八日），2967.2.127.1255（乾隆四十八年六月初二日），3025.39.131.1532（乾隆四十九年六月初四日），3073.10.134.1629（乾隆五十年五月二十五日），3169.18.140.715（乾隆五十二年六月十九日），3197.5.142.678（乾隆五十三年六月二十四日），3248.41.14.2616（乾隆五十四年七月二十六日），3300.22.148.3323（乾隆五十五年六月初七日），3346.20.151.1728（乾隆五十六年五月二十八日），3391.33.153.3169（乾隆五十七年六月初二日），3434.26.156.1537（乾隆五十八年六月十三日），3473.3.158.2326（乾隆五十九年六月二十四日），3504.36.160.1392（乾隆六十年六月初六日），3544.28.162.1510（嘉庆元年六月初四日），3582.49.165.202（嘉庆三年六月十九日），3599.33.166.1018（嘉庆四年七月初三日），3613.31.167.1223 和 3613.29.167.1206（嘉庆五年七月初

十日),3628.29.168.1988(嘉庆六年七月初五日),3642.34.169.2452(嘉庆七年六月二十五日),3659.36.171.225(嘉庆八年七月初二日),3671.41.172.161(嘉庆九年七月十三日),3686.9.173.1160(嘉庆十年七月初一日),3705.25.175.83(嘉庆十一年七月十二日),3427.32.176.2180(嘉庆十二年七月二十日),3770.20.179.2259(嘉庆十四年八月十一日),3788.25.180.2858(嘉庆十五年六月二十日),3802.20.181.2772(嘉庆十六年六月初六日),3819.19.182.3116(嘉庆十七年六月二十六日),3833.15.183.2840(嘉庆十八年七月十一日),3849.20.184.3328(嘉庆十九年七月十二日),3863.27.185.3290(嘉庆二十年六月十五日),3878.52.187.373(嘉庆二十一年闰六月十三日),3909.10.189.947(嘉庆二十三年七月初七日),3925.41.190.1057(嘉庆二十四年六月二十日),3975.15.193.600(道光二年七月二十日),3990.43.194.459(道光三年八月十一日),4006.1.195.152(道光四年闰七月初八日),4021.46.195.3507(道光五年七月初七日),4037.20.196.3360(道光六年七月二十日),4049.12.197.2763(道光七年八月初十日),4062.21.198.2806(道光八年八月初八日),4078.27.199.3044(道光九年八月十三日),4092.53.200.2959(道光十年八月初七日),4105.52.201.2413(道光十一年八月二十六日),4118.42.202.2038(道光十二年九月十四日),4139.41.203.1625、4130.27.203.1557(道光十三年八月十三日),4142.49.204.1142(道光十四年八月初九日),4157.3.205.115(道光十五年八月初六日),4169.29.206.824(道光十六年八月十八日),4179.33.207.399(道光十七年八月二十日),4190.36.208.87(道光十八年八月二十九日),4201.41.208.3288(道光十九年八月二十二日),4211.26.209.2501(道光二十年八月十二日),4225.6.210.2462(道光二十一年八月二十五日),4238.27.211.1940(道光二十二年八月二十九日),4251.43.212.530(道光二十三年八月二十日),4264.2.213.931(道光二十四年八月十三日),4274.38.214.32(道光二十五年八月十六日),4286.32.214.3004(道光二十六年八月十七日),4296.62.215.2360(道光二十七年八月十六日),4309.13.216.2107(道光二十八年九月十三日),4321.4.217.1624(道光二十九年八月二十四日),4343.10.219.337(咸丰元年九月十一日),4355.50.220.113(咸丰二年八月十七日),4369.45.221.735(咸丰三年九月十八日),4385.28.222.1304(咸丰四年九月二十五日),4399.15.223.1417(咸丰五年九月十六日),4410.29.224.1372(咸丰六年九月十六日),4422.19.225.1463(咸丰七年九月二十六日),4431.45.226.1217(咸丰八年十月初七日),4441.46.227.1353(咸丰九年九月二十三日),4451.26.228.1641

（咸丰十年九月二十六日），4459.17.229.1453（咸丰十一年九月二十六日），4471.43.231.14（同治二年十月初六日），4477.52.231.3014（同治三年十月初三日），4483.70.232.2366（同治四年十月二十二日），4489.22.235.1324（同治五年十一月初九日），4494.7.234.14（同治六年十月初九日），4500.5.234.2718（同治七年十一月二十八日），4504.14.235.1015（同治八年十一月十三日），4508.16.235.2782（同治九年十月初五日），4514.61.236.2222（同治十年十二月初六日），4518.21.237.629（同治十一年十月二十五日），4520.33.237.1649（同治十二年十月二十五日），4523.2.237.2937（同治十三年九月初九日），4526.3.238.1861（光绪元年十月初三日），4528.1.238.2085（光绪二年十一月初三日），4530.54.238.3305（光绪三年九月二十六日），4533.57.239.1300（光绪四年九月二十四日），4536.42.239.2672（光绪五年九月十二日），4539.28.240.326（光绪六年九月二十八日），4542.62.240.1892（光绪七年九月二十日），4545.31.240.3188（光绪八年九月二十日），4549.8.241.1566（光绪九年九月二十四日），4853.1.241.3489（光绪十年九月初十日），4556.62.242.1744（光绪十一年九月二十八日），4589.68.242.3457（光绪十二年十月初四日），4564.20.243.2100（光绪十三年十月初七日），4567.69.244.244（光绪十四年十月十二日），4571.7.244.1482（光绪二十一年十月初九日），4574.88.244.2965（光绪二十五年十月二十一日），4576.77.245.388（光绪二十六年九月二十一日），4579.47.245.1772（光绪二十九年九月初六日），4881.6.245.2802（光绪三十年九月十九日），4582.95.246.404（光绪三十一年九月二十四日），4583.111.246.1061（光绪三十二年九月十二日），4587.42.246.3074（光绪三十四年九月二十六日），4589.89.247.965（宣统二年九月十八日）。

[2] 《清代鄂伦春满汉文档案汇编》，第199页（乾隆五十年六月初六日），第200页（乾隆五十二年六月初六日），第201页（乾隆五十三年六月初六日），第202页（乾隆五十四年闰五月二十六日），第203页（乾隆五十六年六月初八日），第204页（乾隆五十七年六月二十八日），第205页（乾隆五十八年六月初十日），第206页（乾隆五十九年六月十六日），第207页（乾隆六十年六月十二日），第209页（嘉庆元年六月十六日），第210页（嘉庆二年闰六月初六日），第211页（嘉庆三年六月初七日），第213页（嘉庆十九年六月十二日），第214页（嘉庆二十年六月十三日），第215页（嘉庆二十一年闰六月初一日），第216页（嘉庆二十二年六月初七日），第217页（嘉庆二十三年六月十八日），第218页（嘉庆二十五年六月初七日），第219页（道光三年六月十二日），第220页（道光四

年六月二十八日），第 221 页（道光五年六月初八日），第 222 页（道光六年六月十四日），第 223 页（道光七年闰五月二十七日），第 224 页（道光八年六月初十日），第 225 页（道光九年六月二十二日），第 226 页（道光十年六月二十二日），第 227 页（道光十一年六月十九日），第 228 页（道光十二年六月二十四日），第 229 页（道光十三年六月二十五日），第 230 页（道光十四年六月二十日），第 231 页（道光十五年六月十一日），第 232 页（道光十六年六月十五日），第 233 页（道光十七年六月二十六日），第 234 页（道光十八年六月十五日），第 235 页（道光十九年六月二十日），第 236 页（道光二十年六月二十六日），第 237 页（道光二十一年六月十七日），第 238 页（道光二十二年六月二十六日），第 239 页（道光二十三年七月初八日），第 240 页（道光二十四年六月二十六日），第 241 页（道光二十五年六月二十七日），第 242 页（道光二十六年六月二十日），第 243 页（道光二十七年六月二十日），第 244 页（道光二十八年七月初一日），第 245 页（道光二十九年六月二十五日），第 246 页（道光三十年七月初四日），第 247 页（咸丰元年六月二十八日），第 248 页（咸丰二年六月二十五日），第 249 页（咸丰三年七月初一日），第 250 页（咸丰四年七月十五日），第 251 页（咸丰五年七月初三日），第 252 页（咸丰六年七月十二日），第 254 页（咸丰八年七月初三日），第 255 页（咸丰九年七月二十日），第 258 页（咸丰十年六月二十六日），第 259 页（咸丰十一年七月十一日），第 260 页（同治元年七月二十七日），第 261 页（同治三年七月初一日），第 262 页（同治四年六月二十日），第 263 页（同治五年七月初八日），第 264 页（同治六年六月二十五日），第 265 页（同治七年七月十三日），第 266 页（同治八年六月二十四日），第 267 页（同治九年七月二十八日），第 268 页（同治十年七月十八日），第 269 页（同治十一年七月十八日），第 271 页（同治十二年六月二十八日），第 272 页（同治十三年八月初二日），第 275 页（光绪元年八月初九日），第 279 页（光绪三年七月二十一日），第 282 页（光绪四年七月初十日），第 283 页（光绪五年七月初一日），第 284 页（光绪六年七月二十五日），第 286 页（光绪七年七月初二日），第 288 页（光绪八年七月二十六日），第 290 页（光绪九年八月十二日），第 291 页（光绪十年七月二十七日），第 293 页（光绪十一年八月初三日），第 295 页（光绪十二年七月二十六日），第 296 页（光绪十三年七月二十八日），第 298 页（光绪十四年七月十九日），第 304 页（光绪二十一年八月初十日），第 307 页（光绪二十五年九月初四日）。

[3] 《军机处满文录副奏折》3960.19.192.877（道光元年七月初十日）；《军机处档折件》，台北"故宫博物院"，170731（光绪十五年八月十三日），171049，171050（光

绪十六年八月初一日），171397（光绪十七年七月二十日），171770（光绪十八年七月十一日），172155（光绪十九年八月初十日），172728（光绪二十年八月初十日），173163（光绪二十二年八月初十日），173508（光绪二十三年八月二十九日），173790（光绪二十四年八月二十三日）。

参考文献

缩写

DFZ: 爱如生地方志数据库

DQHDSL:《大清会典事例》

DQQS:《大清全书》

GMQJ:《钦定理藩院则例》(蒙古文版，*Jarliġ-iyar toġtoġaġsan ġadaġadu mongġol-un tööyi jasaqu yabudal-un yamun-u qauli juil-un bicig*)

HFYD:《珲春副都统衙门档》

M1D1:《库伦办事大臣衙门档》, fond M-1, *devter* 1 (National Central Archives, Ulaanbaatar)

M1D2:《库伦办事大臣衙门档》, fond M-1, *devter* 2 (National Central Archives, Ulaanbaatar)

M2D1:《乌里雅苏台将军衙门档》, fond M-2, *devter* 1 (National Central Archives, Ulaanbaatar)

MBRT:《满文老档》

MWLF:《军机处满文录副奏折》(第一历史档案馆)

NPM-GZDYZ:《宫中档雍正朝奏折》(台北"故宫博物院")

NPM-JJCD:《军机处档折件》(台北"故宫博物院")

NWFZXD:《内务府奏销档》(第一历史档案馆)

QSL:《官修大清历朝实录》(TZ:《太宗实录》; SZ:《世祖实录》; KX:《圣祖实录》; YZ:《世宗实录》; QL:《高宗实录》; JQ:《仁宗实录》; DG:《宣宗实录》; XF:《文宗实录》; TZh:《穆宗实录》; GX:《德宗实录》; XT:《宣统政纪》)

TGKH:《钦定理藩院则例》(满文版，*hese i toktobuha tulergi golo be dasara jurgan i kooli hacin i bithe*)

ZJGK:《中国基本古籍库》

档案

《库伦办事大臣衙门档》. Fond M-1, *devter* 1. National Central Archives, Ulaanbaatar。

《库伦办事大臣衙门档》. Fond M-1, devter 2. National Central Archives, Ulaanbaatar。

《乌里雅苏台将军衙门档》. Fond M-2, *devter* 1. National Central Archives, Ulaanbaatar。

《宫中档雍正朝奏折》，台北"故宫博物院"。

《御制满蒙文鉴》（满：*han i araha manju monggo gisun i buleku bithe* / 蒙：*Qaġan-u bicigsen Manju Mongġol ügen-ü toil bicig*），1717。Institute of Eastern Manuscripts, Russian Academy of Science, St. Petersburg。

《钦定理藩院则例》（满：*hese i toktobuha tulergi golo be dasara jurgan i kooli hacin i bithe*），1841 年。Chinese Collection, British Library, London。

《钦定理藩院则例》（蒙：*Jarliġ-iyar toġtoġaġsan ġadaġadu mongġol-un tööyi jasaqu yabudal-un yamun-u qauli juil-un bicig*），1826。East Asia Collection, Staatsbibliothek, Berlin。

《军机处满文录副奏折》，第一历史档案馆，北京。

Leping（乐平），"muwa gisun"（粗言）。MS no. TMA 5806.09/0622。Rare Book Collection, Harvard-Yenching Library, Harvard University, Cambridge, MA。

《内务府奏销档》，第一历史档案馆，北京。

出版物

阿桂等：《御制满珠蒙古汉字三合切音清文鉴》，1780。重印：《影印四库全书》234 册，台北：商务印书馆，1983。

爱如生地方志数据库，北京：北京爱如生数字化技术研究中心，2009。http://server.wenzibase.com/dblist.jsp。

刘延昌编：《霸县新志》，1934。电子版：爱如生地方志数据库。

包文华、齐朝克图：《蒙古回部王公表传》，呼和浩特：内蒙古大学出版社，1998。

鲍书芸、祝庆祺编：《续增刑案汇览》，1840。重印：台北：成文出版社，1968。

朱衣典编：《宾县县志》。电子版：爱如生地方志数据库。

斌良：《报冲斋诗集》，1879。电子版：中国基本古籍库。

曹雪芹：《红楼梦》，台北：立人书局，1984。

钞晓鸿：《生态环境与明清社会经济》，合肥：黄山书社，2004。

沈鸣诗：《朝阳县志》，1930。电子版：爱如生地方志数据库。

陈宝良：《明代社会生活史》，北京：中国社会科学出版社，2004。

海忠、林从炯：《承德府志》，1831。电子版：爱如生地方志数据库。

《崇文门商税衙门现行税则》，北京：全国图书馆文献缩微复制中心，2008。

丛佩远：《中国栽培人参之出现与兴起》，《农业考古》，1985 年 1 期，262—269、291。

崔述：《无闻集》，《崔东壁遗书》。电子版：中国基本古籍库。

《大金国志校正》，北京：中华书局，1986。

《大清历朝实录》，北京：中华书局，1986。

《大清内阁蒙古堂档》（蒙：*Daicing gürün ü dotugaduyamun u mongol bicig un ger ün dangsa*），呼和浩特：内蒙古人民出版社，2005。

刁书仁：《清代延珲地区驻防八旗略论》，《东疆学刊》（哲学社会科学版），1992 年 4 期，55—61。

定宜庄、郭松义、康文林、李中清：《辽东移民中的旗人社会》，上海：上海社会科学院出版社，2004。

定宜庄：《清代八旗驻防研究》，沈阳：辽宁民族出版社，2002。

——《东北三宝经济简史》，北京：中国环境科学出版社，1990。

樊明方：《唐努乌梁海历史研究》，北京：中国社会科学出版社，2007。

牛昶煦编：《丰润县志》，1891。电子版：爱如生地方志数据库。

冯明珠：《乾隆皇帝的文化大业》，台北："故宫博物院"，2002。

福格：《听雨丛谈》，北京：中华书局，1984。

盖志毅：《制度视域下的草原生态环境保护》，沈阳：辽宁民族出版社，2008。

葛根高娃，乌云巴图：《蒙古民族的生态文化》，呼和浩特：内蒙古教育出版社，2003。

——《一个登上龙庭的民族：满族社会与宫廷》，沈阳：辽宁民族出版社，2006。

《宫中档乾隆朝奏折》，台北："故宫博物院"，1982—1989。

顾嗣立：《元诗选》，北京：中华书局，1987。

关捷：《东北少数民族历史与文化研究》，沈阳：辽宁民族出版社，2007。

——《关于打牲乌拉志典全书校释出版以及乌拉史料文库的建议》，《深图通讯》，2008 年 3 期，59—62。

王春鹏编：《海龙县志》，1937。电子版：爱如生地方志数据库。

韩茂莉：《草原与田园——辽金时期西辽河流域农牧业与环境》，北京：三联书店，2006。

何炳棣，*Studies on the Population of China*, 1368—1953. Cambridge, MA: Harvard University Press, 1959。

何秋涛：《朔方备乘》，1881。重印：上海：上海古籍出版社，2002。

何群：《环境与小民族生存：鄂伦春文化的变迁》，北京：社会科学文献出版社，2006。

何新华：《最后的天朝：清代朝贡制度研究》，北京：人民出版社，2012。

贺长龄编：《清经世文编》，1887。电子版：中国基本古籍库。

《珲春副都统衙门档》，桂林：广西师范大学出版社，2007。

桂林编：《吉林通志》，1891。电子版：中国基本古籍库。

《嘉庆朝参务档案选编（上）》，《历史档案》，2002年3期，51—72。

《嘉庆朝参务档案选编（下）》，《历史档案》，2002年4期，22—42, 63。

《嘉庆道光两朝上谕档》，桂林：广西师范大学出版社，2000。

姚文烨编：《建平县志》，1931。电子版：爱如生地方志数据库。

蒋竹山：《清代人参的历史：一个商品的研究》，博士论文，台北："清华大学"，2006。

金恩晖等编：《打牲乌拉志典全书、打牲乌拉地方乡土志》，长春：吉林文史出版社，1988。

金恩晖：《清代的打牲乌拉总管衙门》，《东北师大学报》，1980年3期，56—61。

金海等：《清代蒙古志》，呼和浩特：内蒙古人民出版社，2009。

金鑫：《论清代前期达斡尔、鄂温克的商品经济》，《满语研究》，2012年1期，127—141。

金玉黼编：《嘉庆东巡纪事》，台北：艺文印书馆，1971。

柯九思：《辽金元宫词》，北京：北京古籍出版社，1988。

昆岗等：《大清会典事例》，1899。重印：北京：中华书局，1991。

赖惠敏：《乾隆朝内务府皮货买卖与京城时尚》，《近代史研究所集刊》，2003年21.1，101—134。

李昉：《太平广记》，北京：中华书局，1961。

李花子：《清朝与朝鲜关系史研究》，延吉：延边大学出版社，2006。

李绿园：《歧路灯》，台北：新文丰出版公司，1979。

李时珍：《本草纲目》，北京：人民卫生出版社，1975。

李毓澍：《外蒙政教制度考》，台北：近代史研究所，1962。

梁丽霞：《阿拉善蒙古研究》，北京：民族出版社，2005。

林世炫：《清季东北移民实边政策之研究》，台北：政治大学历史学系，2001。

刘凤云：《清代政治与国家认同》，北京：社会科学文献出版社，2012。

刘海年、杨一帆编：《皇明条法事类纂》，《中国珍稀法律典籍集成》，北京：科学出版社，1994。

刘加绪：《前郭尔罗斯简史》，沈阳：辽宁民族出版社，2005。

刘锦藻编：《清朝续文献通考》，经史通版，1921。电子版：中国基本古籍库。

《论皮衣粗细毛法》，重印：《中国古代当铺鉴定秘籍》，北京：全国图书馆文献缩微复制中心，2001。

罗运治：《清代木兰围场的探讨》，台北：文史哲出版社，1989。

——《满文档案与新清史》，《"故宫博物院"学术季刊》（台北），2006 年，24 卷 2 期，1—18。

卯晓岚：《中国大型真菌》，郑州：河南科学技术出版社，2000。

米镇波：《清代中俄恰克图边疆贸易》，天津：南开大学出版社，2003。

高照煦编：《米脂县志》，光绪版。电子版：爱如生地方志数据库。

——《明代东北疆域研究》，长春：吉林人民出版社，2008。

——《明清晋商及民风》，北京：人民出版社，2003。

《明实录》，台北：历史语言研究所，1966。

谈松林编：《宁河县志》，1880。电子版：爱如生地方志数据库。

朱一典编：《农安县志》，1927。电子版：爱如生地方志数据库。

欧阳询：《艺文类聚》，上海：上海古籍出版社，1999。

西周生：《醒世姻缘传》，台北：联经，1986。

祁美琴：《清代内务府》，沈阳：辽宁民族出版社，2008。

祁韵士：《皇朝藩部要略》，《续修四库全书》，卷 740，上海：上海古籍出版社，2002。

——《乾隆皇帝御膳考述》，北京：中国食品出版社，1990 年。

和珅编：《钦定热河志》，1781。电子版：爱如生地方志数据库。

阿桂编：《钦定盛京通志》，1736。重印：台北：文海出版社，1965。

——《清代布特哈八期建立时间及牛录数额新考》，《民族研究》，2012 年 6 期，75—85。

——《清代达斡尔、鄂温克两族所使用的法律》，《满语研究》，2013 年 2 期，121—128。

《清代鄂伦春满汉文档案汇编》，北京：民族出版社，2001。

——《清代前期布特哈总管沿革探析》，《民族研究》，2013 年 4 期，82—95。

《清代三姓副都统衙门满汉文档案选编》，沈阳：辽宁古籍出版社，1995。

邱仲麟：《保暖、炫耀与诠释——明代珍贵毛皮的文化史》，《历史语言研究所集刊》，80.4（2009），555—631。

《三姓副都统衙门满文档案译编》，沈阳：辽沈书社，1980。

《上谕八旗》（满：*dergi hese jakn gsade wasimbuhangge*），10 册。

沈启亮编：《大清全书》（满：*daicing gurun i yooni bithe*），1683 年初版，1713 年再版。

——《十九世纪恰克图贸易的俄罗斯纺织品》，《近代史研究所集刊》，2013 年 79 期，1—46。

张之洞编：《顺天府志》，1889。电子版：爱如生地方志资料库。

杨德馨编：《顺义县志》，1933。电子版：爱如生地方志资料库。
孙家鼐编：《大清会典》，1899。
谈迁：《北游录》，北京：中华书局，1997。
佟永功：《满语文与满文档案研究》，沈阳：辽宁民族出版社，2009。
图理琛：《满汉异域录》（满：lakcaha jecen de takraha babe ejehe bithe），台北：文史哲出版社，1983。
脱脱：《宋史》，台北：鼎文书局，1980。
王建中：《东北地区食生活史》，哈尔滨：黑龙江人民出版社，2004。
王利华编：《中国历史上的环境与社会》，北京：生活·读书·新知三联书店，2007。
王佩环：《清代东北采参业的兴衰》，《社会科学战线》，1982年4期，189—192。
王先谦编：《东华续录》（嘉庆朝），长沙王氏版，1884。电子版：中国基本古籍库。
王雪梅、翟敬源：《清代打牲乌拉的东珠采捕》，《北方文物》，2012年2期，76—80。
魏影：《清代京旗回屯问题研究》，哈尔滨：黑龙江大学出版社，2009。
魏源：《圣武记》，道光版。电子版：中国基本古籍库。
乌峰、包庆德：《蒙古族生态智慧论——内蒙古草原生态恢复与重建研究》，沈阳：辽宁民族出版社，2009。
《乌里雅苏台志略》，台北：成文出版社，1968。
乌仁其其格：《18—20世纪初归化城土默特财政研究》，北京：民族出版社，2008。
乌云毕力格：《十七世纪蒙古史论考》，呼和浩特：内蒙古人民出版社，2009。
吴锡麒：《有正味斋词集》，修订版，1808。电子版：中国基本古籍库。
吴正格：《满族食俗与清宫御膳》，沈阳：辽宁科学技术出版社，1988。
——《谢遂职贡图满文图说校注》，台北："故宫博物院"，1989。
郝玉璞编：《岫岩县志》，1928。电子版：爱如生地方志数据库。
徐珂：《清稗类钞》，北京：中华书局，1984年。
徐永年：《都门纪略》，台北：文海出版社，1971年。
许淑明：《清末黑龙江移民与农业开发》，《清史研究》2期，1991。
杨旸：《明清东北亚水陆丝绸之路与虾夷锦研究》，沈阳：辽海出版社，2001。
杨余练：《清代东北史》，沈阳：辽宁教育出版社，1991。
叶隆礼：《契丹国志》，27卷，上海：上海古籍出版社，1985。
——《夷务与商务——以广州口岸毛皮禁运事件为例》，《中山大学学报》40.2（2000），85—91。
《雍正上谕内阁》，文渊阁四库全书版，1731、1741。电子版：中国基本古籍库。

《御膳单》,1910。电子版:中国基本古籍库。

袁枚:《随园食单》,1731。电子版:中国基本古籍库。

曾威智:《宋代毛皮贸易》,台北:中国文化大学,2008。

张伯英等编:《黑龙江志稿》,62卷,附4卷,台北:文化出版社,1965。

张杰:《韩国史料三种与盛京满族研究》,沈阳:辽宁民族出版社,2009。

张正明:《晋商兴衰史》,太原:山西古籍出版社,2001。

昭梿:《啸亭杂录》,卷10,1814—1826。北京:中华书局,1980。

赵雄:《关于清代打牲乌拉东珠采捕业的几个问题》,《历史档案》,1984,79—85。

赵珍:《清代西北生态变迁研究》,北京:人民出版社,2005。

赵中孚:《近世东三省研究论文集》,台北:成文出版社有限公司,1999。

中国基本古籍库,北京:北京爱如生技术研究中心,2009。

周诚望、董惠敏、赵江平:《龙江三记》,哈尔滨:黑龙江人民出版社,1985。

周湘:《清代毛皮贸易中的广州与恰克图》,《中山大学学报论丛》,20.3(2000),85—94。

珠飒:《18—20世纪初东部内蒙古农耕村落化研究》,呼和浩特:内蒙古人民出版社,2009。

庄吉发:《清代准噶尔史料初编》,台北:文史哲出版社,1977。

Abe Takeo, *Shindaishi no kenkyū* [Research on Qing history]. Tokyo: Sōbunsha, 1972.

Agassiz, A. R. "Our Commercial Relations with Chinese Manchuria." *The Geo-graphical Journal* 4.6 (1894): 534–556.

Allsen, Thomas. *The Royal Hunt in Eurasian History*. Philadelphia: University of Pennsylvania Press, 2006.

Anderson, Benedict. *Imagined Communities*. London: Verso, 1983.

Appadurai, Arjun. "Introduction: Commodities and the Politics of Value." In *The Social Life of Things: Commodities in Cultural Perspective*, eds. Arjun Appadurai et al. London: Cambridge University Press, 1986.

Atwood, Christopher. " 'Worshipping Grace' : The Language of Loyalty in Qing Mongolia." *Late Imperial China* 21.2 (2000): 86–139.

———. *Encyclopedia of Mongolia and the Mongol Empire*. New York: Facts on File, 2004.

———. "The Mongol Empire and Early Modernity." Paper presented at "Asian Early Modernities: Empires, Bureaucrats, Confessions, Borders, Merchants." Istanbul, 2013.

Bai Shouyi. *Outline History of China*. Beijing: Foreign Language Press, 1982.

Barfield, Thomas J. *The Perilous Frontier: Nomadic Empires and China, 221BC to AD 1757.* Cambridge, MA: Blackwell Publishers, 1989.

Bartlett, Beatrice S. "Books of Revelations: The Importance of the Manchu Language Archival Record Books for Research on Ch'ing History." *Late Imperial China* 6.2 (1985): 25–36.

———. *Monarchs and Ministers: The Grand Council in Mid-Ch'ing China, 1723–1820.* Berkeley: University of California Press, 1991.

Bauer, G. "Reproductive Strategy of the Freshwater Pearl Mussel *Margaritifera margaritifera.*" *Journal of Animal Ecology* 56 (1987): 691–704.

Bawden, Charles. "Two Mongol Texts Concerning Obo-Worship." *Oriens Extremus* 5 (1958): 23–41.

———. "Some Documents Concerning the Rebellion of 1756 in Outer Mongolia." (1970): 1–23.

Beckert, Sven. *Empire of Cotton: A Global History.* New York: Alfred A. Knopf, 2014.

Bello, David. "The Cultured Nature of Imperial Foraging in Manchuria." *Late Imperial China* 31.2 (2010): 1–33.

———. "Relieving Mongols of their Pastoral Identity: Disaster Management on the Eighteenth-Century Qing China Steppe." *Environmental History* 19.3 (2014): 480–504.

———. *Across Forest, Steppe, and Mountain: Environment, Identity, and Empire in Qing China's Borderlands.* New York: Cambridge University Press, 2016.

Bennigsen, Alexandre, and Chantal Lemerchier-Quelquejay. "Les marchands de la cour Ottoman et le commerce des fourrures moscovites dans la seconde moitié du XVIe siècle." *Cahiers du monde russe et soviétique* 11.3 (1970): 363–390.

Bian He. "Assembling the Cure: *Materia Medica* and the Culture of Healing in Late Imperial China." PhD dissertation, Harvard University. 2014.

Billé, Franck. *Sinophobia: Anxiety, Violence, and the Making of Mongolian Identity.* Honolulu: University of Hawaii Press, 2015.

Blackburn, David. "The Collective Memory of the Sook Ching Massacre and the Creation of the Civilian War Memorial in Singapore." *Journal of the Malaysian Branch of the Royal Asiatic Society*, 73.2 (2000): 71–90.

Blanning, Tim. *The Pursuit of Glory: Europe, 1648–1815.* New York: Viking, 2007.

Blussé, Leonard. "Junks to Java: Chinese Shipping to the Nanyang in the Second Half of the Eighteenth Century." In *Chinese Circulations: Capital, Commodities, and Networks in*

Southeast Asia, eds. Eric Tagliacozzo and Wen-Chin Chang. Durham, NC: Duke University Press, 2011.

Bockstoce, John R. *Furs and Frontiers in the Far North*. New Haven, CT: Yale University Press, 2009.

Bol, Peter K., and Robert P. Weller. "From Heaven-and-Earth to Nature: Chinese Concepts of the Environment and Their Influence on Policy Implementation." In *Confucianism and Ecology: The Interrelation of Heaven, Earth, and Humans*, eds. Mary Evelyn Tucker, John Berthrong, et al. Cambridge, MA: Harvard University Press, 1998.

Boldbaatar, Zh. "Mongolchuudyn Baigal' Orchnoo Hamgaalah Zan Zanshil, Huul' Togtoomjiĭn Högzhliĭn Tüühen Toĭm" [Outline history of the Mon-gols' development of customs and laws of environmental protection]." *Tüüh: Erdem Shinzhilgeeniĭ Bichig* 188.14 (2002): 80–98.

Brook, Timothy. *The Confusions of Pleasure: Commerce and Culture in Ming China*. Berkeley: University of California Press, 1999.

———. *Vermeer's Hat: The Seventeenth Century and the Dawn of the Global World*. New York: Bloomsbury Press, 2008.

Brophy, David. "The Junghar Mongol Legacy and the Language of Loyalty in Qing Xinjiang." *Harvard Journal of Asiatic Studies* 73.2 (2013): 231–258.

Brunhes, Jean, and Camille Vallaux. *La Géographie de l'histoire: géographie de la paix et de la guerre sur terre et sur mer*. Paris: F. Alcan, 1921.

Burbank, Jane, and Frederick Cooper. *Empires in World History: Power and the Politics of Difference*. Princeton, NJ: Princeton University Press, 2010.

Burke, Edmund III, and Kenneth Pomeranz. *The Environment and World History*. Berkeley: University of California Press, 2009.

Cammann, Schuyler. "Origins of the Court and Official Robes of the Ch'ing Dynasty." *Artibus Asiae* 12.3 (1949): 189–201.

———. *China's Dragon Robes*. New York: The Ronald Press Company, 1952.

Carrell, Birgitta, et al. "Can Mussel Shells Reveal Environmental History?" *Ambio* 16.1 (1987): 2–10.

Carruthers, Douglas. "Exploration in North-West Mongolia and Dzungaria." *The Geographical Journal* 39.6 (1912): 521–551.

Cassel, Pär. "Excavating Extraterritoriality: The 'Judicial Sub-Prefect' as a Prototype for the

Mixed Court in Shanghai." *Late Imperial China* 24.2 (2003): 156–182.

Chakbrabary, Dipesh. *Provincializing Europe: Postcolonial Thought and Historical Difference.* Princeton, NJ: Princeton University Press, 2008.

Chang Te-Ch'ang. "The Economic Role of the Imperial Household in the Ch'ing Dynasty." *The Journal of Asian Studies* 31.2 (1972): 243–273.

Charleux, Isabelle. *Nomads on Pilgrimage: Mongols on Wutaishan (China), 1800–1940.* Boston: Brill, 2015.

Chew, Daniel. *Chinese Pioneers on the Sarawak Frontier, 1841–1941.* New York: Oxford University Press, 1990.

Chosŏn wangjo sillok [Veritable records of the Chosŏn dynasty]. 48 vols. Seoul: Kuksa p'yŏnch'an wiwŏnhoe, 1955–1958.

Chun Hae-jong. "Sino–Korean Tributary Relations in the Ch'ing Period." In *The Chinese World Order*, ed. John K. Fairbank. Cambridge, MA: Harvard University Press, 1968.

Clunas, Craig. *Superfluous Things: Material Culture and Social Status in Early Modern China.* Cambridge, UK: Polity Press, 1991.

Cohen, Paul A. *Discovering History in China: American Historical Writing on the Recent Chinese Past.* New York: Columbia University Press, 1984.

Corning, Howard. "Letters of Sullivan Dorr." *Proceedings of the Massachusetts Historical Society* 67 (1941–1944): 178–364.

Cranmer-Byng, John L. and John E. Wills. "Trade and Diplomacy under the Qing." In *China and Maritime Europe, 1500–1800*, ed. John E. Wills. New York: Cambridge University Press, 2011.

Cronon, William. *Changes in the Land: Indians, Colonists, and the Ecology of New England.* New York: Hill and Wang, 1983.

———. *Nature's Metropolis: Chicago and the Great West.* New York: W. W. Norton, 1992.

———. "A Place for Stories: Nature, History, and Narrative." *Journal of American History* 78.4 (1992), 1347–1376.

———. "The Trouble with Wilderness; or, Getting Back to the Wrong Nature." In *Uncommon Ground: Rethinking the Human Place in Nature*, ed. William Cronon. New York: W. W. Norton, 1996.

Cronon, William, George Miles, and Jay Gitlin. *Under an Open Sky: Rethinking America's Western Past.* New York: W. W. Norton, 1992.

Crossley, Pamela Kyle. "An Introduction to the Qing Foundation Myth," *Late Imperial China*, 6.1 (1985), 3–24.

———. "Manzhou Yuanliu Kao and the Formalization of the Manchu Heritage." *The Journal of Asian Studies* 46.4 (1987): 761–790.

———. *Orphan Warriors: Three Manchu Generations and the End of the Qing World*. Princeton, NJ: Princeton University Press, 1990.

———. *A Translucent Mirror: History and Identity in Qing Imperial Ideology*. Berkeley: University of California Press, 1999.

———. "Making Mongols." In *Empire at the Margins: Culture, Ethnicity, and Frontier in Early Modern China*, eds. Pamela Kyle Crossley, Helen Siu, and Donald Sutton. Berkeley: University of California Press, 2006.

Crossley, Pamela Kyle, and Evelyn S. Rawski, "A Profile of the Manchu Language in Ch'ing History," *Harvard Journal of Asiatic Studies* 53.1 (1993): 63–102.

Crossley, Pamela Kyle, Helen Siu, and Donald Sutton. *Empire at the Margins: Culture, Ethnicity, and Frontier in Early Modern China*. Berkeley: University of California Press, 2006.

Dauvergne, Peter. *Shadows in the Forest: Japan and the Politics of Timber in Southeast Asia*. Cambridge, MA: MIT Press, 1997.

Daws, Gavan. *Shoal of Time: A History of the Hawaiian Islands*. Honolulu: University of Hawaii Press, 1968.

Descola, Philippe. *Beyond Nature and Culture*. Chicago: University of Chicago Press, 2013.

———. *The Ecology of Others*. Chicago: Prickly Paradigm Press, 2013.

Di Cosmo, Nicola. "Qing Colonial Administration in Inner Asia." *The International History Review*, 20.2 (1998): 253–304.

———. *Ancient China and Its Enemies: the Rise of Nomadic Power in East Asian History*. New York: Cambridge University Press, 2002.

———. "Nomads on the Qing Frontier: Tribute, Trade or Gift-Exchange?" In *Political Frontiers, Ethnic Boundaries, and Human Geographies in Chinese History*. eds. Nicola di Cosmo and Don J. Wyatt, 351–372. New York: Routledge Curzon, 2003.

———. "The Rise of Manchu Power in Northeast Asia (c. 1600–1636)." October 12, 2007. Video Clip. Retrieved on March 12, 2012, from YouTube at www.youtube.com, http://www.youtube.com/watch?v=Gl1-vop7ipY.

Di Cosmo, Nicola, and Dalizhabu Bao, *Manchu–Mongol Relations on the Eve of the Qing*

Conquest: A Documentary History. Brill: Boston, 2003.

D'Orléans, Pierre Joseph. *History of the Two Tartar Conquerors of China, Including the Two Journeys into Tartary of Father Ferdinand Verbiest, in the Suite of the Emperor Kang-Hi.* New York: Burt Franklin, 1964.

Douglas, Mary. *Purity and Danger; An Analysis of Concepts of Pollution and Taboo.* London: Routledge & K. Paul, 1966.

Du Halde, Jean-Baptiste. *The General History of China.* London: J. Watts, 1741.

Duara, Prasenjit. *Rescuing History from the Nation: Questioning Narratives of Modern China.* Chicago: University of Chicago Press, 1995.

Elliott, Mark C. "The Limits of Tartary: Manchuria in Imperial and National Geographies." *The Journal of Asian Studies* 59.3 (2000): 603–646.

———. "The Manchu-Language Archives of the Qing Dynasty and the Origins of the Palace Memorial System." *Late Imperial China* 22.1 (2001): 1–70.

———. *The Manchu Way: The Eight Banners and Ethnic Identity in Late Imperial China.* Stanford, CA: Stanford University Press, 2001.

———. *Emperor Qianlong: Son of Heaven, Man of the World.* New York: Longman, 2009.

Elliott, Mark C., and James Bosson. "Highlights of the Manchu-Mongolian Collection." In *Treasures of the Yenching,* ed. Patrick Hanan. Cambridge, MA: Harvard–Yenching Library, Harvard University, 2003.

Elliot, Mark C. and Ning Chia. "The Qing Hunt at Mulan." In *New Qing Imperial History: The Making of Inner Asian Empire at Qing Chengde,* eds. James A. Millward, Ruth W. Dunnell, Mark C. Elliott, and Philippe Forêt. New York: RoutledgeCurzon, 2004.

Elverskog, Johan. *Our Great Qing: The Mongols, Buddhism and the State in Late Imperial China.* Honolulu: University of Hawaii Press, 2006.

Elvin, Mark. *The Retreat of the Elephants.* New Haven, CT: Yale University Press, 2004.

———. and Liu Ts'ui-jung, eds. *Sediments of Time: Environment and Society in Chinese History.* New York: Cambridge University Press, 1998.

Enhbayaryn Jigmeddorj. *Khalkh-Manzhiĭn uls töriĭn khariltsaa* [Khalkha-Manchu political relations]. Ulaanbaatar: Mongol uls shinzhlekh khaany akademi tüükhin khüreelen, 2008.

Ewing, Thomas E. "The Forgotten Frontier: South Siberia (Tuva) in Chinese and Russian History, 1600–1920." *Central Asiatic Journal* 25.3–4 (1981): 174–212.

Fairbank, John King. *Trade and Diplomacy on the China Coast: The Opening of the Treaty*

Ports, 1842–1854. Cambridge, MA: Harvard University Press, 1964.

Fairhead, James, and Melissa Leach. *Misreading the African Landscape: Society and Ecology in a Forest-Savanna Mosaic*. New York: Cambridge University Press, 1996.

Fall, Juliet J. "Artificial States? On the Enduring Geographical Myth of Natural Borders." *Political Geography* 29 (2010): 140–147.

Fan Fa-ti. *British Naturalists in Qing China: Science, Empire, and Cultural Encounter*. Cambridge, MA: Harvard University Press, 2004.

Farquhar, David Millar. "Oirat-Chinese Tribute Relations, 1408–1446." In *Studia Altaica: Festschrift für Nikolaus Poppe zum 60 Geburtstag am 8 August 1957*. Wiesbaden: O. Harrassowitz, 1957.

———. "The Ch'ing Administration of Mongolia Up to the Nineteenth Century." PhD dissertation, Harvard University, 1960.

———. "The Origins of the Manchus' Mongolian Policy." In *The Chinese World* Order. ed. John K. Fairbank. Cambridge, MA: Harvard University Press, 1968.

Faure, David. *Emperor and Ancestor: State and Lineage in South China*. Stanford, CA: Stanford University Press, 2007.

Finnane, Antonia. *Changing Clothes in China: Fashion, History, Nation*. New York: Columbia University Press, 2008.

———. "Barbarian and Chinese: Dress as Difference in Chinese Art." *Humanities Australia* 1 (2010): 33–43.

———. "Fashion in Late Imperial China." In *The Fashion History Reader: Global Perspectives*, eds. Giorgio Riello and Peter McNeill. New York: Routledge, 2010.

Fisher, Raymond H. *The Russian Fur Trade, 1550 –1700*. Berkeley: University of California Press, 1943.

Franke, Herbert. "Chinese Texts on the Jurchen: A Translation of the Jurchen Monograph in the San-ch'ao pei-meng hui-pien." *Zentralasiatische Studien* 9 (1975): 119–186.

Gamsa, Mark. "California on the Amur, or the '*Zheltuga Republic*' in Manchuria(1883–86)." *The Slavonic and East European Review* 81.2(2003):236–266.

Gibson, James R. *Otter Skins, Boston Ships, and China Goods: The Maritime Fur Trade of the Northwest Coast, 1785–1841*. Seattle: University of Washington Press, 1992.

Giersch, Charles Patterson. *Asian Borderlands: The Transformation of Qing China's Yunnan Frontier*. Cambridge, MA: Harvard University Press, 2006.

Gladney, Dru. *Dislocating China: Reflections on Muslims, Minorities, and Other Subaltern Subjects*. Chicago: University of Chicago Press, 2004.

Gombobaatar, S., et al. *Convention on Biological Diversity: The 5th National Report of Mongolia*. Ulaanbaatar: Ministry of Environment and Green Development, 2014. Retrieved from www.cbd.int.

Goody, Jack. *The Theft of History*. New York: Cambridge University Press, 2006.

Gottschang, Thomas R., and Diana Lary. *Swallows and Settlers: The Great Migration from North China to Manchuria*. Ann Arbor: Center for Chinese Studies, University of Michigan, 2000.

Graf, Daniel L. "Palearctic Freshwater Mussel (*Mollusca: Vivalvia: Unionoida*) diversity and the Comparatory Method as a Species Concept." *Proceedings of the Academy of Natural Sciences of Philadelphia* 156 (2007): 71–88.

Guha, Ramachandra. *Environmentalism: A Global History*. New York: Longman, 2000.

Guy, R. Kent. "Who Were the Manchus? A Review Essay." *The Journal of Asian Studies* 61.1 (2002): 151–164.

Haltod, Magadbürin. *Mongolische Ortsnamen*. Wiesbaden: F. Steiner, 1966.

Harris, Richard B. *Wildlife Conservation in China: Preserving the Habitat of China's Wild West*. Armonk, NY: M. E. Sharpe, 2008.

Hayden, John O., ed. *William Wordsworth: Selected Poems*. New York: Penguin Books, 1994.

Herman, John E. *Amid the Clouds and Mist: China's Colonization of Guizhou, 1200–1700*. Cambridge, MA: Harvard University Asia Center, 2007.

High, Mette, and Jonathan Schlesinger. "Rulers and Rascals: The Politics of Gold in Mongolian Qing History." *Central Asian Survey* 29.3 (2010): 289–304.

———. "The Significance of the Ch'ing Period in Chinese History." *Journal of Asian Studies* 26.2 (1967): 189–195.

Hong Tae-yong, *Tamhŏn yŏngi* [Notes from my journey to Beijing]. In *Yŏnhaengnok chŏnjip* [Complete collection of the Records of Trips to Beijing], ed. Im Ki-jung. Seoul: Tongguk taehakkyo ch'ulp'anbu, 2001.

Howard-Johnston, James. "Trading in Fur, from Classical Antiquity to the Early Middle Ages." In *Leather and Fur: Aspects of Early Medieval Trade and Tech-nology*, eds. Esther Cameron et al. London: Archetype Publications Ltd., 1998.

Huang, Ray. *China: A Macro-History*. Armonk, NY: M. E. Sharpe, 1997.

Huen, Fook-fai. "The Manchurian Fur Trade in the Early Ch'ing." *Papers on China*, 24 (1971):

41–73.

Hughes, Thomas P. *Human-Built World: How to Think about Technology and Culture*. Chicago: The University of Chicago Press, 2004.

Hummel, Arthur W. *Eminent Chinese of the Ch'ing Period (1644–1912)*. Washington: United States Government Printing Office, 1943–1944.

Humphrey, Caroline. "Introduction." In *Nomads of South Siberia*, ed. Caroline Humphrey. New York: Cambridge University Press, 1980.

———. "Chiefly and Shamanist Landscapes in Mongolia." In *The Anthropology of Landscape: Perspectives on Place and Space*, ed. Eric Hirsch et al. New York: Oxford University Press, 1995.

Humphrey, Caroline, and Urgunge Onon. *Shamans and Elders: Experience, Knowledge, and Power among the Daur Mongols*. Oxford, UK: Clarendon Press, 1996.

Humphrey, Caroline, and David Sneath. *The End of Nomadism? Society, State, and the Environment in Inner Asia*. Durham, NC: Duke University Press, 1999.

Imai Sanshi. "On an Edible Mongolian Fungus 'Pai-mo-ku.'" *Proceedings of the Imperial Academy of Japan* 13 (1937): 280–282.

Imamura Tomo. *Ninjinshi* [Ginseng history]. Tokyo: Chōsen Sōtokufu Senbai-kyoku, 1934–1940.

Isett, Christopher M. *State, Peasant, and Merchant in Qing Manchuria, 1644–1862*. Stanford, CA: Stanford University Press, 2006.

Iwai Shigeki. "Jūroku, jūnana seiki no Chūgoku henkyō shakai" [Frontier society in sixteenth- and seventeenth-century China]. In *Minmatsu Shinsho no shakai to bunka*, ed. Ono Kazuko. Kyoto: Kyōtō Daigaku Jinbun Kagaku Kenkyūjo, 1996.

James, H. E. M. "A Journey in Manchuria." *Proceedings of the Royal Geographical Society and Monthly Record of Geography* 9.9 (1887): 531–567.

Jigmeddorji. *Manzhiïn üeiïn ar mongol dakh' khiliïn kharuul* [The border guards of the Qing dynasty in Outer Mongolia]. Ulaanbaatar: Instituti Historiae Scientiarum Mongoli, 2006.

Jones, Ryan Tucker. "Running into Whales: The History of the North Pacific from below the Waves." *American Historical Review* 118.2 (2013), 349–377.

———. *Empires of Extinction: Russians & the North Pacific's Strange Beasts of the Sea, 1741–1867*. New York: Oxford University Press, 2014.

Kaczensky, Petra. "First Assessment of Nomrog and Dornod Mongol Strictly Protected Areas in the Eastern Steppe of Mongolia for the Reintroduction of Przewalski's Horses."

International Takhi Group. 2005. Retrieved from www.takhi.org/media/forschung/2005First assessmentofNomrogandDornodMongolStrictlyProtectedAreasintheEsternSteppeofMongolia forthere-introductionofPrzewalskishorses.PetraKaczensky.pdf.

Kawachi Yoshihiro. "*Mindai tōhoku Ajia chōhi bōeki*" [Sable trade in Northeast Asia in the Ming Period]. *Tōyoshi Kenkyū* 30.1 (1971): 62–120.

Kawakubo Teirō. "Shinmatsu ni okeru Kirinshō seihokubu no kaihatsu" [The opening of northwestern Jilin in the late Qing]. *Rekishigaku kenkyū* 5.2 (1935): 147–184.

———. "Shin shiryō 'dasheng wula zhidian quanshu' no hakken ni yosete" [The discovery of new historical material: The *dasheng wula zhidian quanshu*]. *Tōhōgaku* 66 (1983): 148–151.

Khazanov, Anatoly. *Nomads and the Outside World*. Madison: University of Wisconsin Press, 1994.

Kim, Loretta. "Marginal Constituencies: Qing Borderland Policies and Vernacular Histories of Five Tribes on the Sino-Russian Frontier." PhD dissertation, Harvard University, 2009.

———. "Tribute Data Curation." *History in Data*. September, 2014. http://digital.lib.hkbu.edu.hk/history/tribute.php

Kishimoto Mio. *Shindai Chugoku no bukka to keizai* [Economic and price changes in Qing China]. Tokyo: Kenbun Shuppan, 1997.

———. "Chinese History and the Concept of 'Early Modernities,'" paper presented at "An International Conference on the Early Modern World," University of Chicago, June 3, 2005. Retrieved on February 22, 2015, from http://earlymodernworld.uchicago.edu/kishimoto.pdf.

Klaproth, Julius. *Chrestomathie Mandchou ou Recueil de Textes Mandchou*. Paris: Imprimerie Royale, 1828.

Kohn, Michael. *Lonely Planet: Mongolia*. London: Lonely Planet, 2008.

Korsak, Aleksandr. *Istoriko-statisticheskoe obozrienie torgovykh snoshenii Rossii s Ki-taem* [A historical and statistical review of trade relations between Russia and China]. Kazan: Izd. Knigoprodavtsa Ivan Dubrovina, 1856.

Kuhn, Philip. *Soulstealers: The Chinese Sorcery Scare of 1768*. Cambridge, MA: Harvard University Press, 1990.

———. *Chinese Among Others: Emigration in Modern Times*. New York: Rowman & Littlefield, 2008.

Kuriyama Shigehisa. "The Geography of Ginseng and the Strange Alchemy of Need." Talk presented at the Reischauer Institute Japan Forum, January 27, 2012.

Lao She, *Blades of Grass: The Stories of Laoshe*. William A. Lyell and Sarah Wei-ming Chen, trans. Honolulu: University of Hawai'i Press, 1999.

Latour, Bruno. *We Have Never Been Modern.* Cambridge, MA: Harvard University Press, 1993.

Lattimore, Owen. *Inner Asian Frontiers of China.* New York: American Geographical Society, 1940.

———. *Nomads and Commissars: Mongolia Revisited.* New York: Oxford University Press, 1962.

Le Billon, Philippe. *Wars of Plunder: Conflicts, Profits, and the Politics of Resources.* London: Hurst and Company, 2012.

Ledyard, Gari. "Hong Tae-yong and His Peking Memoir." *Korean Studies* 6 (1982): 63–103.

Lee, Robert H. G. *The Manchurian Frontier in Ch'ing History.* Cambridge, MA: Harvard University Press, 1970.

Legrand, Jacques. *L'administration dans la domination Sino-Mandchou en Mon-golie Qalq-a: version mongole du Lifan Yuan Zeli.* Paris: Collège de France, Institut des Hautes Études Chinoises, 1976.

Lekan, Thomas. *Imagining the Nation in Nature: Landscape Preservation and German Identity, 1885–1945.* Cambridge, MA: Harvard University Press, 2004.

Lessing, Ferdinand D. *Mongolian-English Dictionary.* Berkeley: University of California Press, 1960.

Li, Lillian M. *Fighting Famine in North China: State, Market, and Environmental Decline, 1690s–1990s.* Stanford, CA: Stanford University Press, 2007.

Li Tana. "The Water Frontier: An Introduction." In *Water Frontier: Commerce and the Chinese in the Lower Mekong Region, 1750–1880*, eds. Nola Cooke and Li Tana. Lanham, MD: Rowman and Littlefield Publishers, 2004.

———. "Between Mountains and the Sea: Trades in Early Nineteenth-Century Northern Vietnam." *Journal of Vietnamese Studies* 7.2 (2012): 67–86.

Liu Xinru. *Ancient India and Ancient China: Trade and Religious Exchanges, AD 1–600.* New York: Oxford University Press, 1994.

Lösch, August. "The Nature of Economic Regions." In *Regional Development and Planning: A Reader*, ed. John Friedmann. Cambridge, MA: M.I.T. Press, 1964.

Macknight, Charles Campbell. *The Voyage to Marege': Macassan Trepangers in Northern Australia.* Carlton, Australia: Melbourne University Press, 1976.

Manbun rōtō [Old Manchu Records], ed. Kanda Nobuo et al. Tokyo: Tōyō Bunko, 1955–1963.

Mancall, Mark. *Russia and China; Their Diplomatic Relations to 1728.* Cambridge, MA:

Harvard University Press, 1971.

Marcon, Federico. *The Knowledge of Nature and the Nature of Knowledge in Early Modern Japan.* Chicago: The University of Chicago Press, 2015.

Marks, Robert. *Tigers, Rice, Silk, and Silt: Environment and Economy in Late Imperial South China.* New York: Cambridge University Press, 1997.

———. *China: Its Environment and History.* New York: Rowman and Littlefield Publishers, 2012.

Martin, Janet. "The Land of Darkness and the Golden Horde: The Fur Trade under the Mongols, XIII–XIVth Centuries." *Cahiers du Monde russe et soviétique* 19.4 (1978): 401–421.

———. *Treasure in the Land of Darkness: The Fur Trade and Its Significance for Medieval Russia.* New York: Cambridge University Press, 1986.

Martin, P. S., and H. E. Wright. *Pleistocene Extinctions: The Search for a Cause.* New Haven, CT: Yale University Press, 1967.

Matsuda, Matt K. *Pacific Worlds: A History of Seas, Peoples, and Cultures.* New York: Cambridge University Press, 2012.

Matsuura Shigeru. *Shinchō no Amūru seisaku to shōsū minzoku* [Ethnic minorities and policies of the Qing Amur]. Kyoto: Kyōto Daigaku Gakujutsu Shup-pankai, 2006.

McKeown, Adam. *Melancholy Order: Asian Migration and the Globalization of Borders.* New York: Columbia University Press, 2008.

McNeill, J. R. "Of Rats and Men: A Synoptic History of the Island Pacific." *Journal of World History* 5.2 (1994): 299–349.

Menzies, Nicholas. *Forest and Land Management in Imperial China.* New York: St. Martin's Press, 1994.

Merchant, Carolyn. *Reinventing Eden: The Fate of Nature in Western Culture.* New York: Routledge, 2003.

———. "Shades of Darkness: Race and Environmental History." *Environmental History* 8.3 (2003): 380–394.

Miller, Daniel. "Materiality: An Introduction." In *Materiality*, ed. Daniel Miller. Durham, NC: Duke University Press, 2005.

Millward, James. *Beyond the Pass: Economy, Ethnicity, and Empire in Qing Central Asia, 1795–1864.* Stanford, CA: Stanford University Press, 1998.

———. "'Coming onto the Map': 'Western Regions' Geography and Cartographic Nomenclature in the Making of Chinese Empire in Xinjiang." *Late Imperial China* 20.2 (1999): 61–98.

Mitamura Taisuke. *Shinchō zenshi no kenkyū* [A study of ching dynasty in Manchu period]. Kyoto: Tōyōshi kenkyūkai, 1965.

Mitchell, Timothy. *Rule of Experts: Egypt, Techno-Politics, Modernity*. Berkeley: University of California Press, 2002.

Mitter, Rana. *The Manchurian Myth: Nationalism, Resistance and Collaboration in Modern China*. Berkeley: University of California Press, 2000.

Miyawaki Junko. "Report on the Manchu Documents Stored at the Mongolian National Central Archives of History." *Saksaha* 4 (1999): 6–13.

———. "Mongoru kokuritsu chuō monjokan shozō no Manjugo, Mongorugo shiryō—toku ni Ifu-furē-Manju daijin no yakusho (Korin ichiji daijin gamon) bunsho ni tsuite" [On the Mongolian National Central Archive's Manchu and Mongol language historical materials, especially documents from the Khüree ambans' yamen]. *Shi shiryō habu: chiiki bunka kenkyū* 2 (2009), 135–141.

Miyazaki Ichisada. "Shinchō ni okeru kokugo mondai no ichimen" [A look at the question of national language during the Qing]. *Tōhōshi ronsō* 1 (1947): 1–56.

Monakhov, Vladimir G. "*Martes zibellina* (Carinvora: Mustelidae)." *Mammalian Species* 43 (1): 75–86.

Morris, Clarence, and Derk Bodde. *Law in Imperial China*. Cambridge, MA: Harvard University Press, 1967.

Morton, Timothy. *Ecology without Nature: Rethinking Environmental Aesthetics*. Cambridge, MA: Harvard University Press, 2007.

Mosca, Matthew W. "Empire and the Circulation of Frontier Intelligence: Qing Conceptions of the Ottomans." *Harvard Journal of Asiatic Studies* 70.1 (2010): 147–207.

———. *From Frontier Policy to Foreign Policy*. Stanford, CA: Stanford University Press, 2013.

———. "The Manchu *Zizhi tongjian gangmu* and the Eurasian Transmission of Confucian Historiography." Paper at the Annual Conference of the Association for Asian Studies. Philadelphia, March 29, 2014.

Mostaert, Antoine. "L' 'ouverture du sceau' et les addresses chez les Ordos." *Monumenta Serica* 1 (1935–36): 315–337.

Muscolino, Micah S. *Fishing Wars and Environmental Change in Late Imperial and Modern China*. Cambridge, MA: Harvard University Asia Center, 2009.

Nagazumi Yōko. *Tōsen yushutsunyūhin sūryō ichiran, 1637–1833-nen* [A quantitative look at Chinese maritime imports and exports, 1637–1833]. Tokyo: Sōbunsha, 1987.

Nappi, Carla. *The Monkey and the Inkpot*. Cambridge, MA: Harvard University Press, 2010.

"National Treasures." In *Russia: A Journey with Jonathan Dimbleby*. DVD. Directed by David Wallace. BBC: 2008.

Ngai, Mae M. "Chinese Gold Miners and the 'Chinese Question' in Nineteenth-Century California and Victoria." *Journal of American History* 101.4 (2015): 1082–1105.

Norman, Jerry. *A Concise Manchu-English Lexicon*. Seattle: University of Washington Press, 1978.

Nye, David E. *America as Second Creation: Technology and Narratives of New Beginnings*. Cambridge, MA: The MIT Press, 2003.

Ochirin Oyunjargal. *Manzh-Chin ulsaas Mongolchuudig zakhirsan bodlogo: Oiraduudin zhisheen deer* [The Manchu-Qing policy of managing Mongols: The case of the Oirats]. Ulaanbaatar: Arvin Sudar, 2009.

Ogden, Adele. "The Californias in Spain's Pacific Otter Trade, 1775–1795." *Pacific Historical Review* 1.4 (1932): 444–469.

———. "Russian Sea-Otter and Seal Hunting on the California Coast, 1803–1841." *California Historical Society Quarterly* 12.3 (1933): 217–239.

Oka Hiroki. *Shindai Mongoru monki seido no kenkyū* [Research on the league-and-banner system of Qing Mongolia]. Tokyo: Tōhō Shoten, 2007.

Onuma Takahiro. "Political Relations between the Qing Dynasty and Kazakh Nomads in the Mid-18th Century: Promotion of the '*ejen-albatu* Relationship' in Central Asia." In *A Collection of Documents from the Kazakh Sultans to the Qing Dynasty*, ed. Noda Jin and Onuma Takahiro. Tokyo: The University of Tokyo, 2010.

Pak Chi-wŏ. *The Jehol Diary*. Folkestone, UK: Global Oriental, 2010.

Pederson, Neil, et al. "Hydrometeorological Reconstructions for Northeastern Mongolia Derived from Tree Rings: 1651–1995." *Journal of Climate* 14 (2000): 872–881.

Perdue, Peter C. *Exhausting the Earth: State and Peasant in Hunan, 1500–1850*. Cambridge, MA: Harvard University Press, 1987.

———. "Military Mobilization in Seventeenth and Eighteenth-Century China, Russia, and Mongolia." *Modern Asian Studies* 30.4 (1996): 757–793.

———. *China Marches West: The Qing Conquest of Central Eurasia*. Cambridge, MA: The Belknap Press of Harvard University Press, 2005.

———. "Nature and Nurture on Imperial China's Frontiers." *Modern Asian Studies* 43.1 (2009): 245–267.

Peschurof, M. M. et al. "Notes on the River Amur and the Adjacent Districts." *Journal of the Royal Geographical Society of London* 28 (1858): 376–446.

PIRE Mongolia Blog. "The Bounty of the Steppe." *Wordpress*. July 25, 2011. Retrieved on August 20, 2015, from https://piremongolia.wordpress.com.

Poland, Henry. *Fur-Bearing Animals in Nature and in Commerce*. London: Gurney & Jackson, 1892.

Pomeranz, Kenneth. *The Great Divergence: China, Europe, and the Making of the Modern World Economy*. Princeton, NJ: Princeton University Press, 2000.

———. "Empire and 'Civilizing' Missions, Past and Present." *Daedalus* 134.2 (2005): 34–45.

Pomeranz, Kenneth, and Steven Topic. *The World That Trade Created: Society, Culture, and the World Economy, 1400 to the Present*. Armonk, NY: M. E. Sharpe, 2006.

Puett, Michael. *The Ambivalence of Creation: Debates Concerning Innovation and Artifice in Early China*. Stanford, CA: Stanford University Press, 2001.

Ratzel, Friedrich. *Politische Geographie*. Munich: R. Oldenbourg, 1897.

Ravenstein, Ernst Georg. *The Russians on the Amur: Its Discovery, Conquest, and Colonization, with a Description of the Country, Its Inhabitants, Productions, and Commercial Capabilities; and Personal Accounts of Russian Travellers*. London: Trübner and Co., 1861.

Rawski, Evelyn. *The Last Emperors: A Social History of Qing Imperial Institutions*. Berkeley: University of California Press, 1998.

Reading, Richard, et al. "The Commercial Harvest of Wildlife in Dornod Aimag, Mongolia." *Journal of Wildlife Management* 62.1 (1998): 59–71.

Reardon-Anderson, James. *Reluctant Pioneers: China's Expansion Northward, 1644–1937*. Stanford, CA: Stanford University Press, 2005.

Reid, Anthony. "Chinese Trade and Southeast Asian Economic Expansion in the Later Eighteenth and Early Nineteenth Centuries: An Overview." In *Water Frontier: Commerce and the Chinese in the Lower Mekong Region, 1750–1880*, eds. Nola Cooke and Li Tana. Lanham, MD: Rowman and Littlefield Publishers, 2004.

Reidman, Marianne L. and James A. Estes. "The Sea Otter (*Enhydra lutris*): Behavior, Ecology, and Natural History." *Biological Report* 90.14: 1990.

Reinhardt, J.C. "Report of J.C. Reinhardt, Naturalist." *Proceedings of the National Institution for the Promotion of Science* 4 (1846): 533–567.

Richards, John F. *The Unending Frontier*. Berkeley: University of California Press, 2006.

Ripa, Matteo. *Memoirs of Father Ripa, during Thirteen Years' Residence at the Court of Peking in the Service of the Emperor of China; with an Account of the Foundation of the College for the Education of Young Chinese at Naples*. London: J. Murray, 1855.

Roberts, J. A. G. *A History of China*. New York: Palgrave Macmillan, 2011.

Rogaski, Ruth. *Hygienic Modernity: Meanings of Health and Disease in Treaty-Port China*. Berkeley: University of California Press, 2004.

Ropp, Paul. *China in World History*. New York: Oxford University Press, 2010.

Rorex, Robert A., and Wen Fong. *Eighteen Songs of a Nomad Flute: The Story of Lady Wen-chi*. New York: Metropolitan Museum of Art, 1974.

Rutt, Richard. "James Gale's Translation of the Yonhaeng-nok, an Account of the Korean Embassy to Peking, 1712–1713." *Transactions of the Royal Asiatic Society, Korea Branch* 49 (1974): 55–144.

Saarela, Mårten Söderblom. "*Shier zitou jizhou* (Collected notes on the twelve heads): A Recently Discovered Work by Shen Qiliang." *Saksaha* 12 (2014): 9–31.

Salvadori, Philippe. *La Chasse sous l'ancien régime*. Paris: Fayard, 1996.

Sanjdorji, M. *Manchu Chinese Colonial Rule in Northern Mongolia*. New York: St. Martin's Press, 1980.

Schafer, Edward H. *The Golden Peaches of Samarkand: A Study in T'ang Exotics*. Berkeley: University of California Press, 1963.

Schama, Simon. *Landscape and Memory*. New York: Alfred A. Knopf, 1995.

Scott, James C. *Seeing Like a State: How Certain Schemes to Improve the Human Condition Have Failed*. New Haven, CT: Yale University Press, 1998.

———. *The Art of Not Being Governed: An Anarchist History of Upland Southeast Asia*. New Haven, CT: Yale University Press, 2009.

Sejong sillok. See *Chosŏn wangjo sillok*.

Serruys, Henry. "Smallpox in Mongolia during the Ming and Ch'ing Dynasties." *Zentralasiatische Studien des Seminars für Sprach- und Kulturwissenschaft Zentralasiens der Universitet Bonn* 14 (1980): 41–63.

Shapiro, Judith. *China's Environmental Challenges*. Malden, MA: Polity Press, 2012.

Shin, Leo Kwok-yueh. *The Making of the Chinese State: Ethnicity and Expansion on the Ming Borderlands*. New York: Cambridge University Press, 2006.

Skinner, William G. "Marketing and Social Structure in Rural China: Part I." *Journal of Asian Studies* 24.1 (1964): 3–43.

Sneath, David. *The Headless State: Aristocratic Orders, Kinship Society, and Misrepresentations of Nomadic Inner Asia*. New York: Columbia University Press, 2007.

Snyder, Gary. *The Practice of the Wild*. Berkeley, CA: Counterpoint, 1990.

Sommer, Matthew. *Sex, Law, and Society in Late Imperial China*. Stanford, CA: Stanford University Press, 2000.

Sonoda Kazuki. *Dattan hyōryūki* [Record of castaways in Tartary]. Tokyo: Hei-bonsha, 1991.

Soulé, Michael E., and Gary Lease. *Reinventing Nature? Responses to Postmodern Deconstruction*. Washington DC: Island Press, 1995.

Spence, Jonathan. *Emperor of China: Self Portrait of K'ang-Hsi*. New York: Vintage Books, 1988.

Struve, Lynn A. *Voices from the Ming–Qing Cataclysm: China in Tigers' Jaws*. New Haven, CT: Yale University Press, 1993.

Su Xiaokang and Perry Ling. "A Collapsing Natural Environment?" In *Restless China*, eds. Perry Link, Richard P. Madsen, and Paul G. Pickowicz. New York: Rowman & Littlefield Publishers, Inc., 2013.

Sun, E-Tu Zen. "Ch'ing Government and the Mineral Industries before 1800." *The Journal of Asian Studies* 27.4 (1968): 835–845.

Sun Laichen, "From *Baoshi* to *Feicui*: Qing–Burmese Gem Trade, c. 1644–1800." In *Chinese Circulations: Capital Commodities, and Networks in Southeast Asia*, eds. Eric Tagliacozzo and Wen-Chin Chang. Durham, NC: Duke University Press, 2011.

Sutherland, Heather. "A Sino–Indonesian Commodity Chain: The Trade in Tortoiseshell in the Late Seventeenth and Eighteenth Centuries." In *Chinese Circulations: Capital Commodities, and Networks in Southeast Asia*, eds. Eric Tagliacozzo and Wen-Chin Chang. Durham, NC: Duke University Press, 2011.

Sutō Yoshiyuki. "Shinchō ni okeru Manshū chūbō no tokushūsei ni kansuru ichi kōsatsu [An examination of the particular nature of banner garrisons in Manchuria during the Qing]." *Tōhō gakuhō* 11.1 (1940): 176–203.

Symons, Van Jay. *Ch'ing Ginseng Management: Ch'ing Monopolies in Microcosm*. Tempe:

Arizona State University Center for Asian Studies, 1981.

Szonyi, Michael. *Practicing Kinship: Strategies of Descent and Lineage in Late Imperial China.* Stanford, CA: Stanford University Press, 2002.

Tamamura Jitsuzō, Imanishi Shunjū, and Satō Hisashi. *Gotai Shin bunkan yaku-kai* [The annotated Pentaglot Dictionary]. Kyoto: Kyōto daigaku bungakubu nairiku ajia kenkyūjo, 1966–1968.

Tanesaka Eiji, Fukata Shuzo, Okada Mieko, and Kinugawa Kenjiro. "*Mongoru sōgenni jiseisuru* tricholoma mongolicum *Imai* [Tricholoma mongolicum Imai in Mongolian grasslands (steppe)]." *Memoirs of the Faculty of Agriculture of Kinki University* 26 (1993): 33–37.

Tarasov, P. P. "Intraspecific Relations [Territoriality] in Sable and Ermine." In *Biology of Mustelids: Some Soviet Research, Volume 2.* Wellington, NZ: Science Information Service, Department of Scientific and Industrial Research, 1980.

Tegoborski, Ludwik. *Commentaries on the Productive Forces of Russia: Volume 2.* London: Longman, Brown, Green and Longmans, 1856.

Teng, Emma. *Taiwan's Imagined Geography: Chinese Colonial Travel Writing and Pictures, 1683–1895.* Cambridge, MA: Harvard University Asia Center, 2006.

Terauchi Itarō. "Kyŏgwŏ *kaesi* to Hunchun" [The Kyŏgwŏ *kaesi* and Hunchun]. *Tōhōgakū* 69 (1985): 76–90.

Thomas, Julia Adeney. *Reconfiguring Modernity: Concepts of Nature in Japanese Political Ideology.* Berkeley: University of California Press, 2001.

Thongchai Winichakul. *Siam Mapped: A History of the Geo-Body of a Nation.* Honolulu: Univeresity of Hawaii Press, 1994.

Timkovskii, Egor Fedorovich. *Travels of the Russian Mission through Mongolia to China and Residence in Pekin, in the Years 1820–1821.* London: Longman, Rees, Orme, Brown, and Green, 1827.

Torbert, Preston M. *The Ch'ing Imperial Household Department.* Cambridge, MA: Harvard University Press, 1977.

Tsing, Anna Lowenhaupt. "Natural Resources and Capitalist Frontiers." *Economic and Political Weekly* 38.48 (2003): 5100–5106.

Tucker, Mary Evelyn, and John Berthrong, *Confucianism and Ecology: The Interrelation of Heaven, Earth, and Humans.* Cambridge, MA: Harvard University Press, 1998.

Tuttle, Gray. "Tibetan Buddhism at Wutai Shan in the Qing," *Journal of the International Association of Tibetan Studies* 6 (2011): 163–214.

Uekoetter, Frank. *The Green and the Brown: A History of Conservation in Nazi Germany*. New York: Cambridge University Press, 2006.

Uyama Tomohiko. "Research Trends in the Former Soviet Central Asian Countries." In *Research Trends in Modern Central Eurasian Studies (18th–20th Centuries)*, eds. Stéphane A. Dudoignon and Komatsu Hisao. Tokyo: Toyo Bunko, 2003.

Vainshtein, Sevyan. *Nomads of South Siberia: The Pastoral Economies of Tuva*. New York: Cambridge University Press, 1980.

Veale, Elspeth. *The English Fur Trade in the Later Middle Ages*. London: London Record Society, 2003.

"A Very Important and Magnificent Imperial Pearl Court Necklace (Chao Zhu) Qing Dynasty, 18th Century." Sotheby's Fine Chinese Ceramics and Works of Art. 2010. Sotheby's. Retrieved on March 12, 2012, from www.sothebys.com/en/catalogues/ ecatalogue.html/2010/ fine-chinese-ceramics-works-of-art-hk0323#/r=/en/ ecat.fhtml.HK0323.html+r.m=/en/ecat.lot. HK0323.html/1813/.

Vogel, Hans Ulrich, and Günter Dux. *Concepts of Nature: A Chinese–European Cross-Cultural Perspective*. Boston: Brill, 2010.

Volkova, M.P. *Opisanie Man'chzhurskikh khisolografov Insituta vostokovedeniia AN SSSR* [Description of Manchu xylographs of the Oriental Institute of the Academia of Sciences of the USSR]. Moskow: Nauka, 1988.

Vorha, Ranbir. *Lao She and the Chinese Revolution*. Cambridge, MA: Harvard University Asia Center, 1974.

Wakeman, Frederick Jr. *The Great Enterprise: The Manchu Reconstruction of Imperial Order in Seventeenth-Century China*. Berkeley: University of California Press, 1985.

Waley-Cohen, Joanna. "The New Qing History." *Radical History Review* 88 (2003): 193–206.

Walker, Brett L. *The Conquest of Ainu Lands: Ecology and Culture in Japanese Expansion, 1590–1800*. Berkeley: University of California Press, 2001.

———. "Foreign Affairs and Frontiers in Early Modern Japan: A Historiographical Essay." *Early Modern Japan: An Interdisciplinary Journal* 10.2 (2002): 44–62.

Wang Yeh-chien. *Land Taxation in Imperial China, 1750–1911*. Cambridge, MA: Harvard University Press, 1973.

Warren, James Francis. *The Sulu Zone, 1768–1898: The Dynamics of External Trade, Slavery, and Ethnicity in the Transformation of a Southeast Asian Maritime State*. Singapore: NUS Press, 2007.

Weiner, Douglas. *Models of Nature: Ecology, Conservation, and Cultural Revolution in Soviet Russia*. Pittsburgh, PA: University of Pittsburgh Press, 2000.

Weller, Robert P. *Discovering Nature: Globalization and Environmental Culture in China and Taiwan*. New York: Cambridge University Press, 2006.

White, Richard. *"It's Your Misfortune, and None of My Own": A History of the American West*. Norman: University of Oklahoma Press, 1991.

———. *The Middle Ground: Indians, Empires, and Republics in the Great Lakes Region, 1650–1815*. New York: Cambridge University Press, 2007.

Williams, Raymond. *Keywords: A Vocabulary of Culture and Society*. New York: Oxford University Press, 2015.

Wong, Roy Bin. *China Transformed: Historical Change and the Limits of European Experience*. Ithaca: Cornell University Press, 1997.

Worster, Donald. "Transformations of the Earth: Toward an Agroecological Perspective in History." *The Journal of American History* 76.4 (1990): 1087–1106.

———. *An Unsettled Country: Changing Landscapes of the American West*. Albuquerque: University of New Mexico Press, 1994.

Yanagasiwa Akira. "Shinchō tōchiki no kokuryūkō chiku ni okeru shominzoku no keisei saihen, katei no kenkyū" [Research on the form and process of re-organization of the various nationalities of Heilongjiang territory under Qing rule]. Research Report, Waseda University, 2007. https://dspace.wul.waseda.ac.jp/dspace/bitstream/2065/34041/1/Kakenhi_Yanagisawa.pdf.

Yazan, Y. P. "Relations between the Marten (*Martes martes*), Sable (*Martes zibel-lina*) and Kidas (*M. martes x M. zibellina*) as predators, and the Squirrel *(Sciurus vulgaris)* as Prey." In *Biology of Mustelids: Some Soviet Research,* Volume 2, ed. C. M. King. Wellington: Science Information Service, Department of Scientific and Industrial Research, 1980.

Zucchino, David. "Smoky Mountains National Park a Hotbed for Ginseng Poaching." *Los Angeles Times*, August 10, 2013. Web. 22 February 2015. Retrieved from http://articles.latimes.com/2013/aug/10/nation/la-na-ginseng-rustlers-20130811.

索引

（词条页码为原书页码，即本书边码）

A

阿拔斯王朝 (Abbasids), 189n68

阿尔沁河 (Arcin River), 72

阿尔塔什达 (Artasida), 110, 111, 115, 117, 120, 149

阿加西斯，A.R. (Agassiz, A. R.), 2, 172

阿拉浑博勒尔卡伦 (Arhn Booral karun), 156, 222n111

阿拉斯加 (Alaska), 11, 132–33

阿勒楚喀 (Alcuka), 76, 83, 199n51, 201n67, 204n122

阿伊努 (Ainu), 61

爱兴武 (Asingg), 149

瑷珲 (Aihn), 72, 200n62

《瑷辉条约》(Treaty of Aigun), 173

安南 (Annam), 39

安塞尔，亚当斯 (Adams, Ansel), 172

谙班 (ambans), 101, 115, 121–22, 148–49, 169, 212n95；与圣山，123, 175；与采菇，111–12, 115–16, 118–19；与库伦办事大臣衙门，9, 10, 97–98, 100, 102–3, 110–11, 116, 124–25, 147, 157–58, 206n18, 221n91, 222n111；记录，9, 10, 99, 103, 158；职责，98–99

俺答汗 (Altan Khan), 19, 61

敖包 (cairns / obu a), 98, 148–50, 158, 206n7

奥利恩神父 (D. Orléans, Pierre Joseph), 32

澳大利亚 (Australia), 5, 176

B

八旗 (Eight Banners)：蒙古的行政机构，97–98, 205n3；与布特哈八旗的比较，65, 68；创立，62, 64；与毛皮的关系，26, 41, 43, 64；采集人参，81；狩猎，27, 208n42；在满洲的八旗，57, 59–60, 63, 67, 81, 197n29；邻近，36；有关的研究，196n22；俸饷，39, 90；闲散，57；价值，90, 118

巴尔虎蒙古 (Barga Mongols), 198n37

白银 (silver), 19–21, 61, 187n12

颁赏行为 (gifting practices), 26–27, 35, 43, 138, 188n46, 189nn47,53；毛皮礼物，17, 26, 37–39, 42, 191n114, 192n124；康熙帝的毛皮，37, 42, 188n42；乾隆帝的毛皮，37–39；雍正帝的毛皮，37–38

豹 (leopard), 45, 210n65；雪豹, 130, 141, 152, 154, 164

北海道 (Hokkaido), 11, 61, 67, 132–34

北京 (Beijing), 36, 57, 136；帽子店，41, 193n136；市场，40–41；蘑菇商店，108, 210n58；当铺，41–42, 193n137；珍珠市场，41

《北京条约》(Treaty of Beijing), 173

本杰明，利维 (Levey, Benjamin), 205n149

本土主义 (nativism), 176

比亚沃维耶扎 (Białowieża), 170–71

毕拉尔鄂伦春 (Birar Oroncon), 65, 139, 199n41

辫子 (queues), 3, 20, 36, 187n2

斌良 (Bin-liang)：关于口蘑，49–50

波兰 (Poland)：十一月暴动，170–71；与清帝国比较，171；与萨尔玛提亚，170–71

波托西 (Potosí), 19

伯都讷 (Bedune), 59, 60, 76, 83, 204n122

博格达汗乌拉 (Bogd Khan Uul), 见"汗山"

布尔哈图江 (Burhatu River), 73
布尔河 (Buur River), 102
布告 (placards), 98
《布拉条约》(Treaty of Bura), 219n67
布特哈八旗 (Butha Eight Banners), 见"旗"
布彦河 (Buyan River), 107, 112, 209n55
布占泰, 68, 199n48
部落 (aimas), 97, 99–111, 116, 143, 155, 206n4, 210n68, 见"扎萨克图汗部";"三音诺颜部";"车臣汗部";"土谢图汗部"

C

曹雪芹 (Cao Xueqin), 43, 193n148
茶 (tea), 57
查达克 (Cadak), 219n49
查慎行 (Zha Shenxing), 49
缠足 (footbinding), 18, 20
长白山 (Changbaishan), 1, 89, 122–23；长白山国家自然保护区, 175
长城 (Great Wall), 75, 83, 97, 136, 206n3
长芦 (Changlu), 154
长崎 (Nagasaki), 132, 134
朝鲜 (Korea), 19, 45, 52, 61, 80; Chosŏn court, 31–32, 39, 60–61, 79, 80, 131, 190n76, 198n34, 202n101；与清帝国边界, 7, 148, 220n81
朝阳 (Chaoyang), 194n167
车布登 (Cebden), 210n68
车臣汗部 (Secen Qan aima), 97, 99, 123, 214nn146, 161
车臣汗部左翼前旗 (Left-Wing Front Banner of Secen Qan), 96, 109–18, 120, 121–22, 127–128, 175, 210nn68,72, 213n130
臣楚克扎布 (Cencukjab), 151
陈巴尔虎 (Old Barga), 65
陈五 (Chen Wu), 104, 114–115
成案 (chengan/leading cases), 94
成衮扎布 (Cenggunjab), 143

成吉思汗 (Chinggis Khan), 97–98
成吉思汗意识形态 (Chinggisid ideology), 7
《承德府志》(Chengde Prefecture Gazeteer/Chenge fuzhi), 49
赤峰 (Chifeng), 96, 104, 194n167, 211n85, 213n130; 来自赤峰的采菇人, 105–7, 110, 112–13
赤鹿 (maral), 141
楚科齐战争 (Chukchi Wars), 132
楚勒图穆衮布 (Cultumgumbu), 156
穿窝 (chuanwo), 45, 193n158
垂忠扎布 (Coijunjab), 115
纯净 (purity): 安塞尔·亚当斯关于纯净, 174; 纯净 (ari un/bolgo), 101, 121–28, 147, 157, 167, 171, 213n,135–37; 肃清中俄边界, 123, 127, 130, 146–50; 明代文化中的纯净, 32; 淳朴, 20, 32, 89–90, 118, 170; 道格拉斯关于纯净, 214n160; 左翼前旗, 119, 121; 肃清围场, 123–26, 147; gulu/nomhon, 20, 28, 118, 170, 187n11; 肃清圣山, 123–27, 147; 肃清库伦, 123–25; 满洲人的品质, 28, 32, 54, 57, 89–90, 118, 170, 187n11; 蒙古人的品质, 118–19; 在蒙古地区, 3, 101 127; 清代字典中, 122; 清帝国的政策, 3–4, 20, 101, 121–22, 124–26, 127–28, 130, 146–50, 167, 169–72, 175, 177–78, 214n160; 肃清, 122, 147, 213n137; "清"的汉译, 21; 与被破坏的自然, 1–4, 14–15, 18, 54, 57, 90–91, 93, 119, 122–23, 125, 128, 170–71, 174
瓷器 (porcelain), 57
崔述 (Cui Shu), 194n173

D

达尔哈特 (Darkhat), 140
塔尔沁图卡伦 (Darkintu karun), 154–56, 222n108
达什格楞 (Dasigeleng), 110, 111, 115–16, 118–19, 210n68
达延汗 (Dayan Khan), 206n6

大黄 (rhubarb), 114

《大清律》(Qing Code), 198n37, 211n93

《大清全书》(Da Qing quanshu), 34–35, 46, 122, 200n58

大兴安岭 (Greater Khinggan Mountains), 60–61, 104–6, 112

大烟山人参 (Great Smokey Mountains), 202n104

大自然 (unspoiled nature), 192

当铺 (pawnshops), 41–42, 44, 54

盗采/盗伐/盗猎/盗挖 (poaching), 14, 64, 76, 77, 85–87, 169, 176–77；盗猎鹿角, 103, 126, 208n42；盗伐柴禾, 101–2, 116, 120, 125–26；盗猎动物, 125–26；盗挖人参, 74, 80, 81–85, 88–90, 202n104, 203n111, 204n123；盗采蘑菇, 94–95, 109–21, 126–27, 168, 175, 208n48；盗采珍珠, 74, 76–78, 88, 202n86；惩罚, 3, 13, 55, 74–75, 94, 101, 113–14, 118, 126, 167, 211nn91,95, 218n36；盗窃貂皮, 94；盗采海参, 52

盗田野谷麦 (dao tianye gumai/stealing rice and grain from fields), 95

道光帝 (Daoguang emperor), 94, 118；关于采菇人, 117；对采珠的政策, 77–79；对采菇的政策, 113–14；对玉石进贡的政策, 195n184；关于东三省, 90

德国土地 (German lands)，环境, 6, 170, 172；狩猎, 171；与清帝国比较, 170, 173

德勒格尔河 (Delger River), 107, 209n55

狄宇宙 (Di Cosmo, Nicola), 20

地方志 (local gazetteers), 8, 10, 44, 50, 90, 196n174；《承德府志》49–50；《黑龙江志稿》70；《建平县志》194n167；《钦定热河志》46–49；《钦定盛京通志》46, 70；《乌里雅苏台志略》143–45, 147

第一历史档案馆 (First Historical Archives /FHA), 95, 138, 154, 179–81, 225n2；《军机处满文录副奏折》, 9, 179, 180, 218n38；《内务府奏销档》,

180, 222n107

貂蝉 (diaochan), 30

貂皮 (sable), 11, 40, 82, 86, 141, 145, 176, 190n76, 199n48, 210n65, 218n36, 222nn101,103；黑貂皮, 25, 28, 39, 193n156；貂的消失, 3, 53, 132, 133–34, 137–40, 160–61, 165；赏赐貂皮, 17, 26, 37–39, 42, 191n114, 192n124；产地, 45；繁殖周期, 223n131；貂裘, 26, 32；貂皮帽, 25–26, 30, 32, 37, 43–44；貂皮垫, 36–37；貂皮袍 sable robes, 2, 25, 28, 37, 41, 43；松鼠皮替代貂皮, 152–53, 161, 163, 181；貂皮的象征意义, 43, 46；进贡貂皮, 64–65, 130, 135, 137–40, 150, 152, 154, 160–65, 180–81, 219n67, 223nn120,124,127

丁玉连 (Ding Weilian), 112–13

定居 (homesteading), 55, 57, 60, 74, 90, 173

东南亚 (Southeast Asia), 52, 53, 91, 214n137

东三省 (Three Eastern Territories), 56, 59, 67, 185n24, 197n24；东三省行政机构, 62–63；作为满洲故里的东三省, 62–63, 88–91, 167

都门纪略 (Guide to the Capital/Dumen jilue), 41

杜尔伯特 (Durbet), 147–48

杜甫 (Du Fu), 220n81

杜和 (Du He), 120

杜赫德 (Du Halde, Jean Baptiste), 39–40, 54, 192n129

缎子 (satin), 26, 33, 38, 42–43, 71

多尔济伯拉穆 (Dorjibolam), 211n72

多尔济拉布丹 (Dorjirabdan), 157–58, 161

多伦诺尔 (Dolon Nuur), 96, 110

E

俄罗斯帝国 (Russian Empire): 与清帝国关系, 51, 61–63, 90, 95, 98–99, 116, 131, 133–34, 144, 146, 148–49, 173, 198n37, 219n67, 220nn68,71, 221n89；在毛皮贸易中的角色, 11, 45, 51, 131, 133–34, 142, 165；见中国边界；库页岛和琉球群岛, 33, 39

俄美公司 (Russian-American Company), 132
额尔楚克河 (Ercuke River), 77
额尔敏地区 (Elmin area), 86
额赫河 (Eg River), 156, 221n91
额勒楚克河 (Elcuke River), 200n67
厄鲁特（鄂托克）, 103, 142–43, 151–52, 208n40, 219n55
鄂嫩河 (Onon River), 149
珥貂 (erdiao), 30

F

发祥之地 (faxiang zhi di /dynastic homeland), 89–90, 197n26
藩篱 (fanli/screen), 89
翻译 (translation), 8–9, 34–35, 130
范仲淹 (Fan Zhongyan), 38
斐济 (Fiji), 176
费雅喀 (Fiyaka), 66–67
风水 (fengshui), 13
封禁政策 (fengjin zhengce /policies of closing off), 5, 67, 95
蜂蜜贡品 (honey as tribute), 68–69, 72, 74, 201n66
奉天 (Fengtian), 见"盛京"
佛教 (Buddhism), 98, 122, 213n136；寺庙土地, 95, 206n9, 208n40；藏传佛教, 7
扶余 (Fuyu), 46
福康安 (Fukanggan), 85
福州 (Fu Zhou), 85
腐败 (corruption), 14, 55, 75, 90, 102, 126, 129；毛皮进贡中的腐败, 138, 157, 165；与人参有关的腐败, 80, 84–85, 88；与蘑菇贸易有关的腐败, 104–5, 111, 209n45
副都统 (lieutenant governors), 62, 75, 94, 137, 153–56, 202n111
富尔加哈江 (Fulgiyaha River), 73
富俊 (Fugiyn), 90, 208n42

G

噶哈哩河 (Gahari River), 73
甘肃 (Gansu), 45
歌德 (Goethe, Johann Wolfgang von), 171
格列森札扎赉尔珲台吉 (Geresenje Jalair Khung-Taiji), 206n6
格伊克勒 (Geikere), 66
根本之地 (genben zhi di/homeland), 89
根本重地 (genben zhongdi/important homeland), 9
《庚子海外纪事》(Gengzi haiwai ji), 206n161
耿继茂 (Geng Jimao), 37
耿仲明 (Geng Zhongming), 37
宫廷的元旦仪式 (New Years rituals at court), 38, 39
贡赋 (taiga), 148, 221n85
古法廷 (Gufatin), 66
观光 (tourism), 174–76, 209n52, 226n42
官参局 (Ginseng Bureau), 82, 85
广州的毛皮贸易 (Canton fur trade), 52, 133–34, 165, 217n26
郭尔齐—特勒尔济国家公园 (Gorkhi-Terelj National Park), 175
郭义恭 (Guo Yigong)《广志》, 46
"故宫博物院" (National Palace Museum/NPM), 9, 38, 154, 179, 181, 218n38, 226n1

H

哈巴罗夫斯克 (Khabarovsk), 137
哈达 (Hada), 21, 60
哈丹台 (Qadantai), 107, 209n55
哈德逊湾 (Hudson Bay), 131
哈尔敏 (Halmin), 86
哈特呼勒博穆卡伦 (Hathlbom karun), 153, 155–56, 158, 175, 221n91, 222n111
海豹皮 (seal fur), 44, 133
海参 (sea cucumber), 52–53, 176, 195n192, 210n65
海龟 (sea turtle), 52–53, 91, 195n194
海拉尔 (Hailar), 120–21

海兰河 (Hailan River), 73
海狸 (beaver), 133
海龙台 (Qailongtai), 209n55
海獭 (sea otter), 26, 31, 44–45, 52, 64, 217n26, 224n132; 加利福尼亚海獭, 11, 132–33, 176; 海獭的消失, 53, 132–34, 165
汉朝 (Han dynasty), 31, 46, 60, 131
汉商 (Chinese merchants), 61–62, 98, 99–101, 126–27, 134, 207n24; 与乌梁海人的关系, 144–45, 163
汉语 (Chinese language), 7, 39, 100, 215n166; 新词汇, 33–34, 47; 汉文记录, 95, 103, 105, 138, 154, 180, 186n55, 200n58; 满译汉, 8–9, 23, 34–35, 130, 200n58; 自然, 172, 225n25
汗山 (Mount Qan), 123, 125, 128, 214n141; 今日的博格达汗乌拉, 177
旱獭 (marmot), 45, 121, 141, 168
翰林院 (Hanlin Academy), 48
杭州 (Hangzhou), 36, 49
和珅 (Heshen), 48
河东地区 (Hedong region), 80
赫尔德 (Herder, Johann Gottfried), 170
河南 (Henan), 104, 107, 113
荷兰东印度公司 (Dutch East India Company), 176, 195n194
荷属东印度 (Dutch East Indies), 52
赫叶 (Heye), 66
赫哲 (Heje), 203n123
黑龙江 (Amur River), 2, 27, 59, 60, 68, 70, 173, 200n57; 黑龙江三角洲, 11, 61, 64, 66–67, 132; 黑龙江与毛皮贸易, 65–67, 131, 134–35, 137; 黑龙江下游, 62, 66, 134–35, 137; 天花爆发, 136; 黑龙江上游, 62, 135, 137, 198n37
黑龙江 (Sahaliyan Ula/Heilongjiang), 51, 59–60, 64–65, 69, 76–78, 138, 180, 197nn24,29; 黑龙江将军, 62, 78, 138, 198n37; 与盛京比较, 63, 89
黑龙江湾 (Amur Bay), 73

《黑龙江志稿》(Heilongjiang zhigao), 70
黑市 (black markets), 64, 84, 86, 104, 144, 169, 218n36
恒秀 (Hengsio), 85
弘晌 (Hong-aang), 126
《红楼梦》(Dream of the Red Chamber /Hongloumeng), 43–44, 193n148
洪大荣 (Hong Taeyong), 33
呼格河谷 (Khangjip), 190n88
呼和浩特 (归化城)(Hohhot /Guihua), 61, 99–100
呼兰河 (Hlan River), 77
狐狸 (fox), 2, 39–40, 133, 222n103; 北极狐, 27, 43, 67; 玄狐, 25, 27, 32, 37, 43, 67; 消失, 3, 181; 狐皮垫, 26; 灰狐, 42; 沙狐, 141, 164; 进贡狐皮, 64, 130, 150, 152–53, 161–62, 163–64, 180; 西方狐, 45; 黄狐, 43, 45, 162, 180–81
湖北 (Hubei), 湖北毛皮 (fur from), 45
湖南 (Hunan), 湖南毛皮, 45
虎 (tigers), 2, 27–28, 44, 54, 189n52
虎尔哈 (Hrha), 28, 64, 198n31
户部 (Board of Revenue), 71, 203n114
扈伦联盟 (Hlun confederation), 60
扈什喀礼 (Husikari), 66
华兹华斯 (Wordsworth, William), 171
淮关 (Huaiguan), 154
獾 (badger), 44–45, 145, 215n164
环境史 (Environmental history), 14, 50, 178; 中国的环境史, 3–7, 14–15, 55, 67, 184n15; 方法与资源, 3, 95, 130, 185n31
皇太极 (Hong Taiji), 21, 31, 37, 198nn37,39, 221n87
黄金生产 (gold production), 52–53, 174
珲春 (Hunchun), 64, 72–73, 198n34, 200n63
辉发 (Hoifa), 21
会盟制度 (culgan system), 135, 137–40, 173, 180
会宁 (Hoeryŏng), 52
霍尔佛科 (Horfoko), 66

J

吉林 (Jilin), 51, 60, 197n24；人参生产, 83–87, 203nn114,118,122；吉林驻防, 58, 83, 203n114；吉林将军, 27, 62, 68, 75, 77–78, 83, 84–85, 89–90, 203n118；与盛京的比较, 63, 89；珍珠生产, 64, 69, 73–74

加利福尼亚 (California): 在毛皮贸易中的角色, 11, 132–34, 165, 176, 223n133；海獭, 11, 132–33, 176

嘉庆帝 (Jiaqing emperor): 对人参的政策, 86–87；对珍珠的政策, 77；对贸易的政策, 99–100；对乌梁海的政策, 144；口蘑, 23；关于东三省, 89–90；关于虎, 27, 54；关于乌拉, 90；关于野生人参, 87–88

贾全 (Jia Quan): 二十七老, 40

江南 (Jiangnan), 36

江宁 (Jiangning), 154

江西 (Jiangxi), 199n47

江夷 (jiangyi/River Savages), 68

交趾支那 (Cochinchina), 52

今井三子 (Imai Sanshi), 106, 209n54

金昌业 (Kim Changŏ), 32–33, 190n88

金朝 (Jin dynasty, 1115—1234), 21, 30, 46–47

禁区 (restricted areas), 27, 75, 85, 87, 95, 100, 102, 104, 121–28, 146–47, 150, 157, 177, 240n210. 见"中俄边界"；"围场"；"圣山".

禁奢令 (sumptuary laws), 8, 28–29, 31, 35–37, 41–43

《满文老档》(The Old Manchu Chronicles), 78–79, 199n50

郡县制度 (county-prefecture system), 63

K

喀尔喀 (Khalkha), 21, 61, 97, 100–111, 116–17, 148, 206n6

喀尔喀河 (Khalkha River), 119–20

卡伦: (guard stations /karun), 86, 88, 125, 136, 215n161, 220n75；阿拉浑博勒尔卡伦, 156, 222n111；塔尔沁图卡伦, 155–56, 222n108；哈特呼勒博穆卡伦, 153, 155–56, 158, 175, 221n91, 222n111；保护蚌, 55, 75–78, 81；中俄边界的卡伦, 144–50, 153–55, 157–59, 167, 175, 221nn89, 91

卡罗琳·汉弗莱 (Humphrey, Caroline)，蒙古主要景观, 125, 215n159；萨满景观, 215n159

卡罗琳·麦钱特 (Merchant, Carolyn), 172

卡美哈梅哈一世 (Kamehameha I), 53, 176

开原 (Kaiyuan), 60, 85, 199n50

砍伐森林 (deforestation), 80

康熙帝 (Kangxi emperor), 26–27, 46, 62, 76；关于户外, 22；通鉴纲目, 38, 191n116；简朴, 42；颁赏行为, 37, 42, 188n42；狩猎, 22, 225n18；关于满洲烹饪法, 23；关于蒙古人, 118；关于盛京, 63, 197n26；肃清政策, 148；对人参的政策, 86；对乌拉的政策, 74–75；采珠定额, 71

科布多 (Khobdo), 96–97

克尔萨喀勒 (Ker Sakal), 65

克罗农，威廉 (Cronon, William), 12, 14, 169, 172

肯特汗山 (Mount Kentei Qan), 123, 125

孔有德 (Kong Youde), 37

口蘑 (steppe mushrooms /koumo), 2–3, 18, 23, 25, 28, 34, 39, 44, 47–51, 93–94, 104–21, 124, 194nn173,174, 209nn48,64；与双孢菇, 106；四孢蘑菇, 105–6；贸易爆发, 4, 93–94, 104–5, 109, 120；伪造, 18, 44；烹饪, 23, 108–9；营盘蘑菇, 48–49；马粪包, 194n167；文学记载, 46–50, 108–9；药用, 106, 209n49；采菇人, 3, 11–12, 15, 93–95, 105–21, 126–27, 136, 161, 169–172, 177, 209n55, 212n106；盗采, 94–95, 109–21, 126–27, 170, 177, 208n48；价格, 109, 209n64；清帝国对口蘑的政策, 93–95, 109–21, 127, 136, 157, 161, 169；沙菌, 48–49；蒙古的品种, 208n47；课税, 210n65；贸易, 11, 54, 57, 104–6, 108–9, 171, 178；与松茸, 106；蒙

古口蘑, 105–6, 208n48
库格河 (Kükge River), 158
库克船长 (Cook, Captain James), 132–33
库苏古尔泊 (Lake Khövsgöl), 11, 144, 147, 153–57, 161, 165–66, 175, 221n91
库页岛 (Sakhalin Island), 11, 21, 27, 31, 61, 62, 64–65, 132–33；库页岛在毛皮贸易中的角色, 66–67, 134–37, 165, 203n109

L

理查兹, 约翰 (Richards, John):《无尽的边疆》, 176
拉铁摩尔, 欧文 (Lattimore, Owen): 关于汉化, 213n129；关于长城, 12
莱辛, 费迪南德 D. (Lessing, Ferdinand D.),《蒙英字典》, 152
莱因哈特, J. C. (Reinhardt, J. C.), 205n147
郎世宁 (Castiglione, Giuseppe): 乾隆帝画像, 24
狼 (wolf), 45, 141, 145, 222n103；进贡狼皮, 130, 151–52, 163–64, 181
琅勃拉邦王国 (Konbaung kingdom), 176
浪漫主义 (Romanticism), 13, 170
勒福群岛／阿斯克尔德岛 (Lefu Island/Askold Island), 64
礼部 (Board of Rites), 32–33
李绿园 (Li Lüyuan): 与毛皮, 43；《歧路灯》, 43
李颀 (Li Qi),《塞下曲》, 189n74
李时珍 (Li Shizhen), 80；《本草纲目》, 31, 190n79；关于貂皮, 31, 190n79
理藩院 (Board for Governing Outer Dependencies, Lifanyuan), 110, 115, 198n37, 见《理藩院则例》
《理藩院则例》(Laws and Precedents for the Board Governing Outer Dependencies), 220n68
立陶宛人 (Lithuanians), 170–71
梁从诫 (Liang Congjie), 174
梁国治 (Liang Guozhi), 48

梁启超 (Liang Qichao), 174
两淮 (Lianghuai), 154
辽代 (Liao dynasty), 46–49, 60, 193n150, 198n40
辽宁省 (Liaoning province), 197n24
辽阳 (Liaoyang), 199n50
林业 (timber), 97, 102, 124, 126, 199n47
琳宁 (Lin Ning), 85
领催 (corporals), 乌拉旗领催, 69, 71, 72
刘德山 (Liu Deshan), 94, 95, 97, 104–5, 113–15, 120, 175, 211n85
刘商 (Liu Shang),《胡笳十八拍》, 30
《流人日记》(diaries of exiles), 8
柳贯 (Liu Guan),《后滦水秋风诗》, 49
龙袍 (dragon robes), 24, 25, 28
鹿角 (deer horn), 11, 58, 97, 102–3, 124, 126, 208nn36, 38
鹿肉 (venison), 23, 25, 28, 33–34
伦敦 (London), 132
《论皮衣粗细毛法》(Rules for Fine Furs), 44–45
罗噶尔夏 (Logar Hiya), 101, 102
旅行限制 (travel restrictions), 95, 176–77, 207nn12, 18；满洲地区的旅行限制, 83, 136；蒙古地区的旅行限制, 8, 97–101, 103–4, 114–19, 120, 127, 145, 146–50, 153, 156–58, 206n3, 207n19；护照, 8, 83, 98–101, 104, 120, 136, 145–46, 150

M

马国贤 (Ripa, Matteo), 40
马可·波罗 (Polo, Marco),《马可波罗游记》, 48
马里·道格拉斯论纯洁 (Douglas, Mary, on purity), 215n160
《满文老档》(Manwen laodang), 219n87
满语 (Manchu language), 39, 185n32, 197n24, 215n166；满文记录, 3, 8, 9, 10, 55–56, 65–66, 95, 103, 105, 130, 138, 152, 154, 179–80, 185n31, 186n55；汉译, 8–9, 23, 34–35, 130, 200n58
满洲地区 (Manchuria), 184n14, 185nn24,32, 199n44,

223n133；满洲地区的农业，58–60；在汉族中心史观中，4–6；气候，58；对满洲的描述，1–2, 57–60, 196n9；经济情况，3, 20–21, 57–58, 60–61, 174, 187n15；辽东半岛，58, 60, 80；满洲故里，8, 14, 56–57, 62–63, 67, 88–91, 167, 175, 205nn149,161；与蒙古比较，3–4, 7–8, 95, 127, 146–47, 167–169, 173–174, 208n42；中国东北，4–5, 183n11；太平洋海岸，28, 52, 60, 62, 64–67, 134–135；人口，58；东三省，62–63, 88–91, 167，见"旗"；"人参"；"吉林"；"盛京"；"蚌"；"珍珠"；"黑龙江".

满洲人 (Manchus), 7, 11–12, 61, 65；与汉人比较，17–20, 26, 35–36, 39–40, 192n128；烹饪，8, 22–24, 26；毛皮文化，8, 17, 25–26, 30, 32–33, 54, 56；狩猎，22–23, 25, 27；满洲故里，8, 14, 56–57, 62–63, 67, 88–91, 167, 175, 205nn149,161；满洲之道，20–22, 28–29, 89, 118, 208n42；与蒙古比较，118–19, 170；特权，119；"淳"或"朴" (gulu, nomhon), 20, 28, 90, 118, 170, 187n11；认同感，21–29, 39，见八旗

毛皮 (fur)：估价，44–45, 137, 218n34；野蛮人的象征，25, 29–31；用毛皮制衣，8, 15, 17–18, 20, 24–26, 28–33, 36–39, 41–47；伪造毛皮，12, 18, 44；毛皮动物消失，3–4, 15, 53, 91, 129–40, 155–57, 159–63, 165, 168, 181；赏赐礼物，17, 26, 37–39, 42, 191n114, 192n124；奢侈品，42, 46, 50–51；满洲毛皮文化，8, 17, 25–26, 30, 32–33, 54, 56；毛皮垫，26–27, 36–37；价格，133, 217nn20,26, 223n124；生产，65–66；来源, 18, 44–46, 158；征税，136, 210n65；皇帝的穿着，24–25. 见"雪貂"；"狐狸"；"毛皮贸易"；"猞猁狲"；"貂皮"；"松鼠皮"；"进贡毛皮"

毛皮贸易 (fur trade), 15, 28, 53–54, 57–58, 60–61, 79, 131–40, 218n36； 与黑龙江，65–67, 131, 134–35, 137；全球贸易，11–12, 20–21, 131–34, 165；加利福尼亚地区的角色，11, 132–34, 165, 176, 223n133； 广州的角色，52, 133–34, 165, 217n26；三姓的角色，66, 135–37；日本的角色，131, 134, 217n26, 224n132；恰克图的角色，132–34, 163–65, 224n132；驻防将军的角色，154, 156, 165, 179；宁古塔的角色，135–36；俄罗斯帝国的角色，11, 45, 51, 131, 133–34, 142, 165；库页岛的角色，66–67, 134–37, 165, 202n109

毛文龙 (Mao Wenlong), 61

美国 (United States)：环境运动，6；边疆，5, 7, 11, 12；土著，6, 174；太平洋西北，132–33；1812年战争，133

美国边疆 (American frontier), 5, 7, 11, 12

美国革命 (American Revolution), 132

美国土著 (Native Americans), 6, 174

蒙古 (Mongolia), 14, 21, 51, 53, 96–121, 132–33, 167, 176, 206n4, 220nn68,69；经济情况，3, 52, 99, 174； 郭尔齐—特勒尔济国家公园，175；库苏古尔泊长期生态研究点，175；库苏古尔泊国家公园，175；与满洲地区相比，3–4, 7–8, 95, 127, 146–47, 167–69, 173–74, 208n42；诺穆洛格严保区，175； 旅行限制，8, 97–101, 103–5, 114–19, 120, 127, 145–50, 153, 156–58, 206n3, 207n19. 见"中俄边界"；"围场"；"圣山"；"扎萨克图汗部"；"库伦"；"蒙古语"；"蒙古人"；"蘑菇"；"车臣汗部"；"土谢图汗部"；"乌梁海"

蒙古国家中央档案馆 (Mongolian National Central Archive /MNCA), 9, 10, 95, 104, 215n171

蒙古旗 (Mongol banners), 8, 95–99, 102–3, 116, 118, 125–26, 147, 149, 206n4, 见"旗"

蒙古人 (Mongols), 12, 33, 117–18, 147, 168–69, 174, 212n113；服饰，30–31, 33；达斡尔/萨瓦尔察，11, 59, 61, 65, 68, 138–40, 198nn37,40, 199n51；与毛皮的关系，26–27, 30–31；与德国人的比较，170, 173；喀尔喀，21, 61, 97, 100, 111, 116–17, 147–48, 206n6；和托辉蒙古，

142, 151；与满洲人的比较，7, 8, 118–19；与波兰人的比较，171；特权，8, 119；与汉商关系，93, 117–18, 120–21, 124–25, 127, 213n129；旅行限制，95, 97–99；与乌梁海的比较，114, 141, 143–44, 145, 219nn50,64；元朝，5, 46, 48–49

蒙古语 (Mongolian language), 34, 35, 100, 152；自然（bai ali），172, 225n25；蒙古文的记录，3, 8, 10, 95, 105, 185n32

盟长 (league chiefs), 97, 110–12, 115, 118–19, 121, 123–24, 150

密茨凯维奇 (Mickiewicz, Adam), 170–71

麋鹿 (elk), 141

棉 (cotton), 223n124

缅甸 (Burma), 11, 51, 52–53, 176, 195n185

民国时期 (Republican period), 49, 210n64

民族出版社 (Nationalities Press/Minzu chubanshe), 180–81

民族身份 (national identity), 6, 170–72, 175

敏珠尔多尔济 (Mingjurdorji), 149, 221n91

明帝国 (Ming empire), 78, 189n75, 194n164, 196n20；灭亡，19–21, 37；明代经济，19–21, 60–61, 80, 131；时尚，31–32；与清帝国比较，5, 18, 19–20, 25, 32, 61, 80

蘑菇 (mushrooms)，见"口蘑"

莫卧儿帝国的皇帝 (Mughal emperors), 171, 225n18

墨尔根 (Mergen), 59, 203n111

墨尔哲勒 (Merjele), 66

墨凌阿鄂伦春 (Mounted /Moringga Oroncon), 138–40

墨西哥 (Mexico)：墨西哥白银，19；墨西哥独立战争，133

默赫格尔图 (Mekegertü), 209n55

牡丹江 (Mudan River), 60, 64, 73

穆棱河 (Muleng River), 75,77

穆礼雅连 (Muliyaliyan), 66

N

拿破仑战争 (Napoleonic Wars), 133–34, 165

那穆济尔 (Namjil), 151

那穆济勒多尔济 (Namjildorji), 102

纳贡 (tribute), 11, 27, 31, 39, 52, 62, 65–67, 123, 188n49, 189n53, 195n184, 197n30, 202n99；会盟制度，135, 137–40, 173, 180；交换，60, 152, 154, 161, 163–64, 181, 223n124；进贡狐皮，64, 150, 152–53, 162, 164, 180；进贡人参，64, 68–69, 82, 86, 154；女婿的毛皮进贡，66–67, 135–37；进贡蜂蜜，68–69, 72, 74, 200n66；进贡扫雪皮，130, 150, 152, 164, 181；进贡珍珠，63–64, 68–69, 70–73, 76, 154；进贡貂皮，64–65, 130, 135, 137–40, 150, 152, 154, 160, 161–65, 180–81, 219n67, 223nn120,124,127；进贡松鼠皮，30, 150, 153–54, 160–65, 180–81, 223nn124,227；乌梁海进贡毛皮，140–46, 150–66, 179–81, 219n67, 222nn106,115, 223nn120,124, 224n132

纳穆都鲁 (Namdulu), 66

纳苏图 (Nasutu), 81–82

南宋 (Southern Song dynasty), 30

南中国海 (South China Sea), 52, 61

讷默河 (Neme River), 77

内蒙古 (Inner Mongolia), 5, 19, 51, 120, 206n4

内务府 (Imperial Household Department), 9, 23, 68–69, 71, 76, 81–82, 86, 130, 154, 161, 164–65, 181–82, 188n26, 199n51, 217n34, 223n127；内务府皮库，188n46

嫩江 (Nen River), 59, 61–62, 65, 68, 198n37

尼布楚条约 (Treaty of Nerchinsk), 61–62, 131, 146, 148, 219n67

宁古塔 (Ningguta), 73, 74, 77, 81–82, 199n51, 200n62, 201n70；宁古塔驻防，59, 66, 83, 87；在毛皮贸易中的地位，135–36；在采参中的地位，83–84, 87, 203nn114,122，见"吉林"

牛栏山 (Niulanshan), 108

农业 (agriculture), 141, 183n10, 184n13, 196nn8, 12; 农业扩张, 5–6, 19, 21, 51; 清代的农业政策, 5–6, 57–60

女婿制度 (hojihon system), 66–67, 135–136

女真 (Jurchens), 21, 26, 30–31, 46–47, 60–61, 188n42, 213n135

P

狍子 (roe deer), 141

烹饪 (cuisine), 22–24, 26, 188n30

彭慕兰 (Pomeranz, Kenneth), 5, 176

平巴勒 (Pimbal), 209n55

婆罗洲 (Borneo), 11, 53, 176, 195n195

濮德培 (Perdue, Peter), 5

朴素 (frugality), 42, 168

朴趾源 (Pak Chiwŏ), 关于中国服饰, 17

溥仪 (Puyi), 23

Q

齐齐哈尔 (Qiqihar), 65, 135, 137–39, 180, 197n23

齐雅喀喇 (Kiyakara), 66

旗 (banners), 旗和佐领, 206n4; 邻旗, 36; 布特哈八旗, 64–68, 135–40, 197n29, 198nn37, 39, 41; 腐败, 84–85; 文化的保卫者, 6–7; 八旗与满洲旗人, 26, 27, 36, 39, 41, 43, 57, 59–60, 62–68, 81, 90, 97–98, 109, 118, 196n22, 197n29, 205n3, 208n42; 车臣汗部左翼前旗, 96, 104, 106–22, 127–28, 177, 210nn68,72; 蒙古旗, 8, 95–99, 102–3, 116, 118, 125–26, 147, 149, 206n4; 新满洲, 66; 俸饷, 39, 65, 109; 朴素, 170; 禁奢令, 43; 乌拉旗, 68–76, 81, 83, 197nn51,53; 八旗闲散, 57, 59–60, 乌梁海旗, 140, 142–43, 154–55

启蒙 (Enlightenment), 5, 13, 170

气 (qi), 13

契丹 (Khitan), 30, 46–47, 198n40

《恰克图条约》(Treaty of Kiakhta), 131, 146, 219n67, 220n68

迁安 (Qianan), 36

乾隆帝 (Qianlong emperor), 20, 23, 40, 47–48, 51 63, 99, 201n70, 215n171; 乾隆帝的服饰, 17, 24; 关于毛皮质量, 136; 颁赏行为, 37–39; 关于圣山, 125; 作为猎人, 22; 关于盛京, 2–3, 56–57, 67, 197n24; 毛皮进贡的政策, 142–43; 对人参的政策, 82, 203n112; 对库伦的政策, 124; 对珍珠的政策, 75, 76–77; 对乌梁海的政策, 142, 144; 关于东三省, 89

《钦定热河志》(Imperially Commissioned Rehe Gazeteer / Qinding Rehe zhi), 47–49

《钦定盛京通志》(Shengjing tongzhi), 46, 70, 200n59, 208n36

青衮杂卜 (Chinggunjab), 142

清帝国 (Qing empire), 商业扩张, 3–6, 9, 10–13, 15, 19–20, 50, 51–53, 55, 57, 61, 86, 93, 99, 101, 105, 109, 126, 131–34, 178; 建立, 21, 25, 32, 35–36; 帝国的等级, 28–29, 32–33, 36–37, 39, 42–43, 189n61; 帝国的遗产, 175–79, 225n35; 与明帝国的比较, 5, 18–20, 25, 32, 61, 80; 对中俄边境的政策, 94–95, 104, 123, 127, 130, 146–50, 153, 155, 156–57, 169–70; 对买皮生产的政策, 130–31, 133–36, 140–46, 150–66, 217nn34,36; 对围场的政策, 94, 95, 99, 102, 104, 114, 123–24, 125–27, 146, 147; 对人参生产的政策, 56, 74, 80, 81–88, 136, 169, 176; 圣山政策, 94, 95, 99, 104, 125–28, 146–47, 177; 对定居的政策, 57, 60; 对库伦的政策, 123, 124–25; 对东珠的政策, 3, 28–29, 36, 55, 56, 63, 68–69, 71–72, 73, 74–79, 83, 88, 91, 127, 136, 146, 161; 对移民的政策, 5–6, 58, 67, 84, 90, 101–2, 110–13, 115–18, 124–25, 127, 147, 169–71, 178, 205n3, 211n95; 对采菇的政策, 93–95, 109–21, 127, 136, 157, 161, 169; 关于肃清的政策, 3–4, 20, 101, 121–22, 124–28, 130, 146–50, 167, 169–72, 175, 177–78, 214n160; 对乌梁海

的政策, 131, 133, 142–46, 150–67, 169–70, 177, 218n55, 222n115; 人口, 5, 57–58, 184n17; 与俄罗斯帝国的关系, 51, 61–62, 63, 90, 95, 98–99, 116, 131, 133–34, 144, 146, 148–49, 175, 198n37, 219nn67,68,71, 220n89; 禁奢令, 8, 28–29, 31, 35–37, 41–43; 税收, 136, 210n65, 见 "旗"; "理藩院"; "刑部"; "户部"; "礼部"; "翼长"; "道光帝"; "康熙帝"; "副都统"; "骁骑校"; "驻防将军"; "乾隆帝"; "雍正帝"

清净胜地 (qingjing shengdi), 213n138

清实录 (Veritable Records), 8, 31, 90, 94–95, 97, 104, 114–15, 191n116

庆源 (Kyŏgwŏ), 52

R

热河 (Rehe), 110

人参 (ginseng): 党参, 80; 野生人参消失, 3, 53, 80–81, 84, 86, 90–91; 驯化, 56, 80, 86; 参商, 81–84, 86; 满洲地区与美国的比较, 205n147; 与珍珠的比较, 79–81, 83–84, 88; 刨夫, 11, 80–85, 170, 174, 203nn114,119; 盗采, 74, 80–85, 88–90, 202nn86,104, 203n111, 204n123; 清帝国对人参的政策, 56, 74, 80, 81–88, 136, 167, 174; 课税, 210n65; 贸易, 11, 19, 21, 33, 57–58, 60, 61, 79, 80–81, 83, 86–88, 176, 218n36; 进贡珍珠, 64, 68–69, 82, 86, 154; 野生人参与秧参的比较, 12–13, 18, 39, 56, 80, 86–88, 169

日本 (Japan), 8, 13, 19, 28, 61; 在毛皮贸易中的角色, 131, 134, 217n26, 224n132; 德川幕府, 134, 225n29

儒学 (Confucianism), 7

阮葵生 (Ruan Kuisheng), 关于毛皮, 45–46; 关于扫雪, 46; 茶余客话, 45–46

阮氏王朝 (Nguyen kingdom), 176

软玉 (nephrite), 52, 176, 195n184

S

萨尔齐腾乌梁海 (Sarkiten Uriankhai), 152

萨法维王朝 (Safavids), 171, 225n18

萨彦岭 (Sayan mountains), 140, 218n41, 223n131

三音诺颜 (Sain Noyan), 96–97, 99, 155

三藩之乱 (Three Feudatories Rebellion), 42

三姓 (Ilan Hala), 27, 76, 83, 85, 87, 199n51, 204n122; 在毛皮贸易中的角色, 66, 135–37

骚鼠 (saoshu), 45, 193n158

扫雪 (marten), 18, 35, 46, 145; 进贡扫雪皮, 130, 150, 152, 161, 163–64, 181

沙狐 (corsac fox), 34–35, 145; 贡品, 130, 150, 152, 161, 163–64, 180

山东 (Shandong), 80, 104, 107, 211n85

山海关 (Shanhaiguan), 83

山西 (Shanxi), 80, 100, 104, 107, 113

陕西 (Shaanxi), 陕西毛皮, 45

上都 (Shangdu), 48–49

上都 (Xanadu), 39, 48

上京 (Shangjing), 48–49

尚可喜 (Shang Kexi), 37

烧锅铺户 (kaoliang brewers), 83–84

沈启亮 (Shen Qiliang), 34, 192n95. 见 "大清全书"

《圣彼得堡条约》 (Treaty of St. Petersburg), 173

圣山 (holy mountains): 净化圣山, 123–27, 147; 清廷对圣山的政策, 94, 95, 99, 104, 125–28, 146–147, 175

盛京 (Mukden), 39, 41, 46, 49, 51, 59, 69–70, 136, 197n25, 203n114, 208n42; 行政区 (盛京或奉天), 46, 49, 51, 59, 62–63, 69–70, 82–83, 87, 89, 90–91, 126, 136, 197n24, 203n114, 208n42; 沈阳城, 39, 136; 采参, 81–83, 87; 盛京内务府, 81; 与吉林和黑龙江的比较, 63, 89; 康熙帝关于盛京, 63, 197n26; 满洲故里, 23, 57, 62–63, 89–91; 乾隆帝关于盛京, 2–3, 56–57, 67, 197n24; 雍正帝关于盛京, 89

施坚雅 (Skinner, G. William), 196n9

市场 (markets), 40–41, 103, 168, 196n20；黑市，64, 84, 86, 104, 144, 169, 218n36；毛皮市场，129, 130, 131–34, 163；全球市场，12, 19, 20, 129–30, 131–34, 165, 174；高端商品，11–12, 18–19, 21, 39, 50–53；与经济地理的关系，57–58，见"毛皮贸易"

狩猎 (hunting), 28, 123–24, 171, 214n145, 225n18；满洲人的狩猎 (by Manchus), 22–23, 25, 27，见"围场"(game parks)

水獭 (otter), 2, 33, 37, 141, 152, 154, 163–64, 180. 见"水獭"；"海獭"

水獭 (river otter), 45, 74, 130, 133, 145, 181

顺治帝 (Shunzhi emperor), 76

司马迁 (Sima Qian), 30

丝绸 (silk), 17, 18, 29, 39, 42, 223n124

四库全书 (Four Treasuries project), 45

松花江 (Sunggari River), 21, 60, 66, 68, 70, 77, 131

松筠 (Sungyn), 85

松浦茂 (Matsuura Shigeru), 61, 65–66, 134, 136, 196n18, 199n42

松鼠皮 (squirrel), 12, 31, 43, 45, 132, 141, 145, 222nn101, 103；作为通货的松鼠皮，165, 223n129；消失, 3, 160–61；貂皮替代品, 152–53, 161, 163, 181；进贡松鼠皮，130, 150, 153–54, 160–65, 180–81, 223nn124,127

宋代 (Song dynasty), 38, 47, 80, 131, 190n79

苏拉威西 (Sulawesi), 11, 52–53, 176

苏禄王国 (Sulu Sultanate), 52–53, 176, 195n192

苏州 (Suzhou), 20, 154

肃清政策 (suqing policy), 214n137

绥芬河 (Suifun River), 73, 75, 77, 83, 85

梭罗，亨利·大卫 (Thoreau, Henry David)，关于美国的荒野，171–72

索伦/埃文基 (Solon/Ewenki), 11, 45, 61, 65, 67–68, 138–40, 198n37, 199n51, 218n36

索诺木多布沁 (Sonomdobcin), 111–12, 115

索诺木达尔扎 (Sonomdarjya), 110–12, 115–18, 120–22, 211n72, 213n130

索约勒济 (Soyolji), 215nn161,164

T

塔西陀 (Tacitus),《日耳曼尼亚志》, 170

台湾 (Taiwan), 5, 8, 19, 51；台北"故宫博物院"(NPM), 9, 38, 154, 179, 181, 218n38, 226n1

太行山脉 (Taihang Mountains), 80

太平天国起义 (Taiping Rebellion), 138–39, 173

泰山地区 (Mountain Tai region), 80

谈迁 (Tan Qian), 25；北游录, 32

檀香 (sandalwood), 52–53, 57, 91, 176

唐代 (Tang dynasty), 30–31, 189n74

唐努图瓦 (Tannu Tuvans), 129, 140

唐努乌拉山脉 (Tannu Ola range), 140, 218n41

唐诗 (Tang poetry), 30, 189n74

陶弘景 (Tao Hongjing),《本草经集注》, 80

特楞古特 (Telenggut), 65

特斯乌梁海 (Tes Uriankhai), 219n55

特侬顺保 (Teiaunboo), 208n42

天花 (smallpox), 136–37, 217n32

条约口岸 (treaty ports), 173–74

铜 (copper), 11, 52–53, 176, 195n187

图理琛 (Tuliaen), 148, 214n137；《异域录》, 34–35

图鲁海图 (Tsurukhaitu), 146

图们江 (Tumen River), 64, 70, 73, 196n14

土豆 (potatoes), 5

土谢图汗 (Tüsiyetü Qan), 96–97, 99, 155

屯武里 (Thonburi kingdom), 176

托科罗 (Tokoro), 66

W

万施坦因, 谢夫扬 (Vainshtein, Sevyan), 141；南西伯利亚的游牧人 (Nomads of South Siberia), 152, 223n129

沃斯特, 唐纳德 (Worster, Donald), 50

瓦尔喀 (Warka), 28, 64, 197n33
外蒙古 (Outer Mongolia), 见"蒙古"
王夫之 (Wang Fuzhi), 论满洲人, 36
王业键 (Wang Yeh-chien): 中华帝国的土地税收, 184n17
威廉斯, 雷蒙德 (Williams, Raymond): 关于自然 (on nature), 13
围场 (game parks), 214nn145,146,161,164; 盗猎, 103, 114, 126; 肃清, 123–26, 147; 清帝国对围场的政策, 94, 95, 99, 102, 104, 114, 123–24, 125–27, 146–47
维京人 (Vikings), 131
伪造毛皮 (counterfeit fur), 12, 18, 44
魏丙 (Wei Bing), 120
魏源 (Wei Yuan),《圣武记》, 90;《圣武记》中的东三省, 90
文震亨 (Wen Zhenheng), 20
倭升额 (Weisengge), 112, 115
乌尔庚克勒 (Urgengkere), 66
乌拉 (Ula), 11, 21, 28, 88, 198n34, 199n48; 嘉庆帝论乌拉, 90; 在采珠活动中的角色, 68–73, 74–79, 81, 169; 乌拉旗, 68–69, 75–76, 81, 83, 199nn51,53
乌兰巴托 (Ulaanbaatar), 9, 95, 106
乌里雅苏台 (Uliasutai), 96, 100–1, 142, 147–48, 155–57, 159, 164; 乌里雅苏台将军, 8, 9, 97, 130, 143, 154, 165, 179, 222n111; 乌里雅苏台在毛皮进贡中的角色, 179
《乌里雅苏台志略》(Draft Gazetteer of Uliasutai/Wuliyasutai zhilue), 143–45, 147, 212n113, 219nn57,64
乌梁海 (Uriankhai), 11, 15, 39, 65, 147–48, 198n31; 阿勒坦乌梁海, 96, 140, 142, 151–52, 155, 161, 162–63, 165–66, 179–80; 阿勒坦淖尔乌梁海, 96, 140, 142–43, 151–52, 155, 161–62, 163, 165–66, 179–80, 219n49; 对乌梁海地区的描述, 140–41; 统治结构, 142–43, 145; 乌梁海猎人, 129–30, 143–46, 150, 153–59, 167, 170; 与蒙古人, 114, 141, 143–45, 219nn50,64; 乌梁海人口, 151, 156; 清廷对乌梁海的态度, 141–46, 150, 168–69; 清廷对乌梁海的政策, 131, 133, 142–46, 150–68, 175, 219n55, 222n115; 乌梁海人与商人的关系, 144–45, 163; 唐努乌梁海, 96, 129–30, 140, 142–43, 145, 150–61, 165–66, 175–76, 179– 81, 218n48, 220n71, 222n116, 223n129, 224n132, 226n42; 进贡毛皮, 140–46, 150–66, 179–81, 219n67, 222nn106,115, 223nn120,124, 224n132; 乌梁海旗, 140, 142–43, 154–55; 乌梁海人的武器, 153, 222nn102,103
乌苏里江 (Ussuri River), 59–60, 62, 64, 66, 70, 83, 85–86, 135, 173, 203n109, 204n123
吴启瑞 (Wu Qirui), 87
吴锡麒 (Wu Xiqi),《热河杂诗》(Mixed Songs of Rehe), 49
吴扎拉 (Ujala), 66
吴正格 (Wu Zhengge), 22–23

X

西伯利亚 (Siberia), 11, 21, 31, 61, 131–34
《西巡大事记》(Xixun dashiji), 206n161
吸烟 (tobacco smoking), 19–20
锡矿 (tin mining), 53
锡努尔扈 (Sinulh), 66
锡特卡 (Sitka), 132
西周生 (Xi zhousheng),《醒世姻缘传》, 43–44
夏威夷 (Hawaii), 11, 52–53, 91, 133, 176
西藏 (Tibet), 5, 7, 19
骁骑校 (lieutenants), 乌拉旗的骁骑校, 69, 71, 77
新疆 (Xinjiang), 5, 51, 53; 统一新疆, 46, 57; 新疆玉石, 11, 52, 176, 199n47; 新疆地区贩卖鹿角执照, 208n42
刑部 (Board of Punishments), 45, 94, 113–15, 169,

211n93.

兴安岭 (Hinggan Mountains), 2

姓长 (hala i da), 66, 199n44

匈奴 (Xiongnu), 30

秀林 (Siolin), 77, 85, 203n118

徐梦莘 (Xu Mengxin), 30

许喇嘛 ("Xiu Lama"), 121

许万宗 (Hui Wanzong), 108, 112–14, 120–21, 211nn85,91；"许喇嘛" (Hui Lama), 120–21

许有壬 (Xu Youren), 沙菌, 48–49；《上京十咏》, 48

《续增刑案汇览》(Addendum to the Conspectus of Legal Cases, Xuzeng xingan huilan), 95, 115

《宣宗实录》(Xuanzong Veritable Records), 94

薛爱华 (Schafer, Edward), 30–31, 189n74

雪豹 (snow leopard), 130, 141, 152, 154, 164

雪貂 (ermine), 18, 39, 40, 43, 45

《巡防额尔古纳边界之歌》(Songs of Patrolling the Erguna Border), 150

鲟鱼 (sturgeon), 2, 35, 40, 54, 199n47

驯化 (domestication), 56, 80, 86, 141

Y

雅发罕鄂伦春 (Pedestrian/Yafahan Oroncon), 138–139

盐场 (salt-monopoly districts), 154, 164

燕窝 (birds nests), 11, 51, 53, 176, 195n195

扬州 (Yangzhou), 36

杨允孚 (Yang Yunfu),《滦京杂咏》, 49

野鸡 (pheasants), 25, 40

野味 (game meat), 22, 26, 40–41, 56, 171；鹿肉, 23, 25, 28, 33–34

伊犁 (Ili), 53

伊懋可 (Elvin, Mark), 14

移民 (migrants), 185n24, 211n85, 226n45；采菇人, 12, 110–13, 115–21, 169, 212n106；清帝国对移民的政策, 5–6, 58, 67, 84, 90, 101–2, 110–13, 115–18, 124–25, 127, 147, 167–69, 176, 206n3, 212n95

颐和园 (Summer Palace), 23

雍正帝 (Yongzheng emperor), 76, 79, 135, 188n38, 198n37, 200n53；关于节俭, 42–43；颁赏, 37–38；满洲人的纯洁性, 118；关于盛京, 89；采参政策, 81–82, 203n109

永平 (Yongping), 36

鱼 (fish), 34–35, 40–41, 141, 168, 191n97, 201n75；鲟鱼, 2, 35, 40, 54, 199n47

鱼皮鞑子 (Fishskin Tartars), 66–67

玉 (jade), 11, 53, 195n185, 199n47；硬玉, 52, 176, 195n184；软玉, 52, 176, 195n184

《御制满蒙文鉴》(han i araha manju monggo gisun i buleku bithe), 35, 121, 191n101

《御制满珠蒙古汉字三合切音清文鉴》(Yuzhi Manzhu Menggu Hanzi sanhe qieyin Qingwen jian), 122, 200n58

《御制五体清文鉴》(Pentaglot Dictionary / Yuzhi wuti Qingwen jian), 122

元朝 (Yuan dynasty), 5, 46, 48–49

《元诗选》(Yuanshixuan), 46

袁枚 (Yuan Mei),《随园食单》, 108–9

越南 (Vietnam), 39, 52–53, 176

云南 (Yunnan), 176

运输成本 (transportation costs), 12

Z

扎萨克 (jasags), 97–98, 102, 109–11, 149, 201n67；达什格楞, 110–11, 115–16, 118–19, 210n68；索诺木达尔扎, 110–12, 115–18, 120, 121–22, 211n72, 213n130

扎萨克图汗部 (jasa tu Qan aima), 96, 97, 99, 155

詹姆斯, H. 埃文 (James, H. Evan), 1, 2–3, 173

战国时期 (Warring States period), 30

张家口 (Kalgan/Zhangjiakou), 99–100, 136, 194n173

张涛 (Zhang Tao), 199nn48,50

张正伦 (Zhang Zhenglun), 80, 109, 112, 120

章河 (Jan River), 72

《长物志》(Treatise on Superfluous Things, A / Zhangwu zhi), 19, 20, 108, 146

赵鸾 (Zhaoluan), 48

照票 (licensing), 62, 127, 215n171；烧锅票, 83, 84；贩卖鹿角照票, 208n42；刨夫照票, 81–84, 203nn114,119；护照, 8, 83, 98–101, 104, 120, 136, 145–46, 150

哲布尊丹巴呼土克图 (Jibtzundamba Khutugtu), 124, 214n146

哲库讷 (Jakuna), 89

浙江 (Zhejiang), 154

珍珠 (tana/ 东珠)(Manchurian freshwater pearls/ tana, or dongzhu, eastern pearls"): 2–3, 18, 20, 24–26, 28–29, 34, 39, 43, 47, 50, 54, 55–56, 70–71, 76–77, 88, 194n164, 199n48, 200nn57,63, 201nn78,90；东珠, 34, 47, 50；礼物, 26；与人参比较, 79–81, 83–84, 88；帽饰, 24, 189n61；北珠, 47, 50；珠轩, 56, 69–73, 75–76, 200n64,66–67,70, 201n90；盗采, 74, 76–78, 88, 201n86；清帝国对东珠的政策, 3, 28–29, 36, 55–56, 63, 68–79, 83, 88, 91, 127, 136, 146, 161；质量, 71, 200n63；定额, 71–72；乌拉在采珠中的角色, 68, 69–73, 74–76, 77, 78, 79, 81, 171；念珠, 26, 188n38, 191n107；海珠, 194n164；禁奢令, 28–29, 36；贸易, 11, 47, 52, 54, 56–57, 60, 178；贡品, 63–64, 68–69, 70–73, 76, 154；皇帝穿着, 24–26

珍珠蚌 (pearl mussels), 12, 60, 69–71；消失, 3–4, 15, 53, 55–56, 73–78, 84, 90–91, 129, 161, 166；养殖, 91；繁殖, 74, 80, 201n75；种属, 70, 200n57

珍珠母 (mother-of-pearl), 53, 176

郑成功 (Zheng Chenggong), 148

郑氏政权 (Zheng state), 61

直隶 (Zhili), 104, 107, 110, 113, 208n44

中俄边界 (borderlands with Russia), 4, 5, 7, 11, 15, 45, 51,99, 102, 116, 132, 142, 220nn71,78；卡伦, 144–50, 153, 155–59, 167, 175, 221nn89,91；肃清边界, 123, 127, 130, 146–50；清帝国对边界的政策, 94–95, 104, 123, 130, 146–50, 153–57, 167–68

中国民族主义, 4–5, 183nn11,12

中华人民共和国 (Peoples Republic of China), 长白山国家自然保护区, 175；环境主义, 174–75；国家公园, 175

中缅战争 (Sino-Burmese War), 51

周伯琦 (Zhou Boqi),《上京杂诗》, 48；关于沙菌, 48–49

驻防 (garrisons), 58–60, 62, 64, 84, 135, 138, 196n12, 198n37, 199n51；吉林驻防, 58, 77, 83, 203n114；驻防将军, 67, 69, 76–77, 82–83；宁古塔驻防, 59, 66, 83, 87，见"卡伦"

驻防将军 (military governors), 88, 91, 99, 167；驻防, 67, 69, 76–77, 82–83；吉林将军, 27, 62, 68, 75, 77–78, 83, 84–85, 89–90；盛京将军, 62, 126；在毛皮贸易中的角色, 154, 156, 165, 179；在人参贸易中的角色, 81–85, 89；黑龙江将军, 62, 138, 198n37；乌里雅苏台将军, 8, 9, 97, 130, 143, 154, 165, 179, 222n111

准噶尔战争 (Dzungar Wars), 45, 62, 65, 142, 198n37

资源枯竭 (resource depletion), 见"自然资源枯竭"

自然 (nature), 美国的自然, 173–74；定义, 13–14, 171, 186n48, 224nn4,5；欧洲, 172–173；与环境史, 14–15；中国的历史地理, 4, 6；作为国家边界的自然, 56, 90–91, 119, 125, 128, 167, 171；与民族身份, 4–10, 172–74, 177；一种类型的历史, 13–14, 171；未被破坏和"纯洁"的自然 1–4, 14, 15, 18, 28, 54, 90–91, 93, 119, 125, 128, 170–71, 174–75；西方, 13–14 171, 174–75, 186n48, 225n29，见"纯净"

自然 (ziran), 174, 224n25

自然之友 (Friends of Nature), 174

自然资源枯竭 (depletion of natural resources)，清帝国边界以外 , 53；毛皮动物 , 3, 4, 15, 16, 53, 91, 129, 130–40, 155–57, 159, 160–63, 165, 168, 181；人参 , 3, 53, 80–81, 84, 86, 90–91；蚌 , 3, 4, 15, 53, 55–56, 73–78, 84, 90–91, 129, 161, 165, 168

总管 (supervising commandants)；乌拉总管 , 68–72, 75–76, 91；布特哈八旗总管 , 198n39

总管翼长 (commanding brigadiers)，乌拉旗翼长 , 69, 71

走私 (smuggling), 74–77, 80, 145, 176–77, 218n36

藏羚羊 (Tibetan antelope/chiru), 174–75

译后记

多年前，我有幸在中国人民大学清史研究所举办的一次满文文献国际研讨会上听过谢健先生关于清代贡貂问题的报告。当时一位老师对我说，日后中国年轻一代清史研究者的主要竞争对手就是这些熟悉理论、懂语言（满、汉、蒙古语等）的外国同龄人了。不过会后我没有再关注此人的研究。2017年下半年，我的博士生导师张永江老师向北京大学出版社的编辑王立刚先生推荐我翻译谢健的这本《帝国之裘》。当时我工作繁忙，颇有推辞之意，但简单翻阅部分章节后，感到该书独具特色，确有向国内同行介绍之必要，遂应下此项工作。

该书最值得注意的一点是作者打破了传统中国环境史的框架。国内外已有的相关著作多注目于汉地的环境变迁而不及于边疆。如伊懋可的《大象的退却》堪称典范，但作者采用的是汉地中心的研究范式：

> "中国"的社会历程，大抵是"汉族"或"华人"人口、政权和文化所经历的4000年的发展史……总的来说，这幅图画在一个方面反映了汉人的中国向天然疆界，也即海岸、草原、沙漠、高山和丛林的扩展。①

这种忽视边疆的研究会让人们误以为草原、森林原本是"纯净"的，

---

① 伊懋可著，梅雪芹、毛利霞、王玉山译：《大象的退却——一部中国环境史》，江苏人民出版社，2014年，第3—4页。

是等待汉人移民开发的"真空"（原书第7页）。这种刻板印象已经成为边疆史、环境史固有的叙述模式。谢健则利用满蒙文档案证明历史上存在一个"更宽广、复杂的世界：不是汉地，而是整个清帝国"（原书第15页），且中国历史"不仅仅是关于汉人的故事"（原书第3页）。作者注意到，为了满足清代君主和内地消费者对毛皮、珍珠、口蘑、人参等边疆特产的需求，生活在乌里雅苏台的猎户、东北的乌拉牲丁等各族群在朝廷的指派下投身资源开发和贸易，在相当程度上改变了当地的自然环境，还融入了一个将内地、边疆以及其他国家连接在一起的贸易网络。而这些变化的出现比汉人移民进入当地早得多。

其次，国内外有关毛皮、蘑菇、东珠贸易的研究数量不少、质量亦高，但作者以以上三种物品为例，为我们介绍了在18世纪中期至19世纪初期，中国北方边疆出现的史无前例的环境变迁，并探究其背后的制度、意识形态原因及后果。作者更注意到中国如何参与19世纪全球贸易：中国市场对边疆、海外珍稀物品的需求，将北京、广州、恰克图、北海道、俄罗斯、夏威夷，甚至更遥远的阿拉斯加连为一体，而中国消费者对商品的热切追求也导致很多地区出现了资源过度开发、物种灭绝的问题。从全球或区域（如内陆亚洲、东亚等）的角度研究中国史的著作已不稀奇，但关注奢侈品贸易网及其引发的环境、政治后果者尚不多见。

最后，作者谙熟满文，系统地利用了中国第一历史档案馆的《内务府奏销档》《军机处满文录副奏折》，台北"故宫博物院"的《军机处档折件》以及蒙古国家中央档案馆的《乌里雅苏台将军衙门档》。这些档案为读者揭示的内容往往不见于汉文史料。例如第三章提到的内地人潜入蒙古地区采菇问题，在汉文文献中仅有只字片语的记载，而作者通过乌里雅苏台将军衙门的满文档案不但将采菇热潮的发展变化过程描述出来，而且深入地剖析了若干案例，弥补了传统史料的缺漏，也增强了该书的可读性。与某些外国学者简单地摘引几条档案即敢于立论不同，谢健研读档案非常仔细，故得出的结论可谓信而有征，这一点从其对18世纪末至20世纪初毛皮进贡数量的统计即可见一斑。①

当然，作者作为年轻的美国学者，著作中出现若干错误在所难免。如第 68 页混淆了虎伦的乌拉国和打牲乌拉。此外，作者对满汉文文献的理解有一些偏差。如第 42 页将清世宗的话张冠李戴为大臣的话；第 85 页将受处分的开原城守尉六十七和复州骁骑校七十八两人的名字误作人数。(以上错误皆已由作者本人改正) 不过，这些错误对作者的论点之成立与否基本没有影响。

最后需要说明的是，我在翻译该书的过程中多次向好友孙思淼、Пламен Станиславов Андреев 求教语言、自然科学方面的问题。爱人孟修帮我查找了很多资料。我的博士生导师张永江教授在春节期间拨冗审阅译稿，并纠正了原著和译文中的错漏。没有他们的帮助，我的这本译著恐怕难以问世。因我缺乏翻译英文学术专著的经验，翻译时间亦较紧迫，译文中必然有很多不如意之处。所有翻译中的错谬皆由本人负责，在此恳祈方家赐教。

---

① 有关满文等非汉文史料在中国环境史研究中的作用，可参考谢健《新清史与中国环境史前沿》，《江汉论坛》，2014 年 5 期。

示意图 | 261

1. 清朝时期东北地区示意图

2. 清朝中期外蒙古各部示意图

3. 清朝中期库苏古尔泊及唐努乌梁海地区示意图

著作权合同登记号 图字：01-2017-5369
图书在版编目（CIP）数据

帝国之裘 /（美）谢健著；关康译. —北京：北京大学出版社，2019.8
ISBN 978-7-301-30551-5

Ⅰ.①帝⋯　Ⅱ.①谢⋯　②关⋯　Ⅲ.①东北地区 – 地方史 – 清代
Ⅳ.① K293

中国版本图书馆 CIP 数据核字（2019）第 103278 号

A WORLD TRIMMED WITH FUR: WILD THINGS, PRISTINE PLACES, AND THE NATURAL FRINGES OF QING RULE by Jonathan Schlesinger published in English by Stanford University Press.
Copyright © 2017 by the Board of Trustees of the Leland Stanford Jr. University. All rights reserved. This translation is published by arrangement with Stanford University Press, www.sup.org.

书　　名	帝国之裘 DIGUO ZHI QIU
著作责任者	〔美〕谢　健（Jonathan Schlesinger）著　关　康 译
责任编辑	王立刚
标准书号	ISBN 978-7-301-30551-5
出版发行	北京大学出版社
地　　址	北京市海淀区成府路 205 号　100871
网　　址	http://www.pup.cn　　新浪微博：@北京大学出版社
电子信箱	sofabook@163.com
电　　话	邮购部 010-62752015　发行部 010-62750672 编辑部 010-62755217
印 刷 者	北京中科印刷有限公司
经 销 者	新华书店 880 毫米×1230 毫米　32 开　9 印张　300 千字 2019 年 8 月第 1 版　2019 年 8 月第 1 次印刷
定　　价	68.00 元

未经许可，不得以任何方式复制或抄袭本书之部分或全部内容。
版权所有，侵权必究
举报电话：010-62752024　电子信箱：fd@pup.pku.edu.cn
图书如有印装质量问题，请与出版部联系，电话：010-62756370